モビリティイノベーションシリーズ ①

モビリティサービス

森川 高行・山本 俊行

編著

コロナ社

1巻執筆者一覧 （執筆担当箇所）

編　著　者：森川　高行（名古屋大学，1章）
　　　　　　山本　俊行（名古屋大学，6章）

執　筆　者：赤松　幹之（産業技術総合研究所，2，3章）
　　　　　　原口哲之理（日本大学，4章）
　　　　　　金森　　亮（名古屋大学，5.1節）
　　　　　　中村　俊之（名古屋大学，5.2節）

（2020年4月現在）

刊行のことば

　人は新たな機会を得るために移動する。新たな食糧や繁殖相手を探すような動物的本能による移動から始まり，交易によって富を得たり，人と会って情報を交換したり，異なる文化や風土を経験したりと，人間社会が豊かになるほど，移動の量も多様性も増してきた。しかし，移動にはリスクが伴う。現在でも自動車事故死者数は世界で年間 130 万人もいるが，古代，中世，近世における移動に伴うリスクは想像を絶するものであったであろう。自分の意志による移動を英語で travel というが，これはフランス語の travailler（働く）から転じており，その語源は中世ラテン語の trepaliare（3 本の杭に縛り付けて拷問する）にさかのぼる。昔は，それほど働くことと旅することは苦難の連続であったのであろう。裏返していえば，そのようなリスクを取ってまでも，移動ということに価値を見出していたのである。

　大きな便益をもたらす一方，大きな苦難を伴う移動の方法にはさまざまな工夫がなされてきた。ずっと徒歩に頼ってきた古代でも，帆を張った舟や家畜化した動物の利用という手段を得て，長距離の移動や荷物を運ぶ移動は格段に便利になった。しかし，何といっても最大の移動イノベーションは，産業革命期に発明された原動機の利用である。蒸気鉄道，蒸気船，蒸気自動車，そして 19 世紀末にはガソリンエンジンを積んだ自動車が誕生した。そして，20 世紀初頭に米国でガソリン自動車が大量生産されるようになって，一般市民が格段に便利で自由なモビリティをもたらす自家用車を得たのである。自動車の普及により，ライフスタイルも街も大きく変化した。物流もトラック利用が大半になり，複雑なサプライチェーンを可能にして，経済は大きく発展した。ただ，同時に交通事故，渋滞，環境破壊という負の側面も顕在化してきた。

　いつでもどこにでも，簡単な操作で運転して行ける自動車の魅力には抗しがたい。ただし，免許を取ったとはいえ素人の運転手が，車線，信号，標識という物理的拘束力のない空間とルールの中を相当な速度で走るからには，必ずや事故は起きる。そのために，余裕を持った車線幅と車間距離が必要で，走行時には 1 台につき 100 平方メートル近い面積を占有する。このため，人が集まる，つまり車が集まるところではどうしても渋滞が起きる。自動車の平均稼働時間は 5 ％ 程度であるが，残りの時間に駐車しておくスペースもいる。ガソリンや軽油は石油から作られ，やがては枯渇する資源であるし，その燃焼後には必ず二酸化炭素が発生する。世界の石油消費の約半分が自動車燃料に使われ，二酸化炭素排出量の約 15 ％ が自動車起源である。

　このような自動車の負の側面を大きく削減し，その利便性をも増すと期待される道路交通革命が CASE 化である。C は Connected（インターネットなどへの常時接続化），A は Autonomous（または Automated，自動運転化），S は Servicized（または Share & Service，個人保有ではなく共有によるサービス化），E は Electric（パワートレインの電動化）を意味し，自動車の大衆化が始まった 20 世紀初頭から 100 年ぶりの変革期といわれる。CASE 化がもたらすであろう都市交通の典型的な変化を下図に示した。本シリーズ全 5 巻の「モビリティイノベーション」は，四つの巻を CASE のそれぞれの解説にあてていることが特徴である。さらに，CASE 化された車を使う人や社会の観点から取り上げた第 2 巻では，社会科学的な切り口にも重点を置いている。

　このような，移動のイノベーションに関する研究が 2013 ～ 2021 年度に渡り，文部科学省および科学技術振興機構の支援により，名古屋大学 COI（Center of Innovation）事業として実施されており，本シリーズはその研究活動を通して生まれた「移動学」ともいうべき統合的な学理形成の成果を取りまとめたものである。この学理が，人類最大の発明の一つである自動車の革命期における知のマイルストーンになることを願っている。

2020 年 3 月

編集委員長　森川　高行

個人がガソリン車を所有し使用	渋滞, 事故, 大気汚染	都心も渋滞し, 駐車場がたくさん
住 宅 地	**道 路**	**都 心 部**

個人は車を所有せず，シェアリングのモビリティサービスを利用
電気自動車を建物の電源としても利用
家の駐車場は家庭菜園に

つながる車で信号のない道路
電気自動車できれいな空気
自動運転で事故もなく楽ちん

ライドシェアで交通量を削減
駐車場は公園に
余った車線は緑道や自転車道に

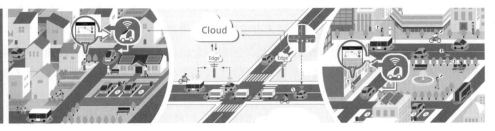

（イラスト作成：関口　愛）

まえがき

　かつて古代ギリシアの哲学者であるアリストテレスは「豊かさとは，所有することよりも利用することをいう」といったが，この言葉は，最近では自動車にも当てはまるようになってきたようである。20 世紀初頭から大衆化が始まった自動車は，利用したいときにいつでも利用できるといった随時性，出発地から目的地まで直接ドア・ツー・ドアで移動することができるという機動性，荷物を持たずにすむといった快適性等，バスや鉄道等の公共交通機関にはない利便性の高さゆえに現代生活においては必要不可欠の生活具として，その利用に伴う効用を提供してきた。それとともに，1960 年代の高度成長期においては，自動車はカラーテレビ，クーラーとともに新・三種の神器と呼ばれ，それらを所有することは豊かさや憧れの象徴であった。また，「いつかはクラウン」のキャッチフレーズは，保有する車種がステータスを示していたことを示唆する。すなわち，自動車は顕示的欲求を満たすステータスシンボルであり，所有することに大きな価値があったのである。しかし，このような状況は，21 世紀になって大きく変化している。すでにカーシェアリングによって自動車を所有することなく利用することも珍しいことではなくなってきており，100 年に一度の自動車革命のキーワードである CASE の一つである S（servicized または share & service）は自動車の所有から利用への流れをさらに強力に進めるものである。

　本書では，人間の活動における「移動」の意味を問いかけ，文明の進化とともに変わってきた移動の歴史とその価値，交通サービスや自動車の歴史をひも解く。また，近年さまざまなタイプが現れてきているパーソナルモビリティビークルについても解説する。さらに，モビリティのサービス化について，人とモノの両面から最新の動向を紹介する。本書は 6 章から構成されている。1 章では，人類誕生から現在までの移動の歴史を概観したうえで，移動の価値やまちづくりと交通の関係について議論し，移動の本質を探っている。2 章では，移動する人の大衆化とそれをささえる移動サービスの歴史について，馬車，鉄道，自動車という歴史的な流れに沿って，それぞれによる移動サービスを取り上げ，自動車普及の理由について論じている。3 章および 4 章は人々の移動を担う車両について解説している。3 章では，自動車の車両技術に関するイノベーションの歴史と自動車利用を支える関連サービスの歴史について解説している。4 章では，一般的な自動車より小型のパーソナルモビリティビークル（personal mobility vehicle，PMV）について，その歴史と車両技術を解説し，さらには PMV による社会イノベーションについて論じている。5 章および 6 章は人とモノのモビリティのサービス化を紹介

している。5章では，人のモビリティのサービス化としてシェアリングサービスおよび MaaS（Mobility as a Service）の概要と近年の動向を紹介している。6章では，物流サービスを含むサプライチェーンの概要と最適化問題を解説したうえで，近年の物流サービスの進展について紹介している。

　「移動」は人類の幸福追求の歴史の中で，人と社会と技術のダイナミズムが織りなす多元的な現象で，人の幸福度にきわめて大きく影響する。自動車，情報，交通，まちづくりなどに関わる大学院生，研究者，企画部門ビジネスパーソンなど幅広い分野の方々にとって，細分化された学問ではない「移動」研究スペシャリストがもつべき統合学理を理解し，われわれとともに未来を切り開く人材となるために，本書が一助となることを願う。

　最後に，本書の出版にあたりご尽力いただいたコロナ社の方々，名古屋大学における出版事務局の大野鋭二氏，小池春妙氏をはじめ，関係者の皆様に厚くお礼を申し上げる次第である。

　2020 年 3 月

1 巻編集委員　　山本　俊行

目　　　次

1.　人間活動と移動

1.1　移 動 の 歴 史 ……………………………………………………………… 1
　　1.1.1　人類誕生からローマ時代まで …………………………………… 1
　　1.1.2　ローマ時代から産業革命まで …………………………………… 4
　　1.1.3　ガソリン自動車の誕生 …………………………………………… 7
　　1.1.4　電気自動車の歴史 ………………………………………………… 8
　　1.1.5　自動車の大衆化 …………………………………………………… 9
　　〈コラム：「自動車」という言葉〉 …………………………………… 11
　　1.1.6　鉄 道 の 歴 史 …………………………………………………… 12
　　1.1.7　自 転 車 の 歴 史 ……………………………………………… 12
1.2　移動がもたらす価値 ……………………………………………………… 14
1.3　人・モノ・情報・エネルギーの移動 ………………………………… 15
1.4　まちづくりと交通 ………………………………………………………… 16
引用・参考文献 …………………………………………………………………… 19

2.　移動サービスの歴史

2.1　人の移動とサービスの始まり ………………………………………… 20
2.2　馬車の登場と移動のためのインフラ整備 …………………………… 22
2.3　乗り物としての馬車 ……………………………………………………… 23
2.4　駅馬車：庶民のための交通サービス ………………………………… 24
2.5　駅馬車による移動サービスを支えたもの …………………………… 26
　　2.5.1　道　　　　　路 ………………………………………………… 26
　　2.5.2　宿　　　　　駅 ………………………………………………… 28
　　2.5.3　駁　　　　　者 ………………………………………………… 29
2.6　鉄道という移動イノベーション ……………………………………… 30
　　2.6.1　鉄 道 の 発 展 ………………………………………………… 30
　　2.6.2　快適すぎる鉄道 ………………………………………………… 31
　　2.6.3　郊外にあった鉄道駅 …………………………………………… 32

　　2.6.4　駅からの移動と市街地内での移動 ・・・・・・・・・・・・・・・・・・・・・・・・・・・・・・・・・・・ 34

2.7　馬車と鉄道の時代の移動は何のためだったのか ・・・・・・・・・・・・・・・・・・・・・・・・・ 37
　　2.7.1　グランドツアー ・・ 37
　　2.7.2　余　暇　と　観　光 ・・・ 37
　　2.7.3　大　衆　の　保　養 ・・・ 39
　　2.7.4　労働・休暇・健康と富による支配 ・・・・・・・・・・・・・・・・・・・・・・・・・・・・・・・・ 41

2.8　ガソリン自動車の登場とその急激な普及の背景にあるもの ・・・・・・・・・・・・・ 41
　　2.8.1　蒸気自動車による乗合自動車と電気自動車の挑戦 ・・・・・・・・・・・・・・・・ 41
　　2.8.2　個人的な乗り物としてのガソリン自動車 ・・・・・・・・・・・・・・・・・・・・・・・・ 42
　　2.8.3　移動の道具としての自動車：鉄道に対するアドバンテージ ・・・・・・ 44
　　2.8.4　上流階級のための自動車から低価格化による大衆化へ ・・・・・・・・・・ 45

引用・参考文献 ・・ 46

3.　人からみた自動車のイノベーションの歴史

3.1　人に使いやすい自動車 ・・ 48
　　3.1.1　操舵装置：丸ハンドルというイノベーション ・・・・・・・・・・・・・・・・・・ 48
　　3.1.2　ブレーキペダル ・・・ 49
　　3.1.3　ス　ロ　ッ　ト　ル ・・・ 50
　　3.1.4　乗　り　心　地 ・・・ 51
　　3.1.5　対　　環　　境 ・・・ 52
　　3.1.6　キャビン寸法 ・・ 55
　　3.1.7　荷物・物入れスペース ・・・ 57
　　3.1.8　前方視界とバックミラー ・・・・・・・・・・・・・・・・・・・・・・・・・・・・・・・・・・・・・・ 58
　　3.1.9　雨の日の視界：ワイパ ・・ 59
　　3.1.10　夜間の視界：ライト ・・・ 59
　　3.1.11　ほかの交通参加者とのミュニケーション ・・・・・・・・・・・・・・・・・・・・・・ 60
　　3.1.12　インフォテイメント：カーエンターテイメントとカーナビゲーションシステム・・・・・・ 62
　　3.1.13　運　転　の　支　援 ・・・ 66

3.2　自動車利用を支えるサービスのイノベーションの歴史 ・・・・・・・・・・・・・・・・・ 67
　　3.2.1　ガソリンスタンドと修理工場 ・・・・・・・・・・・・・・・・・・・・・・・・・・・・・・・・・・ 67
　　3.2.2　ショーファー：運転手 ・・ 69
　　3.2.3　道　　　　　路 ・・・ 70
　　3.2.4　道　路　標　識 ・・ 71
　　3.2.5　道　路　地　図 ・・ 74
　　3.2.6　ガイドブック ・・ 77
　　3.2.7　ホテルとレストラン ・・・ 80

3.3　自動車を使ったサービス ・・ 83
　　3.3.1　タ　ク　シ　ー ・・・ 83
　　3.3.2　市内の路線バスと郊外とを結ぶコーチバス ・・・・・・・・・・・・・・・・・・・・ 86

3.3.3　観　光　バ　ス ……………………………………………… 89

引用・参考文献 ……………………………………………………………… 90

4.　パーソナルモビリティビークル

4.1　PMV の 歴 史 ………………………………………………………… 92
　4.1.1　第 一 世 代 ……………………………………………………… 92
　4.1.2　第 二 世 代 ……………………………………………………… 94
　4.1.3　第 三 世 代 ……………………………………………………… 96
4.2　いま求められる PMV の姿 ………………………………………… 98
　4.2.1　PMV「三度目の正直」の背景 ………………………………… 98
　4.2.2　爆販してこそ意味がある ……………………………………… 102
4.3　PMV のパッケージと特徴的な機構 ……………………………… 103
　4.3.1　PMV のパッケージ …………………………………………… 103
　4.3.2　操舵輪と駆動輪 ………………………………………………… 104
　4.3.3　サスペンション ………………………………………………… 105
　4.3.4　旋回時内傾の与え方（パッシブとアクティブ） …………… 106
4.4　アクティブに内傾する PMV の技術的課題 ……………………… 107
　4.4.1　障害物回避能力 ………………………………………………… 107
　4.4.2　アクティブな内傾システムのエネルギー収支 …………… 112
4.5　PMV の普及による社会イノベーション ………………………… 117
　4.5.1　モビリティの輸送効率 ……………………………………… 117
　4.5.2　輸送効率のための自律走行技術 …………………………… 117
　4.5.3　社会イノベーションのために ……………………………… 118
　4.5.4　PMV によるモビリティ文化の復興 ……………………… 120
引用・参考文献 ……………………………………………………………… 122

5.　近年のモビリティのサービス化

5.1　シェアリングサービス …………………………………………… 124
　5.1.1　は じ め に ……………………………………………………… 124
　5.1.2　モビリティサービスの基本的性質 ………………………… 125
　5.1.3　シェアリングサービスの事例 ……………………………… 126
　5.1.4　シェアリングサービスの成立要因 ………………………… 133
5.2　MaaS …………………………………………………………………… 134
　5.2.1　MaaS の基礎概念 ……………………………………………… 134
　5.2.2　MaaS プラットフォームと MaaS オペレータ …………… 136
　5.2.3　MaaS による社会インパクト ……………………………… 137

　5.2.4　フィンランドの MaaS Global 社 Whim における MaaS ･･････････････ 137
　5.2.5　わが国における MaaS ･･ 142
　5.2.6　MaaS の普及への期待と課題 ････････････････････････････････････ 146
引用・参考文献 ･･･ 147

6. 物流サービス

6.1　ロジスティクス ･･･ 150
　6.1.1　サプライチェーン ･･ 150
　6.1.2　ロジスティクスモデル ･･ 151
6.2　物流サービスの進展 ･･･ 153
　6.2.1　物流情報の電子データ化とその活用 ･･････････････････････････････ 154
　6.2.2　物流拠点の省力化・省人化 ･･････････････････････････････････････ 155
　6.2.3　物流道路ネットワークの機能強化 ･･･････････････････････････････ 156
　6.2.4　トラック輸送の省人化 ･･ 157
　6.2.5　宅配輸送の効率化 ･･ 158
　6.2.6　災害時の物流 ･･ 161
引用・参考文献 ･･･ 161

索　　　引 ･･･ 163

1 人間活動と移動

　人は，その歴史の中で，移動の技術とサービスを高めることによって豊かさを増してきた。食糧を探す，天災等の危険から身を守る，繁殖相手を見つける，といった生物の本能的な移動以外に，人は，分業を進め，交易を行い，働く場所と住む場所を分け，遠いところの美しい風景を楽しみ，といった移動を伴う活動をどんどん活性化させることで生活の質を上げてきた。このような移動需要の増大によって，移動技術もまた大きく進歩してきた。なかでも，産業革命時に発明されたエンジン（原動機）は，劇的な移動の変化をもたらした。さらにそのなかでも，ガソリンエンジンを搭載した自動車の大量生産は 20 世紀を形作ったともいえる。本章では，移動技術の歴史的進化，街の成立ちと交通インフラ，テレコミュニケーションと物理的移動の関係などを概観することで，移動の本質を探っていきたい。

1.1 移 動 の 歴 史

1.1.1　人類誕生からローマ時代まで

　生物はすべからく自分の意志で移動する。運動器をもたない植物でさえ，種子や花粉の拡散によって新たな生存場所を見つけようとする。ましてや動物は，その名のとおり，運動器をもって積極的に移動し，食べ物や繁殖の相手を見付けようとする。このように，移動は生物の生存や繁殖に不可欠な活動と考えることができる。

　現在の人間が行っている移動も，そのような生物としての根源的欲求に端を発しているが，もっとさまざまな欲求を満たすためにも行われている。人間の歴史の中のたゆまぬ豊かさへの追求のために，自給自足経済から物々交換を経て市場経済へと進化し，高度な分業を可能にした代わりに，つねに市場を通してさまざまな財やサービスを購入しなくては生きていけなくなった。そのため，消費者は市場に出向き，供給者は生産物を市場に搬入して取引をする。現在では取引の一部はインターネットなどを通じた仮想の市場で行われるようになったが，取引されたモノは消費者のもとへ配送される。また，産業革命を経て資本主義の社会になると，賃金労働による都市労働者が街にあふれ，彼らは住宅からオフィスや工場などの職場に通勤という形の移動を毎日行わなくてはならなくなった。消費者と供給者の間で取引される財の多くも，単純な農業生産物から，複雑なサプライチェーンをもつ工業生産物に変わり，消費者の手に渡るまでにさまざまな中間生産物が輸送されるようになった。このような社会経済活動の大きな流れの中で，人間が行ってきた移動の歴史を概観してみたい。

　人類の誕生をいつにするかは本書の趣旨の外であるので，ここでは現生人類（ホモ・サピエンス）が生まれたといわれる約20万年前にしておく。農業（農耕・牧畜）が始まったのが約1万〜2万年前と言われており，それまでは狩猟採集社会であった。狩猟採集社会においても，獲物を捕る場所への日々の移動や，より住みよい場所への移住などの移動はあったはずである。移動手段は陸上では徒歩であったが，漁労のときや川を渡るときには丸木舟を使っていたとみられている。

　約1万年前に起きたといわれる農業革命は，人類の生活様式を激変させた。狩猟採集社会では不安定であった食糧の供給が安定的になり，食糧の備蓄もでき，大きな集落で定住できるようになった。食糧の備蓄は貧富の差を生み，蓄えた食糧や貴重な耕作地を守るために定住地の周りに塀や濠をめぐらせることも始まった。余剰の食糧は交換経済を生み，市場でその交換が行われるようになり，分業化が進んだ。集落の拡大と貧富の差は，支配者階級を生み，穀物は税として支配階級や役人に収められ，その代わりに彼らは外敵や災害から集落を守り，市民の暮らしを改善するように努めた。都市と文明の始まりである。

　農耕・牧畜の始まりは，交通・運輸の意義と手段を大きく変えた。まず，耕作地から備蓄庫そして市場へ大量の穀物を運ぶ必要が生じた。動力としては，それまで人力のみに頼っていたのが家畜を使った輸送ができるようになった。運搬具（Vehicle）としては，車輪が発明されるまでは「そり」が使われていた。人間や家畜に直接担がせるよりも多くの荷物を運べる運搬具がそりである。運搬具と地面との間の摩擦力などの抵抗力をいかに小さくするかがそりの工夫であり，**図1.1**のような各種のけん引用運搬具としてのそりが発明されたといわれている。

　そりのすべり抵抗よりも格段に小さい抵抗力で重いものを運ぶ工夫が，「ころ」の利用である。森から切り出した丸太を並べて，その上に運搬具や重たく大きなもの（例えば，石材）を乗せて転がし，ころをつぎつぎと進行方向の前方に敷いていくというものである。石材などのきわめて重たいものを，硬くて平らな道に沿って運ぶときには効果的であるが，ころをつぎつぎと前方に運ぶ手間は大変だったに違いない。

　この「ころ」を輪切りにして，硬く細い棒の両端に輪切りのころの中心を刺してそこで滑らす仕組みが車輪の発明の原型であったと思われる。紀元前3500年ころのメソポタミアのシュメール人の発明とされている。当時のメソポタミア地方では，農業による文明が発達して人口も増え，燃料や材料とする木材を切り出すためには，次第に後退する遠くの森林まで行かなければならなかった。そこで使われたのが車輪を使った4輪車である。

　初期の車輪にはさまざまな改良がなされた。まず，丸太の輪切りでは木の繊維の方向の性質からすぐに割れてしまうので，繊維方向に長い板材にしてそれを半月状に加工し，それを何枚か張り合わせる内実車輪が作られた。その後，車輪の軽量化と地面からの衝撃の吸収のために「ハブ & スポーク」の形状に変えた。また，すべり抵抗を受ける軸受けの改良も進み，荷台の下に軸受けを固定して，車輪に固定された車軸をそこですべらせるようになった。軸受けと軸の摩擦の削減はその後も続き，ローマ時代には小さなころを埋め込んだころ軸受けができ，19

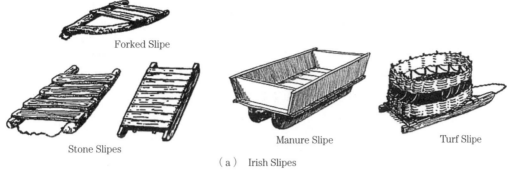

（ a ）　Irish Slipes

（ b ）　Irish Slide-cars

図 1.1　原始的なけん引用運搬具 [1]†

世紀半ばには現在の主流である玉軸受けの特許が認められている。現在でも回転運動を含む機械には必ず軸受けがあり，車輪の発明は輸送機械にとどまらず，水車，歯車，エンジン，タービンなどありとあらゆる道具や機械に応用されることとなった。

　そりや車を曳く動力は，人間または家畜であった。そりや車を曳く家畜を輓獣（ばんじゅう），直接背に人や荷を乗せて運ぶ家畜を駄獣（だじゅう）と呼ぶが，それらの代表的なものが，牛，馬，ロバ，ラバである。そのほかに，乾燥地帯ではラクダ，寒冷地帯ではトナカイや犬も使われている。なかでも足の速い馬は，輓獣・駄獣の代表であるが，価値が高いために初期にはおもに戦闘用に使われていた。2 輪や 4 輪の戦車を曳く馬車の姿が古代の壁画などに多く残されている（**図 1.2**）。

図 1.2　エジプトにおける戦車 [2]

---

†　肩付き数字は章末の引用・参考文献の番号を示す。

　また，車輪付きの Vehicle は道路の整備を必要とした。やわらかい路面では車はうまく走れないために舗装の技術が発展した。エジプト，メソポタミア，ギリシャなどで，石や丸太を使った舗装道路が一部で整備された。メソポタミアでは，地下から取れる原油からタールを精製して舗装に用いる，現代のアスファルト舗装に通じる技術も用いられた。

　一方，水面を利用した移動は，川を流れ下る倒木からヒントを得たと思われる。太い木をくりぬいた丸木舟を移動や漁労に使うようになり，やがて板材や，エジプト文明ではナイルの名産の葦を使って作る，より大型の舟が作られるようになった。動力としては，人が櫂でこぐものから，やがて帆を張って風力で進む帆船が作られるようになった。ナイル川では，上流から下流に向かうときは水の流れや櫓を使い，下流から上流に向かうときには北風を利用した帆走が行われた。その後，より大型で長距離の航海ができる船が地中海沿岸などで使われるようになった（**図 1.3**）。

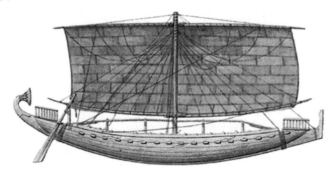

図 1.3　紀元前 1500 年ころのエジプトの帆船[3]

1.1.2　ローマ時代から産業革命まで

　紀元 1 世紀にローマ帝国が，西ヨーロッパの全土からブリテン島，アフリカの地中海沿岸，小アジアとメソポタミアまで属州を広げていたときには，「すべての道はローマに通ず」といわれるように，その領土中に道路が張りめぐらされ，各地とローマとの間の通信や軍隊出動に使われていた。このころの遠距離移動には，馬車が使われていたが，渡河のための橋梁築造技術や砕石を使った高度な舗装技術には目を見張るものがある。

　ゲルマン民族の大移動によって西ローマ帝国が滅亡する 476 年から約千年間が，ヨーロッパにおける中世と定義されることが多い。この時代はキリスト教が支配する中で，封建制が取られ，君主に領土を与えられた諸侯が荘園を運営し，農奴は移動の自由も与えられない身分であった。この長い中世の間には社会制度や科学技術の進歩も乏しく，しばしばヨーロッパの暗黒時代ともいわれる。ローマ時代に整備，維持されていた道路も劣化し，人荷の移動も少なかったと思われる。この間，ギリシャ時代や西ローマ帝国時代の科学や技術を継承したイスラムの国々でそれが発展し，ヨーロッパ人は十字軍の遠征などを通じてイスラムの文化や科学から学んでいたようだ。

　しかし，内にこもっている時代は千年は続かない。イスラムやアジアからの侵略や交易を経て，また蓄積してきた文化や科学の種が開花するときが来る。14世紀にイタリアで始まるルネサンスであり，宗教改革であり，大航海時代からの植民地形成である。このころには，レオナルド・ダ・ヴィンチ，ガリレオ・ガリレイ，アイザック・ニュートンらの天才科学者も出現した。

　長い中世の時代から解放され，大航海時代により世界との交易も始まると，さまざまな製品の供給量を一気に増大させる必要があった。多くの植民地を得ることに成功した英国では，特に織物や鉄などの生産量を増す必要があったが，当時はまだ家内制手工業であった。特に鉄の生産では，精錬に必要な木炭が不足し，石炭に切り替わろうとしていた。石炭の採掘には炭鉱に溜まる地下水のくみ上げが不可欠であるが，そこに科学技術の知識と試行錯誤を重ねて登場したのが蒸気機関である。蒸気機関を大きく改良した英国の人物としては，ニューコメンが大気圧機関（1712年）で鉱山の排水を行い，ワットは復水器を分離して高効率化して事業化に成功し（1769年），トレビシックはワットの発明した高圧機関を改良して蒸気自動車（1801年）や蒸気機関車（1804年）に応用した（**図1.4**）。

図1.4　トレビシックの初期の蒸気機関車[4]

　ここに，交通手段における原動機の利用が始まることとなり，産業革命が別名交通革命といわれるゆえんである。初めに実用化されたものには，1807年に米国のフルトンがニューヨークのハドソン川で外輪の蒸気船を航行させ，英国のジョージ・スティーブンソンが1825年に英国の Stockton and Darlington Railway で世界で最初の蒸気機関車を使った公共用鉄道を走らせた。この蒸気鉄道は，当時主流であった馬車鉄道と速度においてはあまり変わらないものであったが，息子のロバート・スティーブンソンが最高時速46.6 kmで走るロケット号を開発し，1830年に Liverpool and Manchester Railway で営業を開始した。

　一方，トレビシックの高圧機関によって小型高出力化した蒸気機関は自動車にも応用されて，改良を重ねてきたが，後に発明される内燃機関に自動車の原動機の座を譲ることになる。

それはまず，小型化されたとはいえ，たかだか数人を載せる自動車には大きく，始動までの手間も大変であったことがある。初期のものには，始動までに45分もかかることがあり，21の段階を踏まねばならず，その第1段階は「車を風のほうに向けておく」ことであったと言われる。このため，蒸気機関を使った陸上交通手段は，一度に多くの人を運べる鉄道やバスに主流が向くことになる。

　しかし，蒸気バスにも苦難の道が待っていた。英国のガーニーが1825年に21人乗りの「オムニバス」を開発し，時速30 kmで営業運行を始めた。チャーチは1832年に50人乗りの大型バスを作り，ロンドン−バーミンガム間の180 kmを運行した（**図1.5**）。ハンコックは1836年に22人乗りの「オートマトン」を使って，ロンドン市内で営業を始めた。しかし，蒸気バスは，爆発などの事故，重量による舗装の破壊，釜焚き人などの人件費の必要性，ばい煙による大気汚染などの問題があり，大きくは普及しなかった。

図1.5　チャーチの50人乗り蒸気バス[5]

　そして，その撤退の決め手となったのは，1800年代後半に施行された「赤旗法」による規制であった。英国議会が1865年に制定した赤旗法は，「蒸気自動車は3人で運行し，うち1人は自動車の前方60ヤードで赤旗を振って警告し，速度は都市部で時速3.2 km以下，郊外で6.4 km以下とする」という非常に厳しいものであった。これは，蒸気バスの上記の技術的問題に起因するものもあるが，議会でロビー活動をした既得権益者である馬車運送業者による妨害がおもな理由と考えられる。いつの時代にも，イノベーションと既得権益者との争いは存在している。この赤旗法により，英国での自動車開発が停滞し，同時代にドイツで内燃機関が開発され，ガソリン自動車が生まれていく後塵を拝することになる。蒸気自動車は，その後も改良が続けられ，フランスや米国でも小型の蒸気自動車が製造されていたが，やがてガソリン自動車との比較優位性で敗れ，蒸気機関を使った移動手段は，大型化しても問題の少ない船舶や鉄道が中心となっていく。

1.1.3　ガソリン自動車の誕生

シリンダの外で水を熱して水蒸気を作る蒸気機関に対し，シリンダの内部で急速な燃焼（爆発）を起こしてピストンを動かす内燃機関のアイディアは，古くはイタリアのレオナルド・ダ・ヴィンチの書物にも登場する。その実用化は英国のブラウンが1820年にガス内燃機関を製作し，自動車や船にもそのエンジンが載せられたが，それは燃焼ガス冷却時の真空すなわち大気圧を利用しての動力であった。燃焼時のシリンダ内の圧力上昇を直接動力として利用する方法は，英国のバーネットの1838年の特許に見られ，燃料の混合気体をピストンで圧縮して点火するという現在の内燃機関の原理を提案したが，実際にこのエンジンが製作されることはなかった。フランスのルノアールは1860年に電気点火を用いた実用的なガス内燃機関を開発し，自動車にも載せて走行実験を行った。石炭ガスを使ったこの内燃機関の熱効率は4％程度と推測され，その燃費の悪さから普及には至らなかった。

行商人をしていたドイツ人のオットーは，フランスでルノアールのエンジンを見て関心をもち，自国でランゲンとともに高効率の大気圧ガスエンジンを開発し，事業化に成功した。その資金を使ってさらに改良を重ね，1876年に現在のエンジンと同じ4サイクルの高効率エンジンを開発したが，車にそのエンジンを載せることには興味がなかったようだ。

そのころ同じドイツのカール・ベンツは，さまざまなエンジンの開発に携わっており，オットーの4サイクルエンジンの特許を避けるために，1878年に2サイクルエンジンを開発した。ベンツは，自動車に積載するのに望ましい液体燃料（ガソリン）をシリンダ内で爆発させるための気化器の開発，電気点火装置の改良，はずみ車の水平置きなどを加え，1885年についにガソリン自動車の実用的第1号機を作り上げた。1886年に4サイクルエンジンに関わるオットーとルノアールの争議の結果，その特許が失効すると，ベンツは4サイクルエンジンの開発を開始し，同年に「パテント・モトール・ヴァーゲン」として特許を取得した4サイクルガソリンエンジン車を発表した（**図1.6**）。排気量984 cc，出力0.9馬力，最高速度時速16 kmであったといわれる。その後ベンツは，1893年には5馬力の高級車「ビクトリア」，1894年には1.5馬力の大衆車「ベロ」を開発し，ベロは1901年までに1 200台が販売される世界初の量産自動車となった。

ベンツがガソリン自動車第1号機を開発していたころ，ゴットリープ・ダイムラーは，オットーの会社でガス4サイクルエンジンを開発し，その後自動車製作に興味をもち独立した。独自に気化器を製作するなどして，小型高速ガソリンエンジンを開発し，1885年には世界初のガソリンエンジンオートバイを製作した。翌1886年には1.1馬力のガソリンエンジンを搭載した4輪自動車を発表し（**図1.7**），ベンツとともに世界初のガソリン自動車の発明者として知られるようになった。

このように，世界初の実用的なガソリンエンジン車の開発者として，ドイツのベンツとダイムラーが有名になったが，ガソリンエンジンが単体で製品化されて売られることになったこと

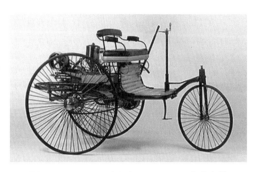

図1.6 ベンツの世界初のガソリン自動車[6]　　　　　**図1.7** ダイムラーの世界初の4輪ガソリン自動車[7]

が重要な点である。蒸気機関がいくつかの大きな部品からなるシステムであるのに対して，ガソリンエンジンはユニット化することができ，自動車の一つのパーツとして使うことができる点が大きく異なり，これが自動車産業のその後の発展をもたらすことになる。

1.1.4　電気自動車の歴史

本シリーズの中心的概念である"CASE（Connected, Autonomous, Servicized, Electric）によるモビリティイノベーション"の中のEに当たる電気自動車（EV）の発明は，じつはガソリン自動車よりも古い。1830年ころには磁石と電気コイルを使った，運動と電流の相互作用が発見されて，発電機と電動機（モータ）の発明につながった。1830年代には，スコットランドのアンダーソンやデイビッドソンがEVを開発しており，米国のダベンポートもそのころにボルタの電池（1800年）を使ってレールの上を走るEVを作っていた。その後もモータと電池の改良がなされ，1800年代後半までに3輪車からバスまでさまざまなEVが製造された。性能的には，ベルギーのジェナッツが作ったジャメ・コンテント号が最高時速106 kmを記録するまでになった。ガソリン自動車に比べてEVはメカニズムが簡単で製造しやすく，ユーザにとっても始動が容易なため，より広く受け入れられていた。1900年ころの米国ではEVのシェアが40 %を占めており，ニューヨークのタクシーはすべてEVであったようだ。

当時のEVの欠点は，現在と同じように，電池容量による航続距離の短さ（給水が必要な蒸気自動車よりは長かった）と，当時のモータの性能から出力の不足であった。そして，次項で説明するガソリン自動車の改良と価格低下によって，マーケットから追いやられることになる。デイビッドソンやダベンポートによって開発された電気機関車は，1879年にベルリンにおける路面電車として初めての旅客電気鉄道として実用化された。EVにおいては致命的な短所であった電池容量の問題は，定路線の鉄道では架線から電気を供給することで解消できたのである。

　ガソリン自動車の台頭によって姿を消したEVは，1970年代からの大気汚染や化石燃料枯渇問題の深刻化から再び注目を浴びるようになる。1990年代からは地球環境問題も世界中で議論されるようになり，走行時には二酸化炭素を排出しないEVが一層の脚光を浴び，自動車メーカもこぞってEVを発表するようになったが，売行きはいま一つであった。21世紀を迎えるにあたり，ガソリンエンジンとモータの両方で駆動するハイブリッド車がトヨタ自動車株式会社（以下，トヨタ）から発表され，その燃費の良さから爆発的な人気を得た。その後，エンジンはバッテリー充電にのみ使用するシリアル型ハイブリッド車，コンセントからバッテリー充電を可能にするプラグインハイブリッド車，水素を燃料にして車内で発電する燃料電池EV，そして従来からのEVにおける電池の改良などがあり，現在の世界におけるEVブームを迎えている。

1.1.5　自動車の大衆化

　前述のようにドイツにおいて19世紀末にガソリン自動車が誕生したが，ドイツでは新しい技術に対して忌避感が強く，また英国でも前述のように馬車運送業者が既得権益を主張して自動車の参入を拒んでいた。その中で新しい技術である自動車をいち早く受け入れたのは蒸気自動車の普及が進んでいたフランスであった。機械製造業を営んでいたパナール・エ・ルバソールは，ダイムラーのエンジンを積んで，世界で初めてのフロントエンジン・リアドライブの車を1892年に製造する。フランスでは，その後1890年代に自動車レースが盛んになり，性能や耐久性が改善されていった。このレースの過程で，ガソリンエンジン自動車の蒸気自動車に対する優位性が明らかになり，蒸気自動車は次第に作られなくなっていく。ダイムラーのエンジンを積んだフランス自動車メーカもつぎつぎに現れ，プジョーやルノーなど現在に続く会社も設立されている。また，フランスのミシュラン兄弟が空気入りタイヤを装着して初めて自動車レースに臨み，その後の空気入りタイヤの標準化に貢献した。

　1776年に独立した米国では，広大な土地を開拓していく精神が盛んで，西部開発とともに蒸気鉄道の延伸と，駅馬車による長距離交通網が発達していった。ヨーロッパでの自動車への関心が貴族によるレース主体であったのに対し，米国では大衆が移動手段としての自動車への関心が高かった。蒸気自動車やガス自動車の開発も行われていたが，ドイツで発明されたガソリン自動車にもいち早く飛びついた。その原因の一つには，1859年のペンシルバニア州での世界初の油井の発見とその後の石油採掘ブームがある。しばらく米国は世界の石油市場を独占していたが，当時は灯油を生産することが中心であり，ガソリンは余り気味であったことがガソリン自動車製造のブームを起こした。

　1901年には米国初の量産車としてオールズによるオールズモビルが登場し，1905年には6 500台が売れる超人気車になった。しかし，何と言っても自動車の大衆化をもたらしたのは，ヘンリー・フォードによるT型フォードである（**図1.8**）。1908年の登場以来20年間で1 500万台以上を生産した。現在最も売れている車の一つであるトヨタ・プリウスが，1997年

図 1.8　T 型フォード[8)]

　の販売開始以来 20 年間の累積台数が 430 万台であることと比べても，T 型フォードの爆発的
普及の程度がわかる。

　T 型フォード普及の第一の理由は価格の低さである。当時の米国人の年収が 600 ドル程度で
あったころ，多くの車は 2 000 ドル以上していたが，T 型フォードは 850 ドルであった。中産
階級が頑張れば手の届く価格である。そして，その価格と生産量を可能にしたのが，フォード
による大量生産方式である。1913 年に世界初のベルトコンベアによる生産ラインが作られ，1
日に 1 000 台を生産することができた。

　その後，大衆車は，米国のシボレー，英国のオースチン，ドイツのフォルクスワーゲンなど
から，現在の多くのコンパクトカーに至るまで，所得がある程度上がると一番に欲しいものと
して，世界の津々浦々まで広がっていった。それは，T 型フォードが 20 世紀の初頭に米国の
中産階級の生活様式を一変させた American Way of Life へのあこがれがあるからであろう。当
時，個人の移動手段をもたなかった庶民が，不衛生で狭い都心の住居を捨てて，郊外の広い一
戸建てに住み，自動車で通勤し，週末は自動車で野山に遊びに行くという生活を享受できるよ
うにしたのである。米国の著名な経済学者 W.W. ロストウが 1920 年代の米国の庶民の暮らし
ぶりの変化を以下のように記している。

　"アメリカ合衆国は自動車に乗って走り始めたのである。これはまさしく大衆自動車の時代
であった。自動車とともに，郊外に新しく建てられた一世帯用の住宅へと大挙して国内移住が
始まった。（中略）自動車・一世帯用住宅・道路・家庭用耐久財・高級食品に対する大衆市場，
これらすべては 1920 年代のブームを支え，この大陸の生活様式全般を求婚の仕方にいたるま
で変革したのである。"

〈コラム：「自動車」という言葉〉

　自動車の英語訳として最も一般的なものは Car である。Car の語源は，ラテン語で「車輪付きの乗り物」を意味する Carrus または，中世英語で2輪のカート（2章参照）を意味する Carre であるといわれている。いずれにしても，人や家畜にけん引されていた乗り物を意味していた。19世紀後半にガソリン自動車が発明されてからは，それを英語では Motor car と呼ぶようになった。Motor は日本語でいうモータ（電気モータ，electric motor）ではなく，原動機という意味である。一方，Autocar という呼び名も当時はあり，Auto はラテン語で「自ら動く，自動の」という意味である。なぜ「自動」かと言うと，家畜が要らず，車体に搭載したエンジンで「自ら」動くからである。「馬無し馬車（horseless carriage）」ともいわれたゆえんである（2章参照）。

　Auto を使った呼び名として，Automobile という少々古めかしい言葉がある。Mobile はラテン語の mobilis「動くことができる」から来ている。ラテン系の語源をもつ Automobile はフランス語から英語に取り入れられたものであり，英国においては Motor car のほうが一般的であるが，米国ではいまだに Automobile が使われている。略して Auto-○○という言葉で，自動車関係の単語に使われることが多い。フランス語，ドイツ語，オランダ語などでも Automobile という言葉を使っている。なお，自動車の発明とその初期の用途から，Car も Automobile も通常は「乗用車」を意味し，2輪車，バス，トラックなどはそれぞれ別の言葉が使われる。それらをひっくるめた言葉が，Motor vehicle になる。

　日本語の「自動車」は，Automobile を訳した言葉で，それは日本で最初（1898年）にもち込まれた自動車がフランス人によるものであったからかもしれない。まさに，（馬無しで）自ら動く車という意味である。Auto または自動という言葉は，それまで人や動物が行っていたことを機械が自ら行うイノベーションのために付けられたもので，それが現在，自動車のつぎのイノベーションとして話題になっている「自動運転車」と紛らわしくなっている。馬が引っ張っていたものを機械が取って代わった「自動車」と，人間が操作を行っていたものを機械が取って代わる「自動運転車」という二段階の自動化が進んだのである。と言って，「自動運転自動車」とは通常いわないし，Autonomous Automobile ともいわないのは言葉の重なりを避けるためであろう。

　ちなみに，中国語で自動車は「汽車」（繁体字）であり，自動運転は「自動駕駛車」（同）である。「汽」は，蒸気や気体の意味であるので，中国でも蒸気自動車が早くから開発されていたのかと思ったが，どうやら「汽油」がガソリンであることから，ガソリン車を意味するものであると思われる。日本語での「汽車」は，文字どおり「蒸気機関車」または蒸気機関車がけん引する列車である。1975年に蒸気鉄道が実用的には引退した日本においても，鉄道を使うことを「汽車で行く」という高齢者はいまだに多い。蒸気機関車の英語は Steam Locomotive（SL）であるが，ラテン語で Loco は場所を意味する locus の奪格で「ある場所から」を意味し，motive はラテン語の motivus「動きを起こす」からできている。それまでの蒸気機関が定置型で炭鉱の揚水を行ったり，工場の機械を動かしていたのに対して，移動するための蒸気機関という意味が込められている。

　話を自動車に戻そう。日本語の日常会話では，自動車のことを「車（くるま）」と呼ぶことが多い。「くるま」は，語源的にも用法的にも英語の Car に近い。「くるま」の「くる」は，くるくる回るさまを指し，「ま」は「輪（わ）」が転じたものとされている。漢字の「車」は，最古の漢字である殷王朝（紀元前1400年ころ）の甲骨文字に，二輪車の象形文字として記録されており，このころの中国にすでに車両が存在していたことがわかる。

1.1.6 鉄 道 の 歴 史

原動機を使った鉄道輸送の歴史は，英国における1825～1830年のスティーブンソン親子による蒸気機関車の利用まではすでに述べた。1776年に独立する米国では，植民地時代から西部開拓が盛んで，当初は馬車による移動しかなかったが，鉄道技術が輸入されるとすぐに「鉄道狂時代」を生み，1835年には1 600 kmの鉄道が敷設されていた。1869年には東海岸から西海岸に至る大陸横断鉄道の最初の路線が開通した。

ヨーロッパ大陸においても1870年ころまでには主要な鉄道路線が整備されており，アルプス山脈を抜けるトンネルも開通していた。また，1863年にはロンドンで世界初の地下鉄が蒸気鉄道によって開業した。なお，日本での最初の鉄道である新橋-横浜間の開業は1872年であり，東海道本線の新橋-神戸間は1889年に開業している。

蒸気機関車一辺倒であった鉄道に参入してきた原動機が電気モータである。電気モータは，1821年に英国のファラデーによって発明されたが，1866年のドイツのジーメンスや1878年の米国のエジソンによる発電機の改良があり，産業界では蒸気機関から主役の座を奪いつつあった。ジーメンスは，客車に電気モータを付け，架線から電気を取りつつ走らせる電気鉄道を開発し，1881年にはベルリンで路面電車として営業運転を開始した（**図1.9**）。その後，大都市では鉄道の電化が急速に進み，トンネル内のばい煙に悩まされていた地下鉄もすぐに電化された。電気鉄道によるその後の速度競争は，おもにフランスと日本の間で行われ，現在では日本の新幹線とフランスのTGVともに時速300 kmの営業運転を行っている。

図1.9 ジーメンスによる路面電車 [9]

鉄道で現在も使われている原動機の一つにディーゼルエンジンがある。ドイツのディーゼルによって1892年に発明されたこのエンジンは，シリンダ内で燃料を高圧縮して自然発火させるもので，鉄道だけでなく，自動車や船舶にも使用されている。鉄道では現在でも電化されていない区間では，ほとんどの場合ディーゼル機関車による運行がなされている。

1.1.7 自 転 車 の 歴 史

自転車は原動機をもたない乗り物であるが，その歴史は意外と新しい。その原型は，ドイツ

で森林の管理をしていたドライス男爵が 1818 年に発明した「ドライジーネ」といわれている（**図 1.10**）。図のように地面を足で蹴って走るもので，方向を変えるハンドル部分で特許を取っている。その後 40 年以上たって，ペダルで前輪を直接漕ぐ自転車がフランスの馬車職人であったミショー親子によって生産され始めた（**図 1.11**）。このころから自転車レースが盛んに開催されるようになり，より速く走るために前輪を極端に大きくした「オーディナリー」が 1869 年に開発されたが，日常的に乗るには危険が大きすぎ，ほぼレース利用に限られていたようだ。1879 年になって，後輪をチェーンで駆動し，サドルを低くして乗員の足が地面に届くようにした「ビシクレット（bicyclette）」（**図 1.12**）が，英国のローソンによって開発され，日常的にも安全に利用できるようになった。これが bicycle の語源になっている。さらに，1885 年に前輪と後輪の大きさが同じである，現在の自転車とほぼ同型の「ローバー安全自転車」の販売が始められた。また，1888 年に英国のダンロップが自転車用の空気入りタイヤを発明し，これにより自転車の乗り心地が格段に改善された。

図 1.10 世界初の自転車「ドライジーネ」[10]

図 1.11 ミショー親子によるペダル付自転車 [11]

図 1.12 チェーンドライブによる
自転車「ビシクレット」[12]

1.2 移動がもたらす価値

　前節の冒頭で述べたよう，人間が行っている移動は，食べ物や繁殖相手の確保という生物としての根源的欲求に端を発しているが，現在のように高度に分業化され，施設も目的が特化された社会においては，現在いる場所（施設）では行えない活動を行うために異なる場所（施設）に行くという「派生的需要」として捉えることができる。例えば，現在住居にいるが，賃金を得るための労働の場所（勤務地）に移動する需要が発生する。勤務地にいて食事がしたい場合には，食事ができる場所に移動する，といった具合である。

　旧石器時代のようにほぼ自給自足の社会では，移動はほとんど生物的欲求によるものであったであろう。農耕が始まり，物々交換から市場で貨幣を使っての交換の時代になると，働きに行く場への移動，市場へ生産物を運ぶための移動，必要品を買うための移動というように，移動の需要が増え，その移動によって分業社会が成立し，分業によって生活の質が格段に上がることになる。分業がさらに高度化し，それに伴って施設の用途も細分化されるとさらに移動は増える。ある店舗は携帯電話だけを売り，ある店舗は足のマッサージだけを施し，テニスをするにはテニスコートへ，バーベキューをするにはバーベキュー施設へ，と分業と施設用途の特化は移動を増やす方向になる。

　生産におけるサプライチェーンもそうである。家内制手工業のように，いくつかの基本的材料を仕入れれば，一つの工房で完成品を作ることができる時代もあったであろう。現在の複雑な工業製品は，何万点もの部品をそれぞれの専門業者が作り，それらをいくつかの場所で部分的に組み立て，最終的に完成品メーカの工場で組み立てて製品化する。いくつかのパーツが異なる国で供給される場合も多い。これらにすべてモノの移動が伴い，物流はこのような高度な分業によって高品質で安価な製品が供給できるための条件となっている。

　このように移動を経済社会のなかで考えると，生活の質の向上や製品の質の向上のために分業化と専門化が進み，それらをつなぎ合わせて消費や生産を行うためにはより多くの移動が必要になっている。逆にいえば，移動にかかる広義の費用が小さくなってきたために，分業化・専門化を高度化することができ，われわれはより豊かな生活を享受できているといえる。

　ただし，人の移動はこのような，経済的価値だけでなく，いろいろな楽しみを得るためにもおおいに行われる。遠くの友人と会ったり，週末に野山に行ったり，見知らぬ外国を旅したり，なかには散歩，ツーリング，ドライブなど移動そのものが目的となっている活動もある。後者の，移動そのものが目的となっている需要を移動の「本源的需要」と呼び，今後その本質的な研究が重要になると思われる。なぜなら，移動そのものの楽しさの本質が解明されれば，本源的でない派生的需要による移動においても楽しさを加えることができるかもしれないからである。さらにいえば，派生的需要による移動においても，ドラえもんの「どこでもドア」すなわち瞬間移動が究極の移動ではなくなるかもしれない。派生的な移動を，手間と時間とコス

トだけで考えれば瞬間移動が究極であるが，移動の過程に楽しみを見付けていれば話は別である。「犬も歩けば棒に当たる」というが，移動していると思わぬ人や情報に出会うことを期待している場合も多い。もちろん，思わぬ事故や災難に出会うリスクもあるので，どちらに重きを置くかは個人の好みによる。さらに，移動する生物である動物は，移動を避けることができないので，そこに喜びを見付ける本能が備わっているのかもしれない。

このように，経済学における移動は，経済的価値を高めるための本源的需要に付随する派生的需要と捉えられるが，移動そのものに楽しみを感じて行う本源的需要の大切さも，自動運転などによる移動革命の時代には，より広く研究されるべきであろう。

1.3　人・モノ・情報・エネルギーの移動

前節では，おもに人とモノの移動を経済的観点から述べた。本節では，人とモノの移動に，情報とエネルギーの観点を加えて考察する。まずは，物理的移動と情報の移動の関係について考える。情報化社会といわれて久しいが，その初期のころから「情報化は移動を代替できるので今後物理的移動は少なくなるのではないか」という議論が盛んであった。確かに，テレワークが進めば通勤交通は減るであろうし，遠隔授業が増えれば通学交通も減るかもしれない。Eコマース（かつてはテレショッピングと呼んだ）は近年膨大に増え，そのあおりで実店舗の売上げは減少しているのも事実である。

しかし，情報化と移動の関係はそれほど単純ではない。情報化によって増えている実移動も少なくない。観光交通はまさにそれで，テレビ番組やインターネットでの紹介によって訪問者の数が激増することはよくある。ネットを通して，交通機関，宿，訪問先などの予約手配が簡単になったことで，旅に出るバリアが低くなっている。世界の辺境までも一般旅行者が平気で行けるようになったのも，さまざまな媒体による豊富な情報のおかげである。このような物見遊山的な移動だけでなく，勤務先や通学先も，かつてはごく狭い範囲での選択肢しかなかったものが，情報化社会になって選択肢が大きく広がり，それによって移動の距離も平均的に長くなっているであろう。移動距離の増大は，移動手段の発達による速度増加で補完されている。

情報化社会になって確実に近年減った実移動は，手紙やハガキなど，もともと文字情報を伝えるモノの移動であろう。これらは，電話，電子メール，SNSなどによって大きくとって代わられた。Eコマースの普及は，買い物移動を減らしたかもしれないが，買った物を運ぶ小口物流交通を劇的に増やした。その結果，これらを運ぶ宅配便のドライバ不足が深刻な問題になっている。

情報と移動の関係を整理すれば，情報によって実移動を少なくすることを「代替」，多くすることを「誘発」とすると，もう一つ「補完」という効果がある。情報が実移動の手助けをする効果である。移動の出発前には，目的地や経路の情報をインターネットなどで収集し，移動中はナビゲーションやリアルタイム情報でサポートしてくれる。移動に伴うさまざまな決済

も，情報処理によってキャッシュレスで行われることが多くなった。モノの移動においても，バーコードなどによるモノの情報の自動読取り，移動経路のトラッキング，目的地でのジャストインタイム化などが情報化によって行われ，モノの付加価値が増している。このような，移動と情報の三つの関係を**図1.13**で示す。

代　替	テレワーク，Eコマース，遠隔診断など
誘　発	テレビやインターネットによる目的地紹介など
補　完	カーナビ，渋滞情報，キャッシュレス交通決済など

図1.13　移動と情報の三つの関係

　つぎに，人やモノの移動とエネルギーの移動について考えよう。これまでは，人やモノの移動はエネルギーを消費するものとしか考えられなかった。移動の途中でエネルギー補給が必要な場合は，それが可能かどうかは重要なことである。特に，普及初期段階の電気自動車（EV）は，航続距離の短さと充電施設の少なさから，計画的な補給を考えなくてはならなかった。しかし近年では，自動車の電動化によって，EVを移動する電気エネルギー源として活用できないかという研究が始められている。エンジンも搭載するハイブリッドEVでは燃料の分だけ電気を供給できる。電池容量の比較的大きいバッテリーEVは，住宅などにおける電力の過不足を吸収する電池として利用することもできる。この事項は，EVをスマートシティの重要な要素として考える先進事例であり，この本シリーズの中の「第4巻　車両の電動化とスマートグリッド」で詳しく論じられる。

▌1.4　まちづくりと交通

　都市の形成と交通システムの間には密接な関係がある。古代に市場経済が生まれたとき，市場が立つ場所として，交通の便がよく，災害や敵襲から守りやすいところが選ばれた。市場の周囲に多くの人が住み始め，やがて町となっていく。中世になると，力をもつ者が領主となり，町の中でも特に敵襲から防御しやすい場所に砦や城が築かれ，日本では城を中心に武家地，寺社地，町人地などからなる城下町が形成されていく。日本の多くの都市は城下町を起源としているが，世界でも似たような経緯で都市が形成されていった。

　城下町以外のまちの形成では，おもな街道沿いに旅人が休息をとる宿や駅を中心とする宿場町や，モノの生産地や消費地に近くて天然の良港がある港町などがおもなものである。これらはいずれも交通施設に完全に依拠したまちづくりといえる。このように，都市が形成される場所はすべからく交通利便性が高いところである。一方で，国土の中で大きな都市がいくつか生まれると，その間を結ぶ交通路が整備されるという関係もある。これは都市間の交易のための人や物の往来のためであったり，中央集権国家であれば地方部への軍隊の派遣や税の運搬のた

めであったりする。

　このような国土における都市と交通路の相互関係は，都市のなかにおける土地利用と交通システムの関係にも現れる。まずは，幹線となる道の周りに人家や商店ができ，新たに土地を開発するときには道の整備を行う。都市によっては，運河が張り巡らされ，その周りで土地開発が行われる場合もある。近代になると，都市に通勤鉄道が整備され，その沿線に住宅地が広がった。日本の私鉄の中には，郊外駅周辺の土地を先行的に取得して住宅地開発を行い，鉄道の乗客を増やすとともに，不動産収入も得るという先駆的な私鉄経営モデルも生まれた。

　このように，交通システムは都市の骨格を形成するとともに，身体における血管のように，都市内の隅々まで人，モノ，廃棄物などを運ぶ役割を果たす。なかでも道路は，交通システムの根幹をなすものであり，道路上をトラック，バス，乗用車，2輪車，そして徒歩などさまざまな交通手段に交通路を提供するものであり，すべての土地区画は道路に接していないとほとんどその機能を発揮できない。道路にはそのほかに，景観を形成する，上下水道や電気などのネットワーク型公共施設を収容する，火事の際に延焼を防止する，などさまざまな機能ももっている。

　一番重要な交通機能も，大きく「通行機能」と「アクセス機能」に分けることができる。通行機能は，人やモノを通す機能であり，なるべく沿道からのアクセスや交差点に邪魔されることなく，高速・大量に通行させることを目的とする。ランプやインターチェンジなどでアクセスをコントロールした立体交差の自動車専用道路が，もっとも通行機能の高い道路といえる。アクセス機能は，沿道の施設に人や物が出入りできることを目的とし，市街地の街路や住宅地の生活道路が，アクセス機能の高い道路である。道路の計画では，その道路に両機能をどの程度ずつもたせるかを考慮したうえで，線形，道幅，交差方法，アクセスコントロールのあり方を決めることが重要である。

　一方，交通システムへの移動需要は，都市における土地利用や施設配置によって大きく左右される。都市計画によって，住居地区と業務地区を分離すると，朝夕に両地区の間で大きな通勤需要が発生する。この需要を小さくするためには，混合的な土地利用，都心部居住，副都心整備，コンパクト化などのまちづくり政策が重要となる。また，特に鉄道などの公共交通での偏り需要，すなわち朝は都心方向に，夕は郊外方向に需要が偏り，逆方向に需要が乏しいことへの対処には，郊外駅付近でのオフィスや学校の立地誘導が有効である。通勤時の過大な需要の緩和には，フレックスタイム制の推進やテレワークの促進も有効である。1.2節で述べたように，ほとんどの移動が派生的需要，すなわち異なる場所での活動という本源的需要に伴う需要であることから，交通問題の解消には，交通システムの改善だけでなく，移動需要をもたらす土地利用やライフスタイルへの働きかけがきわめて重要になる。

　以上のような土地利用と交通システムは図1.14に示すように，人間活動を通して，短期的には土地利用が交通需要を生み，その需要に対する交通システムのパフォーマンス（渋滞による所要時間の変化など）が施設利用の需要に影響を与える。例えば，郊外に立地したアウト

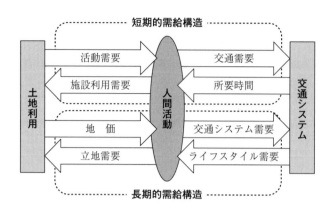

図1.14 土地利用，人間活動，交通システムの関係

レットモールが買い物需要を生み，それが大きな自動車交通需要となり，道路交通システムが貧弱な場合は，大きな交通渋滞となり，結果的にアウトレットモールの利用需要にフィードバックされる。より長期的な需給構造としては，例えば完全自動運転車の出現によって通勤時間の長さをそれほどいとわなくなると，中山間地域に居住して週4日間の勤務というライフスタイルを選択する人が増え，それが勤務地や住宅地のロケーションに影響を与え，道路整備や自動運転車の仕様にフィードバックされるということも考えられる。

　その意味で，本シリーズの主題でもある，移動のCASE革命は，まちづくりやライフスタイルを大きく変化させる可能性をもっている。レベル5自動運転（完全自動運転）の技術が確立し，完全自動運転化したマイカーが普及し，運賃の安い無人タクシーがすぐに呼び出せる世界を想像してみよう。マイカー乗車中に仕事，娯楽，休息ができると，移動時間の長さはさほど気にならなくなる。ドアツードア性がなく，乗車中の快適度も低い公共交通機関から，かなりの移動需要が自動運転車利用にシフトする可能性が高い。そうすると，広い家や豊かな自然を好む人は，鉄道沿線にこだわらずに郊外に居住地を求める人が増え，まちのコンパクト化を逆行させる可能性もある。都心部での駐車が自動化されると，駐車場は都市の縁辺部に設け，都心の一等地には駐車場は不要になるかもしれない。安価な運賃で利用できる自動運転車シェアリングが進むと，都心部居住者はマイカーを持たずに済むので駐車場賃貸負担が減り，都心を好む人はより都心部に住みやすくなるであろう。要するに，日々の移動に対するさまざまなバリアが低下するために，居住地選択により自由度が増して，公共交通アクセス性にとらわれない土地利用が進むことが考えられる。

　このように自動車利用の移動が劇的に増えると，いくら自動運転であっても渋滞は避けられず，大都市では自動車を利用した移動にきわめて長い時間がかかることが懸念される。つまり，完全自動運転社会になっても，快適な自動車利用は一人当たりの移動に必要な面積が，公共交通利用に比べてきわめて大きいことが課題であり，バスや鉄道などの中大量輸送機関との併用が必要となる。自動運転車による混雑や環境負荷のような外部不経済が顕在化する場合は，

課金政策などにより，外部不経済の少ない中大量を輸送できる公共交通機関利用へのインセンティブ付けが必要になるであろう。

引用・参考文献

1） Theoretical Structural Archeology のウェブページ：
　　http://structuralarchaeology.blogspot.com/2009/11/notes-queries-sledges.html[†]

2） 南風博物館のウェブページ：2. 謎の外来民族「ヒクソス」,
　　http://www005.upp.so-net.ne.jp/nanpu/history/egypt/history/halfway_period_2.html#6-1-2

3） 朝日新聞社コトバンクのウェブページ：「帆船」,
　　https://kotobank.jp/word/%E5%B8%86%E8%88%B9-118205

4） National Museum Wales のウェブページ：Collections Articles Richard Trevithick's steam locomotive, https://museum.wales/articles/2008-12-15/Richard-Trevithicks-steam-locomotive/

5） Tennants のウェブページ：The Walter Hancock Steam Bus,
　　https://www.tennantsuk.com/the-walter-hancock-steam-bus/

6） Daimler のウェブページ：Company History Benz Patent Motor Car：The first automobile（1885–1886）, https://www.daimler.com/company/tradition/company-history/1885-1886.html

7） Daimler のウェブページ：Company History Beginnings of the automobile：the predecessor companies（1886–1920）,
　　https://www.daimler.com/company/tradition/company-history/1886-1920.html

8） Wikipedia："Ford Model T", https://en.wikipedia.org/wiki/Ford_Model_T

9） Wikipedia："History of Trams", https://en.wikipedia.org/wiki/History_of_trams

10） Draisine のウェブページ：http://www.draisine.com/docs/deutsch/draisine/index.html

11） Wikipedia："Pierre Michaux", https://fr.wikipedia.org/wiki/Pierre_Michaux

12） L'evolution de velo のウェブページ：
　　http://www.clg-chape.ac-aix-marseille.fr/spip/sites/www.clg-chape/spip/IMG/didapages/dm6evot1b/lecteur.swf

1
2
3
4
5
6

---

† 本書の URL は 2020 年 1 月現在で確認している。

2 移動サービスの歴史

　遍歴商人や巡礼者は自力で移動していたが，為政のための役人や一般の人が移動するようになるに従って，移動を提供するサービスが生まれる。本章では，移動する人の大衆化とそれに伴う移動の目的の変遷と，その移動を支える移動サービスの歴史を概観する。馬車の登場は，移動の大衆化を促す。大衆の移動は駅馬車によって支えられていたが，それは19世紀に生まれた鉄道にとって代わられる。そこには速度と乗り心地のイノベーションがあった。しかし，20世紀に登場した自動車に人々は飛びついた。それは鉄道という移動サービスのシステムの抱える問題があったからである。その歴史をみることによって，公共交通機関による移動サービスにはどのような課題があるのか，また自動車がこれだけ広まった理由がどこにあるのかを論じる。

2.1　人の移動とサービスの始まり

　生物の本質は環境に適応して生存を続けることである。どんなに現在の環境に適応できたとしても，その環境は一定不変ではないことから生物は移動するように進化したと考えられる。ニューラルネットの研究からわかるように脳は学習機械である。学習は環境に適応するための機能であり，人間が大きな脳をもつことは環境への適応能力がほかの生物に比べて高いことを意味している。その高い能力のために耕作を行ったり，狩を行うことで，移動し続けることなく定住することができるようになり，集落が生まれた。しかし，そういった定住できる集落ができても，自ら移動することを選ぶ人間は存在した。遍歴商人と巡礼者である。

　遍歴商人は，集落から集落へと移動を続ける。ある集落で採れたものや作られたものを持って移動し，別の集落で売る。ある集落で得られないものには価値が生まれ，それを提供することから，異人である遍歴商人は一時的に集落に受け入れられる。遍歴商人はものを提供するだけでなく，他の集落で起きていること，移動の途中で見たことなどを情報として提供するという役割をもっていた。流通だけでなく，現代の通信の機能も果たしていたといえる[1]。遍歴商人はしばらく滞在し，商品を仕入れるとともに，その辺りに関する情報を得てから，つぎの集落に移動した。遍歴商人は集落から集落に渡り歩き，ものと情報とをもって移動する。体力が必要であり，道中で獣や山賊に襲われたときの身を守る能力，移動に関する勘など，特殊能力をもった人間達であった。

　巡礼は，自らの信仰を高めるための行為であるが，その動機はなんらかの精神的あるいは身体的問題を抱えていることにある。かつては精神と身体の区別はなく，高僧が手を触れただけ

で病が治ったという話が多くあるように，心身が救われることを目指して移動したのである。巡礼者達の滞在を受け入れたのが修道院や寺院であり，移動者のための宿泊施設となった[2]。修道院には巡礼者のための寝室が設けられ，修道女達は疲れ果てた巡礼者の世話をし，また旅の途中で負った怪我の手当てなどをした。そして食事が供された。移動のためのサービスの起こりである。ただし，奴隷が仕えるという意味を語源にもつサービスという言葉は正しくない。ホストがもてなすという意味のホスピタリティである。寺院や修道院は治療の場でもあり，ホスピタル（＝病院）という言葉はここから来ている。そして，宿泊施設を意味するホテルも同じ語源である。移動することによって自らの家を離れるが，つねに危険にさらされている野宿を続けていた後の宿泊施設がいかに人々を癒したか，現代のわれわれには想像がつかないほどのものであったであろう。ホテルやホスピタルという語のもつがっしりとした建物のイメージは，寺院や修道院から来ているのである。

　巡礼は心身の救済のためであるが，手を触れるあるいは加持祈祷によって病を治すという特殊能力をもつ人に会いに行くということから，やがて薬や温浴による治療に移行する。薬師如来が手に薬壺を持っていることからわかるように，仏教は医薬に関する知識を豊富にもっていた。そして，もう一つの治療法が施浴である。これが現代にも行われている温泉での湯治に繋がる。わが国における施浴は鎌倉時代には広まるが，それより遥か以前から禊（みそぎ）の水があったように，水と信仰は繋がっていた[3]。東洋だけではなく，西洋においても温泉による治療は古くよりあり，ローマ時代あるいはそれ以前からあった。有名なところとしては，英国のバース（温めるという意味の bath から Bath という地名となった），ベルギーのスパなどであろう。フランスのエビアン，ヴィッテルなどはミネラルウォーターで有名であるが，エビアンはエビアン＝レ＝バン（Evian-Le-Bains，bains はお風呂の意味）の鉱泉から採れる水であり，ヴィッテルとともにローマ時代からの温泉地である。ドイツにもバーデンバーデン（baden も同義）など多くの温泉地がある。これらの温泉地は，温泉療法のための移動の目的地となっていたが，19世紀ごろから観光地化していく。日本においても温泉は湯治場として長期滞在しながら治療する場であったが，江戸時代に箱根が一夜湯治という1泊の滞在でも湯治になると宣伝して人を集め，観光地化が進んだ。江戸時代において信仰的移動が観光化したことでよく知られているのがお伊勢参りである。伊勢への参宮は鎌倉・室町時代から行われていたが，農民などの庶民が伊勢参宮を行うことが流行したのが江戸時代である（享保3（1718）年に伊勢山田奉行が42万人の参宮者が正月から4月15日までの間にあったと報告）。17世紀末（1690年）に出島のオランダ商館医として日本に来たドイツ人ケンペルが書いた日本見聞記である日本誌には，日本は旅行が盛んな国だと書かれている。江戸時代には一般庶民の自由な移動が制限されていたのにも関わらず盛んになったのは，移動のインフラとしての街道と宿が整備されていたことと，信仰の形や，治療の形をとることで移動の大義名分を使う知恵が広まったこと，そしてお伊勢参りのガイドをする御師などの受け入れ側のサービスの工夫があった。

■2.2 馬車の登場と移動のためのインフラ整備

　遍歴商人や巡礼者は歩いて移動していた。遍歴商人達は健脚であり，歩きながら周りの様子を見て情報として伝えるべきものを把握していた。巡礼者にとっては歩き続けることも修行の一部とみなされていた。歩いて移動すること自体に意味があったといえる。

　徒歩に代わる移動手段として生まれたのは馬車と考えるのが一般的であろうが，人の移動手段すなわち乗り物として使うようになったのは，4千年以上ある馬車の歴史からみると最近のことである。馬車とは，単純化していえば，車輪のついた板（荷台）を馬で引くことである。車輪が発明される前は，木の枝などを敷いてその上に荷物を載せて引っ張ることから始まったとされている。車輪の起源はころにあるともいわれるが，定かではない。馬車に関する遺物が発掘されているのはメソポタミアであり，紀元前2千年以上前のシュメール文明において馬車が使われていたと認められている。馬車は移動の手段ではなく，収穫物などのものを荷台に乗せて運ぶという運搬のために使われた。動物の家畜化によって，人間よりも牽引力のある動物を使うことで，より多くの重たいものを運搬できるようになった。ただし，そもそも車輪は平坦なところでは機能するが，平坦ではないところでは役に立たない。草原や農耕地など，ある程度は平坦なところだからこそ馬車を使うことができる。このような荷車を牽引する動物としては馬よりも牽引能力が高い牛が先であるが，人のいうことを聞くという点では馬のほうが使いやすかったものと思われる。馬が牽引する車輪の付いた台の上に人が乗ったのは，戦車としての馬車である。紀元前2500年ころのものと思われる馬に引かせている戦車の模型がイラクで出土されている[4]。戦車の多くは2輪であり，立ったまま乗車していた（一般に，2輪のものをカート，4輪のものをワゴンと呼ぶ）。これは戦車という機動性が重要な乗り物だったためである。運搬車としての馬車は牽引力が重要であるが，戦車においては速さと敏捷性が求められる。その機能性からローマ時代には多くの戦車が使われた。戦車は人が乗るものであるが，旅行等の移動のための乗り物ではなく，戦いの道具として人が乗っていただけである。

　乗り物としての馬車の利用は，戦車での利用から利便性が理解されて，広まったと考えられる。ローマ時代には老人や女性の移動のために馬車が使われていたというが，馬車に乗ることが許されていたのは神官，将軍，政府高官など地位の高いごく一部の人だけであった。こういった地位の高い人達は，馬車を使って旅行にも出かけていた。出かけるときは，馬の世話をする厩舎係や召使いなども連れて行くことになり，かなりの大勢で旅行に出ていた。家を離れて，馬車で出かけることは，馬とワゴンを出先でも維持しなければならないので，交替用の馬を含めて多くの人手を必要としたのである。自分で歩かずに移動をするためには，多大なるコストが掛かったのである。

　中央から諸国への伝達のための駅伝制度はローマ時代にすでに存在したが，これが後に多くの人たちの移動サービスとして使われる郵便馬車のもととなる。駅の旧字の作りは睪であり，

つらなるさまを意味する。すなわち，馬をある間隔を置いておいて，馬を取り替えながら移動するためのシステムである。馬は生き物であり，馬が疲れて途中で動けなくなってはどうにもならなくなる。ある間隔をもって馬を配置し，そこで馬を交換したのである。そこまで使ってきた馬は休ませ，餌を与えて，つぎの業務に備えるようにした。移動のためのインフラ整備である。わが国においても，大化の改新において駅制が作られている[5]。

　駅伝制の初めは騎馬による飛脚であったが，やがて飛脚に任せずに，役人自身が馬車に乗って文書を伝えるようになる。駅馬車あるいは郵便馬車である。文書を運ぶだけなく，途中の様子を把握することもできるので為政の役に立つのであった。駅における馬の維持，移動者のための宿泊所の提供，そして道路の整備などを街道沿線の住民の義務として課すことでインフラの維持を行った。

　ギリシャやローマで石造りの街が作られたのは，加工のしやすい石灰岩あるいは石灰石が豊富にあったからである。これは街中の道路の石畳にも使われ，これによって馬車が走りやすくなった。ただし，馬車が走行すると，その騒音は大きかった。また，馬車の車輪によって石畳に轍ができたが，これは横滑りを防ぐという意味ではメリットであったが，その一方，対向する馬車が来たときには，すれ違いが難しくなるというデメリットもあった。現在でもローマ遺跡に行くと，この轍を見ることができる。ローマ帝国が崩壊すると，ローマの街道も荒廃し，馬車が使える状態ではなくなった。移動のためには馬車を使わずに，馬やラバに騎乗して移動する人が増えた。また，駅伝制度も中世の初めには途絶えてしまう。

2.3　乗り物としての馬車

　15 ～ 16 世紀になると，ワゴンに日除けの屋根（フレームに張られたシート）が付けられたものが旅行用の馬車として使われるようになる。ワゴンは車軸の上に車体を乗せたもので，乗り心地はひどく悪いものであった。16 世紀ころになるとサスペンションが登場する。サスペンションが付いた馬車のことはコーチと呼ばれるようになる（フランス語：カロッセ（carrosse），コッシュ（coche），ドイツ語でクチュ（Kutsche））。その乗り心地の改善は劇的であり，その分速度を上げることができて，コーチを走らせることが楽しく，実用を離れて娯楽としてのドライブが貴族の流行となる（ドイツのユリウス・フォン・ブラウンシュワイクは，1588 年にドライブの禁止令を出す。騎馬をしなくなり，堕落することを恐れたのである）[4]。コーチ技術の改良と装飾で，王や貴族のもち物として権力や地位をひけらかすものとなった。馬車をもつことは，馬車の車体自体を購入できるだけでなく，馬を何頭も飼育することでもあり，そのための厩舎と車庫を作り，餌を買い，馬具を揃え，御者や飼育員を雇用することでもあり，王侯貴族でなければもつことができなかった。それが 17 世紀半ばになると財力のある商人などがコーチをもつようになり，コーチは金持ちの特権階級の象徴となった。馬車は贅沢品であり，地位によって乗ってよい馬車のタイプが決められたりもしていた。

サスペンションがないワゴンに比べてサスペンションがついたコーチは乗り心地がはるかによかったとはいえ，まだひどく揺れる乗り物であった。この原因は道路である。都市の中の道路は整備されていたが，郊外に行けばひどくデコボコであり，重心が高いこともあり，馬車の転倒は珍しいことではなかった。それなりの覚悟をもって乗る必要があったのである。コーチの流行に伴って，道路の整備が必要となる。

　貴族や裕福な人達は馬車とともに馬車を操る駁者^(ぎょしゃ)を雇い，駁者に馬車を操縦させて利用していたが，18世紀ごろからオーナー自身が操縦する軽量な馬車もできる。フェートンと呼ばれた馬車は最初は2輪のカートで，やがて4輪のものもフェートンと呼ばれるようになる。これはサスペンションの上の高い位置に座席があった。カブリオレは1頭立てあるいは2頭立ての2輪で2座の軽量馬車で屋根は幌になっていて，普段は屋根を開けて使った。これは18世紀のパリにおいて，実業家や医師などの間で大流行した。軽量であることから速度を出すことができ，他の馬車を追い越すなど，パリの街を我が物顔で走り回っていたとのことである（カブリオレはフランス語で"跳ね回る"を意味する cabriole から来ている）[6]。19世紀になると，趣味あるいはスポーツとして自身で馬車を操縦することが行われるようになる。英国では後述の郵便馬車を個人向けに作った Park Drag と呼ばれる馬車が作られるようになり，19世紀後半には広く流行する。これは4頭立ての4輪馬車で，どこかに移動することが目的ではなく，純粋に馬車で走り回って遊ぶことが目的であった。公園内を走り回ることから始まったために Park Drag と呼ばれた。馬車で走り回ることを楽しむために，馬車はどうあるべきか，馬の扱いはどうあるべきか，馬具はどうあるべきか，ハーネスの使い方はどうあるべきか，などが追求された。ここに Drive for Pleasure といった表現が使われるようになる[7]。

▌2.4　駅馬車：庶民のための交通サービス

　ローマ時代にあった駅伝制度にならって，コーチを用いて一般庶民のための長距離移動サービスが始まる。それが駅馬車や郵便馬車である。駅馬車は英語ではステージコーチであるが，馬を取り替える場所が駅 = station であり，駅と駅の間が stage である。王からの指令などの文書を確実に送り届けるためのシステムが郵便制度であり，それに馬車を使った郵便馬車制度としては，ハンガリーのマーチャーシュ王が15世紀末にウィーンとブダの間に設けたのが最初といわれている。このとき，駅は4マイルあるいは5マイルごとに置かれていた。ドイツでは16世紀に入ってタクシス一族が郵便馬車制度を担ったが，17世紀中ごろには駅馬車制度が作られる。

　英国の駅馬車は，古くは1500年ころに荷物と人を運んだステージワゴンに始まるが，1640年に定期的に運行される駅馬車制度ができる。例えば，1706年4月に運行を開始したロンドン－ヨーク間のステージコーチは，月，水，金の朝5時に出発して，天気がよければ4日間かけてヨークまで行った。1761年に Portsmouth の旅館を経営していた Stavers が始めたボスト

ン（Boston）行きのステージコーチの料金は一人 13 シリング 6 ペンスであったが，出発時に半額を支払い，到着時に残りの半額を支払うシステムになっていた。これが現在の貨幣価値でいくらになるかはわからないが，18 世紀の職人の日給が 1 シリングだったということからかなりの金額であり，ある程度裕福でないと利用できなかった。英国ではそれまで騎馬で運んでいた郵便（郵便は 1635 年に民間にも解放された）を乗合馬車に乗せて運ぶ事業，すなわち郵便馬車事業がバースの劇場オーナーであったジョン パーマー（John Palmer）によって 1784 年に始められる。郵便馬車 mail coach は乗客数や荷物の量を制限して（停車駅が限られた列車に使う limited の語源がここにある），おもに夜間に移動することで早い移動を実現していた。ステージコーチの乗客数が 18 名であったのに対し，郵便馬車では車室内には 4 名，車室外には 6 名であり，料金はステージコーチよりも高かった。さらにお金を出せば，宿駅で post-coach と呼ばれる貸馬車を借りることもでき，もっと早く移動したければ 2 頭立てで 2 人から 4 人乗りの post-chaise があった。これは，駆者は 2 頭のうち 1 頭にまたがり，2 頭の馬を操った。料金はステージコーチより 1 桁高かった。英国では産業革命が始まり，経済活動が盛んになって，ステージコーチなどによる移動が広まった。

　フランスでは，16 世紀後半にシャルル 9 世が公共運送業者に特許を与えて乗客を輸送できるようにする。1647 年にはパリと 43 都市を結ぶ駅馬車があった。1819 年には，英国での郵便馬車に感銘を受けたルイ 18 世の命で，同様の郵便馬車が整備された。19 世紀には，各地で駅馬車が運行されており，大型の乗合馬車（diligence）が使われた。この馬車は三つに区切られており，一番前をクーペ（coupé），中央がアンテリュール（intérieur），後ろをロトンド（rotonde）と呼び，後ろになるほど料金が安くなっていた。そして，屋上席（アンペリアル（impériale））もあり，そこが最も安かった。米国では植民地時代には多くの人が貧しい暮らしをしていたことから，個人で馬車をもっている人は少なく，例えば 1761 年のフィラデルフィアで馬車をもっているのは 38 軒であった。駅馬車は 1700 年代の前半には始まるが，やがて広まり 1830 年ごろにはボストンから 100 の路線ができていた。

　ステージコーチの登場によって庶民も移動しやすくなったが，その移動は決して楽なものではなかった。悪路のために馬車が横転することも珍しくなく，大怪我をすることもあった。山越えでは窪みにはまったり，不幸にも崖から転落することもあった。舗装技術が未熟だったときには，走行中にぬかるみにはまって動かなくなることが多かった。このようなときには，馬車を押す手伝いもしなければならなかった。乗客に降りて手伝うように駆者が頼んだが，こちらは料金を払っているのだからと乗ったままでいたところ，駆者は道路脇で休憩を始めた。何をしているのかと問いただしたところ，このままでは動けないからぬかるみが乾くまで待つのだと答えた，という話も残っている。また，道中には危険が多く，山賊に襲われたり，動物に襲われたりもした。そのために，郵便馬車にはガードマンが乗っていたが，乗客もピストルを携行していた。馬車を利用する人は庶民といっても裕福な人が多いことから，移動時には金品を持っているのでそれを目当てに山賊や強盗が襲ったのであった。

　初期のステージコーチは木のベンチのところに何人も詰め込まれ，激しい揺れのためにほか
の乗客とぶつかり合いながらの乗車であった。そして，乗客は庶民であり，無礼で不躾な人達
との乗合いであり，気の弱い者にとっては耐え難い時間であった[8]。そのため，体調を崩すも
のも少なからずおり，精神的にも具合が悪くなることがあった。

　ちなみに，わが国での駅馬車の導入は，明治に入った直後の 1869 年であり，横浜と東京を
結ぶ乗合馬車であった。これは外国人による事業であり，航路で横浜に着いた人達を大使館等
がある東京に連れていくものであった。翌年には成駒屋という日本人による日本橋−横浜間の
乗合馬車事業が始まる。1872 年に郵便物も運搬する郵便馬車事業が始まる[9]。10 年ぐらい経
つと人々に親しまれるようになり，木製の車輪が出す音からガタクリあるいはガタ馬車と呼ば
れていた。落語家の橘家圓太郎が乗合馬車の駅者のラッパの真似をしたことが受けて，乗合馬
車は圓太郎馬車とも呼ばれた。これらの乗合馬車は，乗合自動車が生まれたために，9 000 台
近くが稼働していた 1911 年をピークとして消滅していく[10]。

2.5　駅馬車による移動サービスを支えたもの

2.5.1　道　　　　　路

　陸路による移動を支えるための重要なものは道路である。古くはローマ時代に道路の整備が
なされ，わが国でも平安時代には街道の整備が行われた。道路とは，国として全国を掌握し
て，命令等を伝え，税金を取り立て，必要とあれば兵を差し向けるためのものであった。ま
た，国を富ませるために価値のある物資を集めるための流通経路でもあった（多くは運搬容量
に勝る海運に頼っていたが）。しかしこのことは，国の力が衰えてくると道は荒廃していくこ
とを意味している。わが国では江戸時代に参勤交代制度を設けたことから，定期的に大名行列
が通るために街道は整備され，その結果として前述のように庶民の移動も促進された。わが国
の場合には山が多く川を渡る必要もあることから，長距離移動には騎馬に頼ったために，馬車
が発達することはなかったが，道路網という点では街道・宿場がよく整備されていたといえ
る。ちなみに，東海道の道幅は 2 間すなわち約 3.6 m とされており，現在の道路の一車線の
車線幅とほぼ同じである。

　ヨーロッパにおける現在の道路整備に至る動きは 16 世紀に始まる。フランスでは 1599 年
にアンリ 4 世の時代に財務総監となったシュリー（Sully，シュリー公爵で本名は Maximillen
de Béthune）は街道の整備に取り掛かる。地図作成のためのチームを作り，道路や橋の整備を
行った。街道には楡や菩提樹の木を植え並木道にした（Les Ormes de Sully（シュリーの楡）
と呼ばれる）。ルイ 14 世の時代には 1669 年に国の水と森林に関する条例が出され，住民たち
の経費で道路等を整備する雑役が義務となり，従わない場合には罰金が課せられた。これは農
繁期を除いた月に 3 日，工事箇所から 4 リーグ（lieue；1 リーグは約 4 km）以内の住民が参
加させられた。反抗する者は刑務所に入れられた。これによって約 2 万キロに渡る道路が整備

された。1716 年には橋・道路局が設置されて，道路の中央管理が行われるようになる。さらに，1747 年には橋と道路の王立学校が作られ，土木技術者の育成が行われた[11]。

　馬車が道路を利用することで轍が掘られて道路に凹凸ができる。1718 年に王宮令によって1 車軸当り 1.5 トンに車両重量を制限していたものの，雨が降って緩んだ路面を幅の細い車輪をもつ重い馬車が走ると道路が掘られて，深いぬかるみとなり，馬車の走行に支障をきたす。そのために道路に舗装する技術が必要になった。橋と道の検査官長をしていたトレサゲ（Pierre Marie Jérôme Trésaguet）は排水を重視した舗装技術を考案した。これは，まず道路表面から 30 cm ほどの深さまで掘り，排水のために中央を盛り上げた形にする。そして，"hérisson"（ハリネズミ）と呼ばれる 20 cm ほどの粗い砕石を敷いて基礎として，その上に 8 〜10 cm 程度の砂利で覆うものである。さらに細かい砂利を表面に敷いて，牛や馬に引かせたローラーでならした。コストが掛からず，経済的道路と呼ばれた。また，トレサゲは道路のメンテナンスの重要性を認識して，道路保守員を設け，補修を行わせた。国道（王道）は左右の側溝間が 13 m の幅をもつ道路として整備され，2 次道路は 9.8 m 幅であった。その他の交通に要する道路は 4.8 m とされた。そして，フランス革命が起きる 18 世紀の終わりには舗装された道路は 3 万 2 千 km におよび，ヨーロッパで最も道路が整備されていた。また，1786 年にはパリのノートルダム寺院を起点とすることとして，道路の番号付が始まる。

　英国のチューダー朝時代では道路の管理は各教区が補修・管理の責任をもっていた。1555年の Highways Act（幹線道路令）によってそれが法制化され，道路のユーザである教区の住民に補修する義務が課された。それによれば，年間 50 ポンド以上を稼ぎ出す耕地や牧草地をもつ住民は，2 名の作業員と牛や馬また道路補修をする道具を供出して年間で連続した 4 日間（1563 年以降は 6 日間）の道路補修作業をさせられた。土地をもたない農夫はそれに相当する労働力を提供する義務があった。さらに，2 名の検査員が無給で指定されて，道路状態をチェックすることになっていた。このような法律が設けられたものの，技術をもたない素人の作業であったこともあり，道路整備は進まなかった。雨の多い気候もあり，ぬかるみが酷く，土に潜った車輪の馬車を引くためには何頭も馬が必要であった。

　1646 年に Standon 教区民から，中心部を通る Emine Street を通る重量のある車両から税を徴収すべきであるという提案がハートフォードシャー裁判所になされ，1663 年には道路利用者に対して 11 年間に渡って道路保守のための通行料を取ることが認められた[12]。そして，ターンパイク（turnpike）と呼ばれる有料道路がハートフォードシャーの Wadesmill に設けられた。パイクとは槍のことであり，ターンパイクとは開閉する柵状のゲートのことを意味している。通行料金を支払うとゲートが開けられて通行ができたのである。当初は州の管理のもとで，通行料を見込んで資金を借りて，道路整備をして料金所を設けた。この有料道路のアイディアは広まっていき，1706 年には Bedforshire と Buckinghamshire を結ぶ道路の turnpike trust（有料道路信託会社）が独立組織として認められた。これが現在の A5 道路になる。1720年代にはターンパイクはイングランド南部，そして西部へと広まっていった。1750 年代終わ

りには，146 の turnpike trust があり，合わせて約 5 500 km に渡る道路を管理していた。18 世紀の turnpike は道路を改善することがおもな目的であったが，19 世紀に入ると新しい舗装技術によって新しい道路を作るためのものとなった。turnpike trust への投資は大流行になり，その最盛期は 1840 年ごろであった[13]。このころ 3 万 5 千 km が 1 000 以上の trust によって運営されていた。料金所は 2 万を超え，150 万ポンドの料金収入があった。

　馬車の走行によって道路はダメージを受けるが，それを防ぐための道路技術ができると馬車の利用が促進されることから，両者は切っても切れない関係にある。18 世紀中ごろに John Metcalf は道路には強固な基礎と良い排水が必要であることを認識して，木の束を基礎として埋めて，その上に石を敷き詰め，中央を盛り上げた土で覆うことで，表面の水を両脇の溝に流す方法を開発した。その後，19 世紀に入るとテルフォード（Telford）とマカダム（McAdam）という二人の土木技術者が活躍をする。

　テルフォードは郵政長官の支援を受けていたことから費用のことは重視せずに，コストの掛かる方法を考案した。20 cm 程度の長さにしっかりと石を詰めた基礎の石を並べ，その上を 15 cm 程度の厚さの砕石で覆うようにする。表面は小さい石と土で中央を盛り上げる。およそ 100 m ごとに基礎の下に排水溝を設けて，両端の溝に流れてきた水を排水するようになっている。一方，マカダムは土木局の支援を受けて，安上がりな方法を開発する。マカダムは砕石の大きさを厳密に規定し，例えば 25 cm の厚さの道路では砕石の重さは 6 オンスを超えてはいけないとした。道路表面で丁寧に砕石することで，互いが強固につながり，固い表面を実現することができた。さらに，その上を馬車が走行することで，必要な圧縮力が加わり，締固められる。マカダム工法（Macadam road construction method）は最初ターンパイクに適用されたが，やがて標準的な舗装方法として英国内そしてヨーロッパにも広まった。こういった舗装技術のお陰で，馬車の走行速度が上がり，場所によっては所要時間が半減するところもあった。馬車の速度はたかだか 10 km/h 程度であったが，馬車の利便性が高まった。こういった道路整備によって，英国の馬車による移動が促進されたのであるが，やがて鉄道の登場によって衰退していく。しかし，後にターンパイクは自動車のための道として再び利用されることになる。

　ターンパイクの考えは米国でも導入され，1794 年にペンシルベニアに米国で最初のターンパイクが作られる。米国での特徴は，水路による水上交通が移動・輸送手段として広まっていたことで[14]，ターンパイクもこの水路による交通のための接続路としての機能を提供していた。その後，このターンパイクは水路とともに鉄道会社に買い取られ，鉄道の敷設に使われることになる[15]。駅馬車のためのターンパイクが自動車のための道路として使われるようになった英国とは異なる点である。

2.5.2　宿　　　　　駅

　ステージコーチによる移動サービスを支える大事なものは駅である。駅は post あるいは relay（フランス語ではそれぞれ poste, relais）であり，そこにある宿泊施設は，英国ではコー

チングイン（coaching inn），フランスではオーベルジュ（auberge），米国ではタバーン（tavern）と呼ばれた。これらの宿駅では，交替用の馬を飼っており，そのための厩舎が必要である。また，馬車を保管する車庫ももつ。ステージコーチが6頭立てであれば，6頭を交換するので，厩舎には十数頭あるいはそれ以上を飼っている必要があった。馬は基本的にチームになっており，チームごと交換をする。これらの馬達に食べさせる餌を揃え，飼育するにはかなりのコストが掛かり，宿駅を運営するには資金力が必要であった。ちなみに江戸時代の宿場では，馬を交換する場を問屋あるいは問屋場と呼び，人の出入りの多いところであり，宿場の中心となっていた。それほど馬の交換は大仕事だったのである。

　夜になって宿駅に着くと，そこに宿泊をする。寝室はもちろん，食堂，バーなどを備えていた。米国でのステージコーチ時代について描かれているアリス モース アール（Alice Morse Earle）の本によると [16]，米国のタバーンはもともとは清教徒達の集会所として始まり，宿泊施設にもなった。それが駅馬車の登場によって宿駅として使われるようになった。建物の入り口には庇が設けられていたり，軒が伸びていて，そこに馬車をつけた。タバーンやコーチングインの軒先には木製の看板が架けられ，宿泊施設であることがわかるようになっていた。英米ではベランダが付いた建物が多かったようであるが，そこには馬車の屋根に乗車していた乗客が直接出入りしていたかもしれない。タバーンへの到着が夜の9時や10時になったときでも，翌日の出発は朝の3時や4時であり，暗いうちに叩き起こされて，真っ暗な中を出発していったという。その出発時は，馬を繋いだり，荷物を載せたり，乗車したりがいちどきに行われて，大騒ぎであった。そして，準備が整うとラッパを鳴らしながら出発していった。ゆっくり食事をとってお酒を飲んでゆっくり寝て，程よい時間に出発する，といったのんびりした旅とはかなり異なる旅だったようである。部屋は狭く，一つの部屋に2段ベッドが並んでおり，場合によっては他人と同じベッドに寝ることになった。ベッドは短く足が出てしまうことも珍しいことではなかった。食事は一つのテーブルを全員で囲んで食べるもので，奴隷と一緒に食べることすらあったという。もちろん快適なタバーンもあり，食事のテーブルに，鶏肉や七面鳥，魚などが並び，紅茶やコーヒーが出たりすることもあった。料金は，パン代，宿泊代，食事代，ワイン代，リカー代，そして自分の馬で来た場合には馬の保管代と餌代からなっていた。

2.5.3　駅　　　　者

　駅馬車を運転するのは駅者（coachman, cabman, そして driver と呼ばれた）である。防寒や防塵のために革のマントを羽織って帽子を目深にかぶった姿からは想像しにくいが，決して粗野な人間ではなかった。駅者の意識は船の船長であり，道中に何が起きるかわからないなか，無事に最終目的地に馬車と乗客とを届ける責任を負っていた。複数の馬を操る技術に長けている必要があることはもちろん，さまざまなハプニングにも冷静に対応する能力が必要であった。雨や雪，風など悪天候のもとで運行するためには，雨や雪に晒されながらも馬を振い立たせて先に進めたり，山賊に襲われたときの対応も必要である。また，乗客にはさまざまな

人がいたので，乗客どうしのトラブルを仲裁することも必要だった。さらには乗客の体調にも気を遣い，車体の上の吹き曝しの席にいる者が体調が悪そうだと，キャビン内の席と交代させたりもしていたという[16]。

　馬車を運転するだけでなく，路線周辺情報を伝える役割もあった。途中の宿駅で得る情報には個人的なものものあり，例えば隣町に住んでいる親戚の病気の状態を伝達する役割ももっていた。こういったときには，わざわざその家に寄って様子を伝えたりもしていた。人と荷物さらには郵便，そして情報を送り届ける機能を果たしていたのである。19世紀に入り鉄道が登場して駅馬車にとって代わることになった。その際に駅馬車の仕事をしていた人達が鉄道の仕事に移ることもあったが，駅者の多くはその仕事に対するプライドが高く，鉄道という巨大システムの一要員としての仕事をすることを拒否して，駅馬車の廃止とともに引退したという。

■2.6　鉄道という移動イノベーション ─────────────

2.6.1　鉄 道 の 発 展

　19世紀に入り，外輪船が実用化され，河川の運行に用いられるようになった。鉄道は鉄製のレールを敷いて，それに沿って車両を動かすことから始まる。レールは鉱山でのトロッコによる輸送に始まるといわれており，最初は木製であった。鉄のレールが生まれたのが18世紀の後半である。英国においてはターンパイクのお陰で道路整備は進んだが，依然として馬車の乗り心地は悪く，移動効率は高くなかった。その問題を解決する方法として，道路にレールを敷いてその上を馬で牽引する貨車を運行させるという馬車鉄道（railway coach）が19世紀の最初に登場する。例えば，ストックトン（Stockton）とダーリントン（Darlington）間にThe Unionという馬車鉄道が1826年に開業している。そして，この鉄道に蒸気機関車が走るようになるのである。よく知られているように，ジェームスワット（James Watt）の蒸気機関の発明が18世紀後半であるが，これは定置式の機関であり，揚水などの動力に使うことが目的であった。ちなみにこのころに，最初の自動車といわれるキュニョー（Cugnot）の蒸気自動車（正しくは砲車）が作られた。最初の蒸気機関車は1804年であり，スチーブンソン（Stephenson）の蒸気機関車がLiverpool and Manchester鉄道で使われるようになったのが1830年であり，パーマーの郵便馬車の登場から約50年の後のことであった。その後，産業革命による活発な経済活動を背景に，Railway Maniaと呼ばれる鉄道への投資熱が高まり，一気に鉄道が広まった。1840年には総延長が約2千kmとなり，1850年には1万kmを超え，1870年には2万3千kmと急激な伸びとなった。これとともに駅馬車は衰退していった。

　人の移動に対する価値という観点から鉄道をみると，その本質の一つが速度であり，もう一つが乗り心地である。馬車の速度はよい道路という条件のもとでもたかだか10 km/hであり，これは路面状態と馬車の総荷重に依存する。スチーブンソンの蒸気機関車は10 km/hで走行したが，1840年代には平均で40〜50 km/h，最高速度は100 km/hになることもあった

といわれている。英国内でいえば，駅馬車の所要時間に対して5分の1になった。馬車の時代にはロンドンから2～3日掛かっていたバーミンガムまで6時間程度で行けるようになった。当時の人たちにとっては時空が歪んだようなものとして感じられていたほど，大きな違いであった。速度を出せるためにはレールの敷設が重要になるが，鉄のレールの上を鉄の車輪で駆動させるためには大きな勾配を避ける必要がある。そのために土木技術が発達した。凹凸をならして平らにしたり，山を切り崩して切り通しにしたり，トンネルを通したりする技術が滑らかなレールの敷設を実現させた。これによって，馬車の時代から比べて信じられないほどの振動のない乗り心地を鉄道は実現したのである[14]。鉄道にも事故はあったものの，道路の凹凸で激しく揺さぶられたり，場合によっては横転するといった道路に起因する馬車の乗り心地の悪さから解放されたのである。

　もう一つ馬車に対する鉄道の価値を付け加えるとすると，キャビンの快適性である。高級な馬車であれば快適なキャビンと呼べるものもあったであろうが，駅馬車では吹き曝しの2階席はもとより，キャビン内にも風や雨は容赦なく入り込むものであった。馬車にサスペンションが付いているものの，道路からの衝撃はキャビンを変形させるものであり，それを逃がすためにキャビンをガッチリとした構造とするわけにはいかなかったのである。鉄道も1840年代の3等車や4等車は無蓋の吹き曝しのものであったが，やがて箱型のキャビンとなる。レールによって振動を減らせたことによって精度のよいキャビンを実現できたのである。そして，ヨーロッパでは駅馬車（diligence）のキャビンのスタイルを継承して，1等車と2等車にはコンパートメント（個室）が作られる。外の天候が雨であっても風が強くても，窓を閉めておけばそれが直接に降り掛かることはなくなった。天候は身体で感じるものではなく，眼で感じるだけのものになっていった。

2.6.2 快適すぎる鉄道

　速度が速く，乗り心地のよい鉄道は人々の移動を楽にして，移動を促進した。それは駅馬車による旅と比べて天国のようであった。しかしながら，このことは別の問題を引き起こす。退屈という問題である。馬車の時代の苦痛を忘れた人達は，馬車の速度の遅さを懐かしむようになる。歩く速度と変わらない速度で進む馬車，しばしば立ち往生をする馬車では，周りの景色をゆっくりと見ることができる。ときには畑にいる農夫と言葉を交わしたりもした。それが鉄道に乗ると，景色はみるみる流れて行き，どんな花が咲いているかもわからない。もちろん，沿線の農夫と言葉を交わすことはできない。道中の村の様子や風景を楽しむことが旅の一部であったことに気付かされたのである。鉄道嫌いで知られているジョン・ラスキン（John Ruskin）は，鉄道に乗っている間は，人は人格を捨て，荷物となると述べている。彼にとって快適な旅とは1日に10から20マイルの移動のものだと主張している。もっとも，すべての人がこのように感じていたわけでなく[14]，鉄道のスムーズさと速さから飛ぶような移動だと感動している者もいた。速度の上昇で風景の性質は変わり，窓に区切られた絵画的風景がつぎ

からつぎに変化するパノラマ（18 世紀にロバート・バーカー（Robert Barker）が考案した 360 度の壁に画いた風景画の見世物）のようなものとなった。

　1 等，2 等のコンパートメントでは，話し相手がいない。馬車で他の客と膝を突き合わせていたことが懐かしくなる。不躾や無礼な同乗者がいかに不快であったのかも懐かしくなる。馬車において揺れに我慢したり，同乗者との会話で過ごしていた時間を別のことで過ごさなければならなくなる。風景に飽きてやることがなくなると，睡眠が待っている。鉄道での居眠りである。このことを風刺して，ドーミエ（Daumier）はいくつかの画を残している。この退屈な時間を過ごすために行われるようになったのが読書である。1830 年代にはすでに新聞を読むことが行われていたが，これをビジネスとして始めたのが英国のウィリアム・ヘンリー・スミス（W. H. Smith）であり，1848 年にユーストン駅の構内で書籍や新聞を売る許可を得て，WH Smith & Son という構内書店を始めた。翌年にはパディントン駅でも書店を始め，そこには 1000 冊の本が置かれた。路線全体での事業の許可を得ていたことから，貸本もできるようにし，降りた駅の WH Smith & Son で返却すればよかった。車内で読みやすいサイズにし，読みやすい娯楽性の高い読み物を中心とした鉄道文庫（Railway Library）が Routhledge 出版から 1849 年に出され，1855 年までに 100 冊が出版された。これは WH Smith & Son で売られた。このアイディアはフランスにも導入され，Louis Hachette による鉄道文庫（La Bibliothèque des chemins de fer）が 1852 年に登場する。これは，旅行ガイド，歴史と旅行，フランス文学，古典・海外文学，農業・工業・貿易，子供向け，その他という七つのシリーズからなっていた。その広告文には，これは旅行のために特別に作られたもので，旅行中の強制的な余暇を楽しむための（Occuper agréablement leurs loisirs forcés pendant le trajet ...）ものだとうたっている。子供向け本については，退屈な子供達に楽しい本を与えることで親や同行者を疲れさせません（... ne fatigueront ni leurs parents, ni leurs compagnons de voyage.）と宣伝している。1866 年には Hachette の駅書店での書籍の売上げが新聞の売上げよりも多くなる。ちなみに，現在のフランスの駅にある赤い看板の書店 Relay はこの Hachette の店であり，英国のどこの駅にも青い看板の WH Smith がある。

　速さと乗り心地について駅馬車に対して大きなアドバンテージがあった鉄道は庶民の移動手段として馬車に取って代わった。しかし，速さと乗り心地のよさは移動の性質を変えることになった。流れる風景による疲労と退屈を受けいれなければならなくなった。鉄道で寝ること，本や雑誌を読むことは，200 年近く経った現在の鉄道での乗客の時間の過ごし方と変わっていない。スマホでゲームをしたり映画を見ることが加わったのみである。

2.6.3　郊外にあった鉄道駅

　鉄道は人と物を輸送するために，街と街を結ぶように作られた。しかしながら，すでに街ができているので，その中心部まで線路を敷いて駅を作ることはできなかった。新橋駅が汐留付近に作られたのも，そこが東京の外れで接収した大名屋敷跡であったためであり，多くの住民

を立ち退かせずに線路を引くために日本の最初の鉄道は海沿い（正しくは，海上に築堤）となった。現在では街が拡大してわかりにくくなっているが，地図を見ればわかるようにパリの駅はパリの郊外からそれぞれ南に向かう路線が出発・到着するリヨン駅，北に向かう路線の北駅，などパリを取り囲むように駅が配置されている。ロンドンも同様である。この地理的構造から鉄道駅はその街の玄関口ということがいえるが，それは街の中心から離れていることでもある。線路と駅を建設できる広いスペースが得られる場所に駅が作られたのである。ちなみに，駅馬車は道路を走るので街の中から出発することができ，例えば1706年に始められたヨーク行きの駅馬車（ステージコーチ）の出発地はロンドンのロイヤル・オペラ・ハウスからほど近い Holborn である（**図 2.1**）。

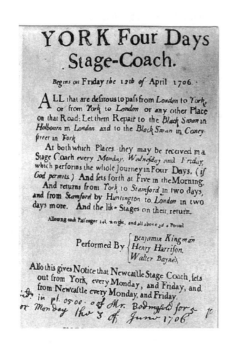

図 2.1　ヨーク行きのステージコーチの
運行開始の告知（1706 年）

　郊外に駅が作られることによって，そこに人が集まり，駅の周りが発展し，その結果として街が拡大していくことになったが，街の中心地に住んでいる多くの人たちは鉄道を利用するためには郊外の駅まで行かなければならなかった。このことは，この駅から家への移動手段が必要になるということを意味する。駅と市内を結ぶ交通手段として，駅の前には多くの馬車が列車の到着を待っていたが（**図 2.2**），現在の駅前にタクシーが待っているのと同じ光景である。列車が到着すると馬車に乗って街の中の家に帰っていく。交通機関の乗換えが発生することになる。旅の荷物を列車からおろし，到着した列車から降りた人で混雑する広い駅構内を運んで移動して，駅の外に出て馬車を捕まえなければならない。この荷物を運ぶのを助ける仕事としてポーターが生まれる。鉄道会社に所属する若い男性が担っていた。

　列車に乗るためには駅まで来なければならない。鉄道にはダイヤがあり，それは厳密に守ら

図 2.2 フランス，Les Sables D'olonne の駅前（1900 年ころ）

れる。駅馬車にも出発時刻はあったが，道中のできごとによって大きく変動していた。これに
対して鉄道は安定した時間で運行が可能であり，そのためにダイヤを組むことが可能になり，
効率的に線路を使用して多くの列車の運行ができたのである。このことは，正しく列車の出発
時間までに駅に行かなければならないことを意味している。乗り遅れないためには，余裕を
もって駅まで行かなければならない。このことは，それまで時間に合わせて正確に行動をする
ことのなかった人たちにとって苦痛でもあった。当時の医学会ではダイヤの時間を気にするこ
とによるノイローゼが議論されていた。鉄道は，時間に縛ることを人に強いることにもなった。
　十分な余裕をもって駅に着いた人は，列車の出発までの間の時間を駅で過ごさなければなら
ない。ここにも退屈な時間が発生する。その時間を過ごすために 1830 年ころには食堂が駅に
併設されるようになる。旅の楽しみという意味での駅での食事という面もあろうが，そのもと
は乗換えによって生じる空いた時間を過ごすためのものであった [17]。

2.6.4　駅からの移動と市街地内での移動

　街中を移動するための交通手段は鉄道の登場よりも遥か前の 17 世紀まで遡る。ロンドンで
はハックニーと呼ばれる 2 頭立て 6 人乗りの馬車が 1610 年ごろに登場し，宿屋の前などで客
を待った。ハックニーの数が増え，石畳の街路を蹄の音を立て走るハックニーは騒音のもとで
あった。パリでは 1617 年に輿（乗客を椅子に座わらせ，それを前後の 2 人が運ぶ）によって
人を運ぶ事業が認められる。1620 年には，サンマルタン通りの Nicolas Sauvage が，所有する
20 台のコーチを使った人を運搬する業務の申請を行い，許可される。この 1 頭立て 2 人乗り
の馬車（辻馬車）がフィアクルと呼ばれるようになったが，これはサンマルタン通りのソ
ヴァージュの家に掛かっていた看板に聖フィアクル像が描かれていたためといわれている [4]。
1657 年には Givry の Hugon に 2 番目の許可が与えられたが，その際には，渋滞をさせない，
喧嘩をしない，事故を起こさないといった迷惑行為を禁じて許可証を発行した。最初はフィア
クルの利用者は裕福な人たちだけであったが，やがて広まり，パリの名物のようにもいわれ

た。現在でもタクシーのことをフィアクルと呼ぶ人がいるくらいである。18世紀の中ごろに
なるとフィアクルは2 000台にもなっていた。料金は時間制で課される形で（tax），最初の1
時間が36スーだったというが，かなり高い金額であった。さらに，目的地やどんな乗客か，
また駅者の懐具合によっても料金が異なっていて，その点では面倒なものであった。また，駅
者が売上げをごまかすこともできた。

　フィアクルが増えるとトラブルも増えるが，その一つは駐車の問題であった。他の通行の邪
魔になるようなところでも構わず客待ちをしたりしていたことから，19世紀中ごろにいまで
いうタクシー乗り場が正式に決められた。そして，面倒であった料金の問題を解決するものが
登場する。それがタクシーメータである。回転する車輪から距離を測る距離計はマジシャンと
して有名だったRobert-Houdinによって1850年ごろに発明されており，パリでは1871年か
ら1872年にかけて，この計量器が試作されて60台のフィアクルに付けて実証実験が行われ
た。これをもとにして，待ち時間は時速8km換算とする時間と距離との併用とし，昼間と夜
間とは別料金，2人乗りと4〜5人乗りの料金は別体系とする，荷物は個数に応じた料金とし，
郊外に行く場合には市街への戻り料金を加えることなど，現在のタクシー料金体系の基礎とな
る規程の案が作られた[18]。1889年には距離計を装備して，それが客からも見えるような位置
に付けるべきであるとの規定が出された。1890年にはドイツのFriedrich Wilhelm Gustav
Bruhnによって所要時間に応じた料金を表示できるtaximeterと名付けた装置の特許がドイツ
で出され，1892年には米国でも特許がとられた。これは1896年には距離と時間とを併用した
料金が表示できるように改良される。ここにタクシーメータという語が生まれ，タクシーメー
タを付けた馬車はtaximeter cabなどと呼ばれるようになる（**図2.3**）[19]。利用者にとって不安
のもとであった料金の明朗性が担保されることになったのである。

図2.3　パリのフィアクルの駅者（cocher）
とタクシーメータ（図中左）[18]

　市街を移動するための乗合いの馬車は，1662年に数学者であり哲学者のフランスのパスカ
ル（Pascal）が考案し，ルイ14世から許可を得たものが最初であるとされている。これは料
金が5スーだったことから，「5スーの馬車（Les carrosses à cinq sols）」と呼ばれた[19]。パリ
市内に五つの路線を設け，2頭立て8人乗りの馬車が使われた。最初の乗客としてルイ14世

が乗るなど，市民に歓迎されたが，料金の値上げもあってやがて廃止される。1826年にフランスのナントでスタニスラス・ボードリー（Stanislas Baudry）が乗合の馬車の事業を始める。このときに，皆のための（for all）の意味をもつomnisの与格複数形のomnibus（オムニバス）を使ってVoiture Omnibus（皆のための乗り物）という名前を付けた。オムニバスという名称の由来には諸説あるものの，「5スーの馬車」では兵士や下僕の利用は禁止されていたのに対し，オムニバスはこういった制約がなく，誰でもが利用できた。これが各地で展開され，パリでは1828年にオムニバスの営業が始まる。料金は25サンチーム（フランス革命後は通貨がフランになっていたが，25サンチームは5スーに相当）だったが，利用は伸び悩んだ。そこで事業者の一人が，切符を持っていれば別のオムニバスに乗り換えられるようにした（correspondance（乗継ぎの意）と呼ばれた）。これにより，25サンチームで乗合馬車を乗り継いで，目的地まで行けるようになり，利用者が増加した。やがて，複数の事業者どうしでも乗継ぎを可能にした。料金のシームレス化である。1845年には13のオムニバス会社があった。ロンドンでも1829年に始まるが，このオムニバスという言葉を短くしてバスあるいはオートバスと呼ばれるようになった。

　このほか，パリなどでは貸し馬車もあり，パリを訪れた人やコーチをもっていない人が駁者込みで借りた。18世紀の終わりころの料金は1日当り10〜15リーブルであった。街中は石畳になっていたので，車輪がぬかるみにはまることなく，円滑な走行が可能であった。辻馬車は早くから住民や来訪者の足として使われていたが，鉄道の登場により，駅と市街を結ぶ交通手段として重要な役割を果たしていた。辻馬車は高価であったことから，庶民にとってはオムニバスの登場は歓迎され，都市内の移動手段として広く使われた。

　都市内における馬車による移動の問題の一つは騒音であった。馬の蹄が石畳を叩く音，硬い車輪が石畳の上を転がる音，駁者の声，など石造りの街では音が強く反射して，都会の喧騒を作り出していた。夜にはその響き渡る音で安眠を妨害していたことであろう。そして，もう一つの大きな問題は馬の糞であった。石畳の舗装の上に落とされた糞は，飛び散り，乾燥すれば風で舞い上がった。湿気の多い地域であればその匂いに悩まされていたことだろう。さすがに放っておくわけにはいかず，ロンドンには糞の清掃をするscoop boyと呼ばれる仕事があった（**図2.4**）。

図2.4　scoop boy

2.7 馬車と鉄道の時代の移動は何のためだったのか —————

2.7.1 グランドツアー

コーチによって乗り物としての馬車の乗り心地がよくなったが，個人で馬車をもつことは大変な贅沢で，ごく一部の人の乗り物であった。王侯貴族や物流を担う商人やある特別な地位をもつ人達が馬車で旅をしていた。巡礼，経済活動，医療以外の目的で馬車を使うこととしては，修学があった。英国では17世紀ころから，裕福な家庭の子弟がヨーロッパ大陸を修学旅行させる grand tour（グランドツアー）が行われるようになる。これは，長い歴史と文化をもつヨーロッパ大陸の国々すなわちフランス，イタリアなどを訪問して，文化，政治，芸術，古典，教養などを身に付けて，多くの土産物とともに帰っていくというものである。その期間は数か月から数年であり，親などのつてをたどって訪問し，滞在した。大陸での大学で学ぶのと合わせて行われもした。ヨーロッパ大陸を一巡して戻ってくる（tour = turn 回るが語源）大規模旅行であることから，grand tour と呼ばれた（スポーツタイプの自動車に GT という名称が付けられることが多かったが，これは高速を出せることで遠くまで旅行ができるというイメージからグランドツアーに倣って付けられたもので，1951年に発売されたランチア・アウレリア GT が最初だとされている）。

このグランドツアーにはチューターと呼ばれる家庭教師がついていくことが普通であった。このチューターには，外国語が堪能で，ヨーロッパの各国に知り合を多くもっていて，十分な教養をもっているものがなった。例えば，現存する最古の学会であるロンドン王立協会の事務局長であったオルデンバームもその堪能な外国語と人脈からチューターをしていた。哲学者であり経済学者でもあるアダム・スミスもチューターをしていたという。グランドツアーにおけるチューターは，ツアーガイドの先駆けでもあった。

ドーバー海峡を渡ってからは，それぞれの地で馬車を借りて，あるいは買って移動していった。古典，文化芸術，教養そして社交界でのマナーを実際に自分の目で見て体験することで身に付けるという修学が目的ではあったが，必ずしもストイックなものばかりではなく，観光や娯楽も多く含まれていた。17世紀ごろは限られた特権階級の子弟だけが行っていたグランドツアーであるが，18世紀に入って産業革命で豊かになり，ヨーロッパ大陸への旅行が盛んになる。ヨーロッパの国の人たちからは，旅行好きの英国人と見られるようになり，旅ゆえの傍若無人さも加わることで，旅の英国人は現地の人たちからはよくはいわれることはなかった。

2.7.2 余暇と観光

17世紀から18世紀にかけて，英国の温泉療養地であったバスやスカボロー，ブラックプールは王侯貴族たちの湯治場また保養の場として人気があった。しかし，18世紀中ごろになると馬車の広まりによって王侯貴族以外の裕福になった商人などもが盛んに旅をするようにな

る。王侯貴族の保養地だったバス，スカボローは成金達が来て賑わうようになったが，それま
で静かな保養地として使っていた王侯貴族からはこういった成金たちは顰蹙（ひんしゅく）をかうことにな
る。そのために貴族たちはこれらの保養地を離れ，大陸にその地を求めに行くことになる。

　英国では駅馬車が充実していたことから 19 世紀に入るころには庶民も旅をするようにな
る。そして，観光地として保養地であった海岸が見出される。1810 年ころにはブラックプー
ルはまだ静かな海辺の町だった。しかし，やがてランカシャーの工場労働者が行く場所とな
る。19 世紀後半には埠頭が建設され，ティーサロン，ゲーム，ジェットコースター，温室な
ど世俗的な娯楽施設が立ち並ぶ，庶民のための娯楽を提供する巨大な観光地となった。ロンド
ンの南に位置する海沿いの町のブライトンはロンドンから近く行きやすい場所であったことか
ら，1835 年には 11 万人が訪れたという[21]。フランスにおいても駅馬車での移動には観光の面
があった。1835 年のパリからルーアンまでの駅馬車パンフレットには立ち寄る町の歴史が書
かれており，仮にビジネス目的の移動であっても途中では観光していたことがわかる。

　ブライトンはロンドンから 80 km 程度なのであるが，行きやすいといっても駅馬車を乗り
継いで 6 時間は掛かった。運賃は駅馬車の安い外の 2 階席であっても 12 シリングした。そし
て，鉄道の登場がこれを劇的に変えることになった。1841 年にブライトンまでの鉄道路線が
開通したが，1862 年には所要時間が 2 時間で，料金はわずか 3 シリングとなった。このブラ
イトン，そしてブラックプールをはじめとして多くの海岸沿いの町が庶民の観光地となった。

　この背景には産業革命があったことを忘れてはならない。18 世紀後半には工場制手工業が
広まり，多くの工場労働者がいた。工場というものが生まれる前は，労働時間という概念はな
かった。農業においては明るくなったら畑に向かい，必要な作業が終われば帰宅する。季節に
よってすることは変化するが，いわば 1 日あるいは 1 年の自然のサイクルに従って作業をし
た。漁業や牧畜においても同様であり，相手の生き物と自然のサイクルに合わせた生活であっ
た。やることがあればその作業をし，なければ作業はない。そこに工場労働者が生まれるが，
もともと労働時間という概念がなかったことから，工場ではひたすら働かせられた。19 世紀
に入ったころには休日が減少して，1808 年には祝日は 44 日に減っていたという。いまでいう
過重労働からの健康問題が認識されるようになり，労働衛生という概念が生まれる。そもそも
労働を意味する labour の語源は奴隷であり，もともとは苦役を意味していたことから，工場
労働の labour が意味することは想像できるであろう。過重労働から解放するために休日が増
え始め，1870 年にはバンクホリデー法（銀行を閉めるという意味）が生まれ，いわば強制的
に休日を作った。また，織物産業では夏季休暇期間というものが作られた。休暇という概念が
生まれるのである[21]。休日，休暇というものを得た労働者たちが，休みにやったことは鉄道
を使って観光地に行くことだった。

　鉄道が整備されてきたとはいえ，庶民にとっては旅行は簡単なことではなかった。自分の住
んでいる土地のことしか知らない人にとって見知らぬ地に行くことは，期待ばかりではなく不
安も多く，旅行に行くことの苦労も多かった。そこに，目をつけたのがトーマス・クック

（Thomas Cook）である。バプテストだった彼は 1841 年にアルコール撲滅運動として団体旅行を企画したのである。旅行に慣れていない人達を集めて鉄道に乗せて，観光地を案内していったのである。さらに，1851 年のロンドン万国博覧会へのツアーを企画し，地方の人達にロンドンを訪れる機会を作り出して人気を博した。トーマス・クックという最初の旅行代理店の登場である。グランドツアー時代のチューター役を担う企業を興したともいえるが，観光旅行は人間として成長する機会であり，海外旅行は国際平和につながるものと考えるなど，宗教的な動機が背景にあった。そのツアー企画は細やかで気配りの効いたもので，しかも安価であり，試練のための旅というものではなく，大衆のための旅であった。フランスやイタリアへの海外ツアーへと拡大し，1867 年のパリでの万国博覧会には 2 万人を送り込んだ。トーマス・クックのツアーは鉄道に留まらず，豪華客船による世界一周クルーズにまで及んだ。

もちろん，この成功をみて，ほかにも多くの旅行代理店が誕生した。例えば，ナゲマッケル（Nagelmackers）は寝台車と食堂車をもつ列車によるパリからウィーンのツアーなどを考案して，鉄道を高級ホテルのようにし，その豪華さで中流階級の人々を惹きつけた。ナゲマッケルは国際寝台車会社（Compagnie Internationale des Wagons-Lits）を 1874 年に興し，オリエント急行を誕生させることになる。なお，豪華な鉄道の旅は，米国のプルマン（George Mortimer Pullman）が先駆者であり，寝台車は Woodruff が 1858 年に始めたもので，その権利をもつ Central Transportation Company からプルマンは権利を買って豪華列車の旅を始めたのである [22]。

トーマス・クックは単に団体旅行を企画しただけでなく，1873 年には個人の鉄道旅行のためにヨーロッパ大陸の鉄道の時刻表（Cook's Continental Time Tables & Tourist's Handbook）を出版した。これは 1883 年までは年 4 回発行で，その後は毎月発行されており，現在の名称は European Rail Timetable である。各国の旅券やビザまた税関の情報や流通貨幣の情報なども含まれており，この時刻表はヨーロッパを鉄道で旅をする者のバイブルとなった。さらに，1874 年にはトラベラーズチェックの発行を始めた。トラベラーズチェック自体は 18 世紀に考案されたものであるが，大量な現金を持って旅行することの危険性に対する不安を解消できるトラベラーズチェックは，19 世紀後半に広まった旅行ブームにおいて広く使われるようになる。これが現在のクレジットカード，そして電子決済につながるのである。

2.7.3 大衆の保養

観光地として海岸が人気になったが，これは単に風光明媚ということではなかった。温泉療養と同じように海での保養が療養と捉えられるようになったのである。医学会においても海水浴の健康への効能が議論され，海の風に当たり，海の水を浴びることが健康によいとされた。運動としての水泳ではなく，塩水の波を浴びたり，浸かることが海水浴であった（**図 2.5**）。医者たちも海水浴を勧め，例えば 1750 年に英国の臨床医 Richard Russel が海水浴と海の水を飲むことがリンパ腺の病気によいとの論文を発表し，ブライトンをその実践の場とした。これ

図 2.5　英国，ブライトンの海岸の様子（1910 年ころ）

によって漁村だったブライトンは 18 世紀の終わりには保養地となった。海岸だけでなく，保養地の本家であるバスにおいても，水浴の健康への効能は広く宣伝され，1873 ～ 1874 年に 4 万人以上，1889 ～ 1890 年には 10 万人以上の湯治客が訪れた。フランスにおいても海水浴の効能の話は広まり，1822 年のディエップ（Dieppe）の海水浴場を皮切りに，各地に海水浴場ができる。わが国でも軍医の松本（良）順がこの考えを取り入れ，1885 年に神奈川県大磯町に最初の海水浴場を作り，松本の弟子の長与専齋は鎌倉を海水浴場として推奨した[23]。

　国内の観光地を庶民に席巻された英国の貴族たちはヨーロッパ大陸に向かう。1830 年代の終わりには，30 万人が海峡を渡っていたという。もともとフランスやイタリアはグラインドツアーで行くべきところであったが，南ヨーロッパの気候は英国人にとっては楽園のようであった。現在の代表的観光地である南フランスのニースは，その温暖な気候から英国人に人気が出る。1860 年ごろにニースを訪れた観光客は 2 000 家族程度だったというが，1890 年ころには 2 万人を超すようになる。ニースの海岸沿いの歩道を Promenade des Anglais（英国人の散歩道）と呼ぶが，これは 1860 年に正式名称になったものであり，いかに英国人が多かったかが理解できよう。ちなみに，コートダジュール（紺碧海岸）という名称は，リエジェアール（Liégeard）という小説家が 1887 年に出版した作品タイトルに『コートダジュール』と付けられたのに始まる。コートダジュールという響きは楽園を想像させるものであった。

　そして英国人は海だけでなく山も観光地化させていく。グランドツアーの時代において，フランス，イタリアだけでなく，次第にスイスやドイツなども訪問するようになり，アルプスの山が知られるようになる。山は元来信仰の場であり，観光するところではなかった。丘は多いが高い山のない英国人にとって，アルプスの山は衝撃であった。1840 年ころにはスイスのシャモニーを訪れる英国人は 3 千人程度であったというが，1857 年に英国山岳会が結成され，登山が広まっていく。山というものが発見されたのである。石炭の煙によるスモッグで覆われているロンドンに代表される街に暮らす人たちからすると，自然のままの姿と自然のままの空気を味わい，さらには登山というスポーツができる山は，自然回帰による健康を得るための時間

として余暇の格好の対象となったのである。

2.7.4　労働・休暇・健康と富による支配

われわれが現在当たり前だと思っている，歴史・文化の古都，健康のための海，そして空気のよい山などの移動の目的地は，このように形作られてきた。

王侯貴族などの上流階級の人たちにとっては移動してほかの地に行くことは知識・教養を得て，今後の為政等に活かすためのものであるとともに，楽園の発見でもあった。そして，18世紀の産業革命は，それまでほとんど移動をしなかった庶民の移動を大きく変えた。工場労働者が生まれ，その結果，労働する時間に対する対立概念として休暇という概念が生まれ，人は自由な時間（余暇）というものを手にする。それとともに，苦しい労働に対して，元気な状態という健康という概念が作られた。働かされるという労働のあり方から，余暇という自分で過ごすべき時間が生まれ，健康という大義名分をもとに，その実は娯楽という目的のために，移動をするようになった。

これを支えたのが産業革命で生まれた富をもとにしたビジネスとして生まれた駅馬車や鉄道であった。移動サービスがなければ多大な苦労をしてまで出かけようとは思わない。移動サービスがあってこそ，出かけようと思えるのである。したがって，移動の目的が生まれることと移動ができることは車の両輪のようなものである。

2.8　ガソリン自動車の登場とその急激な普及の背景にあるもの ──

2.8.1　蒸気自動車による乗合自動車と電気自動車の挑戦

産業革命の本質の一つである動力の獲得は，工場での動力だけでなく乗り物の動力へと展開していった。そこで蒸気機関車が生まれ，そして蒸気自動車が作られるようになった（1章参照）。英国では 1831 年には Charles Dance 卿が Gurney の蒸気自動車を使ってグラスゴー（Glasgow）からチェルトナム（Cheltenham）までの定期運行を始め，半年間で 3 000 人を運んだ。Walter Hancock は比較的小型の Infant（子供）と名付けた車両を最初に開発し，ストラトフォード（Stratford）とロンドン間で定期運行を始めた。1832 年にはロンドン-ブライトン蒸気馬車会社のために多くの乗客が乗せられる Era を作成した。それ以降，Enterprise（1833年）や Automaton（1836 年）などの乗合蒸気自動車を作成して，パディントン，ストラトフォードなどでの運行が行われた[8]。このほかにも蒸気自動車による定期運行が行われた。

ボイラ，シリンダ，復水器などからなるシステムを必要とする蒸気機関を用いて乗り物を作るとどうしても大きく重くなる。したがって，オムニバスのように作りのしっかりした車体に蒸気機関を積むことになる。その意味で，馬なし馬車（horseless carriage）という名称は適切である。しかし，その重さで従来からの馬車の車輪で走行することから，マカダムなどの道路舗装を痛め，住民や turnpike trust から反感を買ってしまう。さらに，蒸気自動車の運行に

よって客を奪われることを恐れた馬車業界および鉄道業界からのロビー活動も起きる。その結果，実施的に自動車の価値を奪う赤旗法ができてしまう。速度は遅いが，力があり，淡々と動く蒸気自動車は，道路からは追いやられるが，農業用の機械としてしばらくは活躍する[24]。

　蒸気自動車ができたのち，19世紀の終りには路上を走る乗り物の動力として，ガソリンエンジン，そして電気モータが種々開発されて試された。蒸気自動車，電気自動車，ガソリン自動車が参加した最初の自動車レースであるパリ－ルーアンのレースがそれを象徴している。このうち，電気自動車はモータとバッテリーと駆動系からなるシンプルな構造をもつことから乗り物としての期待が高く，多くの人が取り組んだ。例えば，1884年にはThomas Parkerが電気自動車の製造を始めている。1800年代の最後にロンドンに電気自動車のタクシーが登場し，London Electric Cab Companyが生まれる。賑やかな蒸気自動車と比べて静かであり，電気自動車特有の音からHumming bird（ハチドリ）とあだ名が付く。1898年にはフランスでも電気自動車の会社ができる。蒸気も出さず，排気ガスも出さない電気自動車は，女性の乗り物として好まれたという。

　1897年にHenry G. MorrisとPedro G. SalomによるElectric Carriage & Wagon Companyがニューヨークに生まれる。MorrisとSalomの二人は，電気で交通をすべてまかなうという壮大な構想をもち，電気タクシーはすべてリースとして，充電ステーションを整備するとともに，路面電車，トロリーバスなども組み合わせたモビリティサービスの実現を模索した。しかしながら，バッテリーの容量の問題は大きく，遠くに出かけることができない電気自動車が広まることはなかった。

2.8.2　個人的な乗り物としてのガソリン自動車

　馬車の歴史において，豪華な馬車だけでなく，フェートンやカブリオレが流行したように，乗り物を自分自身で操縦して乗り回すことに魅力を感じる活動的な人達が男女関わらず少なからずいた。すなわち，スポーツとしての乗り物である。フランスでは1898年にユゼス公爵夫人（la duchesse d'Uzès）が女性で初めて免許を取得する。ちなみに，スポーツの語源はdes port ＝ 苦役からの解放すなわち気晴し・楽しみであり，われわれが現在スポーツとしてイメージするもののほとんどが19世紀に生まれたものであり，気晴しにやっていたことが競技となったのである。

　乗馬は戸外へ出ての気晴しの代表であったが，19世紀後半に生まれた自転車は，お出かけする楽しみとしてのスポーツとして上流階級で流行した。サイクリングという楽しみである[25]。英国では，1878年にBicycle Touring Clubという名称でサイクリング・クラブが始まり，（1880年には女性が入会）1883年にはCyclist Touring Clubになり，数年で会員は2千人を超えている。フランスでは，1889年にはTouring-Club De Franceが発足する。自転車旅行の普及のために，道路整備，標識の整備等を行った組織であり，のちには自動車旅行の普及にも尽力することになる。

　自動車が馬なし馬車（horseless carriage）と呼ばれたのは蒸気自動車からの流れであるが，ガソリン自動車の歴史をみると，馬車にエンジンを付けたというよりも，自転車にエンジンを付けたといったほうが正しい。ダイムラー（Daimler）は2輪車から始まり，ベンツの特許の自動車は3輪車である。ガソリンエンジンはユニットとして使えることから，馬車の車体のような大きなものは必要なく，むしろ軽くてシンプルな自転車のフレームのほうが向いていたのである。ベンツのベロも，ダイムラーのエンジンを購入して作られたパナール・エ・ルバッソールの最初の自動車もフレームはシンプルである（3章の図3.1参照）。Automobileという言葉はフランスから始まったが，Automobileという語が1898年の公式文書で初めて使われたときに，"voiture automobiles, soit de vélocipèdes munis d'une machine motrice"，すなわち「自律的に動く乗り物，モータ付き自転車（velocipedes のうちの veloci は速いという意味。pede は足）」となっていることから，自動車は自転車がもとになっていたことが理解できよう。カール・ベンツの夫人のベルタ・ベンツが，ベンツの作った3輪のモートルワーゲンを使って実家に帰省して最初の女性ドライバとなったという逸話（実際には息子が運転したという話もある）からも，その原点は気軽にお出かけに使えるモータ付きの乗り物だったのである。

　このことは自動車の形からもわかる。自動車はその後はスピードを追求したことから，排気量の大きなエンジンを積むために大型化していったが自動車には屋根がなかった。雨風にあたりながら運転するものが自動車であり，乗馬やサイクリングなどと同様のスポーツであった。屋根の付いた自動車は1910年ころから登場するが，米国の例でみると1919年にはクローズドボディの車の生産量は10％程度で，これが50％を超えるのが1925年である[26]。

　野外に出かけて楽しむためのものとして自動車が捉えられれていたことは，フランスの La Vie Au Grand Air（アウトドア・ライフと訳せる）という雑誌に自動車が中心的に扱われていることからもわかる。この雑誌ではテニスや登山の記事とともに，例えば1903年の号は，自動車レースである Gordon-Bennett 杯の様子で表紙を飾っている（図2.6）。

図2.6　雑誌 La Vie Au Grand Air（1903年）の表紙

2.8.3　移動の道具としての自動車：鉄道に対するアドバンテージ

　スポーツとしての自動車は流行したが，それは裕福な人たちの間での趣味であった。自動車が広まるにつれて，趣味としての自動車だけでなく，移動の道具としての自動車の価値が認められるようになる。19世紀の移動のイノベーションであった鉄道は乗り心地がよく，速度も速い乗り物であった。速度に関しては，早くも1904年に自動車が168 km/hの速度記録を出し，鉄道を追い抜くなど，速度のうえで鉄道をライバル視した自動車があっという間に肩を並べる。英国ではベントレーを駆るジェントルマン・レーサーが（勝手に）列車に挑んだエピソードが有名であり，1930年，フランスのカンヌにあるホテルに滞在していたバーナートは，「特急列車ブルートレイン号がカンヌからカレーに到着する前に，ロンドンのクラブに着いてビールを飲んでいる」と宣言し，それを達成したという。

　2.6.3項で述べたように，鉄道がもっていた大きな欠点は，郊外にしか作ることができなかった駅の場所である。鉄道を利用するためには家から駅まで行かなければならない。大都会であればハックニーやフィアクルなどがあり，駅までのあるいは駅からの交通手段として使うことができたが，地方に行くとそうはいかない。また，鉄道は定時運行をしているので，余裕をもって駅に行って，列車を待っていなければならない。やがて人が集まり駅は混雑する。また，列車が到達したときには大勢の人達が列車から降りて駅は混雑し，一斉に駅から町の中心部に移動しようとする。ハックニーやフィアクルの取合いが起きていたことは想像に難くない。よくいえば駅は旅情をかきたてるところであるが，その反面は煩わしくて面倒な場所であった。スムーズな移動を阻害する大きな要因である。これに対して，自動車で移動することは，この駅での面倒に煩わされることがないことを意味する。駅という強い制約から，自動車は自由になれるのである[27]。このことは米国の初期の自動車メーカである Winton の1903年の広告からも窺うことができる。"Through all the crush with perfect ease"（すべての面倒から解放されて，簡単に移動）と謳い，自動車の背景に鉄道駅の混雑が描かれている。自動車を使えば，駅の面倒を避けられるという大きなメリットがあった（図 2.7）。

図 2.7　米国 Winton の広告（1903 年）

　鉄道のもう一つの欠点は退屈なことであった。その退屈をしのぐために鉄道文庫が生まれたのは前述したとおりである。それは車窓からの風景が退屈であったことが一因であろう。速度の速い列車の車窓の風景は目の前を流れていくだけである。よく見たいと思っても列車はその速度で勝手に進んでいってしまう。これに対して自動車に乗っているときの風景は異なる。目の前に伸びる道路。その両側には並木が植えられていたり，畑が広がる。風景は横に流れるのではなく，放射状に流れ，自らが前に進んでいることを明確に知覚させてくれる（知覚心理学ではオプティカルフローと呼ぶ）。自動車の速さで目の前の風景が変化することはこれまで人が未体験のものであり，新鮮なものであったと思われる。フォービズムの巨匠であるアンリ・マティス（Henri Mattisse）は 1917 年に Le parebrise, Sur la route Villacoublay（フロントウィンドウ，ヴィラクブレイへの道で）という絵を描いており，絵に描きたいと思うまでの眺めであったことが推察される。速い速度で走る自動車から見る新しい視覚体験は，感覚の視覚化を推し進めたと言われている（マティスをはじめとするフォービズムの画家達は自動車好きだったと伝えられている）[28]。進行方向の風景を見ることができることによって，同じような速度で移動する鉄道の車窓からの風景の退屈さから逃れることができたのである。

　鉄道の旅は目的地（近く）には短時間で連れて行ってくれるが，その途中のプロセスは退屈である。限られた車内に閉じ込められ，せいぜい通路を歩くことしかできない。作家でジャーナリストのオットー・ユリウス・ビーアバウム（Otto Julius Bierbaum）は「鉄道の車室に身を委ねることは，自由を放棄することに等しい。鉄道での旅は囚人の移送のようなものだ」とすら述べている。車窓の風景をよく見たいと思っても，列車は勝手に進んでいく。これに対して，自分で運転する自動車であれば，面白いと思ったものが見えたら，車を止めればよい。つまらない風景であれば速度を上げて走ればよいし，眺めたい風景であればゆっくり走ればよい。必要とあれば脇道に逸れてその辺りを探索することもできる。風景や周りの様子を楽しむかどうかを選択する自由が与えられているのが自動車なのである。馬車での旅の楽しさを自動車が取り戻したとさえいわれていた。

　鉄道は大量輸送機関であり，有名観光地やビジネス拠点などたくさんの人達が行きたいと思う場所には鉄道が敷かれる。そのエリアに行きたい人であればその目的地まで短時間で連れて行ってくれる。しかし，そのためには列車時刻に合わせて乗り遅れないように駅に行かなければならないし，駅から本当の目的地までは別の手段で移動しなければならない。そして列車に乗っている間は不自由で退屈である。自動車による移動は，これらの鉄道の問題を取り除いてくれるのである。駅までのアクセスが難しい人，拘束されることが嫌な人，退屈が嫌いな人，自由な旅をしたい人たちが自動車に移行していったことは，ある意味で当然のことであった。

2.8.4　上流階級のための自動車から低価格化による大衆化へ

　フランスをはじめとするヨーロッパの国では，自動車は裕福な人たちの趣味として広まった。自動車メーカはボディのないベアシャシの形で提供し，その上にかつては馬車製造者で

あったコーチビルダー（英），カロッツェリア（伊），カロスリー（仏）が顧客の好みに合わせてボディを作った。上流社会ではこれが高じて，自動車のデザインと女性の衣服さらには犬も含めた美しさを競うコンクールデレガンスが流行する。これはフランスの華やかな時代であるベル・エポックの流れに乗り，1920 年代に流行り始め 1930 年代にはピークを迎える（現在では，コンクールデレガンスはレストアされたクラッシックカーで競われている）。

　一方，米国においてはフォードは移動の道具としての自動車の価値を多くの人が享受すべきであると考えて，大衆のための自動車製造を始め，大量生産による低価格化によって，必ずしも裕福ではなくても自動車を持てるようになる。ヨーロッパにおいても，イタリアのフィアットは上流階級でなくても買える車を目指してティーポゼーロという低価格の車を 1912 年に出している。同年に英国で大衆車となるモーリスオックスフォードも誕生している。フォードを尊敬していたフランスのアンドレ・シトロエンは，1919 年には流れ作業の工場で作られる単一のボディを載せた小型車であるタイプ A 10 CV を出し，1 年間で 1 万台を生産する。自転車と同じように細いタイヤを付けて小さなエンジンで駆動する軽便な小型車は，英国ではサイクルカー（現在のモーガンにその名残があるが），フランスではヴォワチュレットと呼ばれ，大きな自動車を買えない人が購入していた。現代でいうところのパーソナルヴィークルである。しかし，小さいながらもキャビンをもち，使いやすいエンジンをもつオースチンセブンが 1922 年に登場すると，サイクルカーは消滅する。また，この年にはフランスではシトロエンの廉価な小型車である 5 CV が登場する。このシトロエン 5 CV を広く売り込もうと，パリのエッフェル塔に CITROEN というネオンサインをつけて，エッフェル塔を広告塔とした。1936 年にはフィアットはトッポリーノという小型車を出し，大衆化を進める。第二次世界大戦直後には限られた物資で作ることができるキャビンスクーター，バブルカーと呼ばれるメッサーシュッミットやイセッタが作られたが，やがてフォルクスワーゲン，シトロエン 2 CV，ルノー 4，オースチンミニなどのいわゆる大衆車が登場し，多くの人が自動車を手にすることができるようになった。移動における鉄道の欠点をもたず，移動の自由を提供すること，そして個人の乗り物を所有するという上流クラスのみがやっていたことを自分たちも実現できるという社会的成功感を感じられることもあり，多くの家庭が自動車をもつようになったのである。

引用・参考文献

1）　ゲルト・ハルダッハ，ユルゲン・シリング 著，石井和彦 訳：市場の書 ―マーケットの経済・文化史，同文舘（1988）
2）　関 哲行：旅する人々，岩波書店（2009）
3）　宗田 一：図説日本医療文化史，思文閣出版（1989）
4）　ラスロー・タール 著，野中邦子 訳：馬車の歴史，平凡社（1991）
5）　武部健一：道のはなし，技報堂出版（1992）
6）　鹿島 茂：馬車が買いたい！，白水社（2009）

7 ）　Underhill, F.：Driving For Pleasure, D. Appleton & Company（1896）

8 ）　Saunier, B. de, Dollfus, C., and Geoffroy, E. de：Histoire De La Locomotion Terrestre II, La Voiture, Le Cycle, L'Automobile", L'Illustration（1936）

9 ）　篠原 宏：駅馬車時代，朝日ソノラマ（1975）

10）　道路交通問題研究会 編：道路交通政策史外観，プロコムジャパン（2002）

11）　Demory, J.-C.：Les Routes―De Chez Nous de la Voie Romanine A L'Autoroute―, E.T.A.I., Boulobne-Billancourt（2005）

12）　Wright, G. N.：Turnpike Roads, Shire Publication（1997）

13）　Cooper, C. W：The Great North Road Then and Now, After Battle（2013）

14）　ヴォルフガング・シヴェルブシュ 著，加藤二郎 訳：鉄道旅行の歴史，19 世紀における空間と時間の工業化，法政大学出版局（2007）

15）　Keane, M., Bruder, J. S.：Good Roads Everywhere：A History of Road Building In Arizona, Arizona Department of Transportation（2003）

16）　Earle, A. M.：Stage-Coach & Tavern Days, Macmillan Company（1900）

17）　内藤 耕，赤松幹之：サービス産業進化論，生産性出版（2009）

18）　"Hue Cocotte! Les Débuts Du Taximétre"：Lecture Pour Tous, **9**, 4, pp.287-295（1906/1907）

19）　Robert, G.：TAXI Un Métier Des Hommes, E.T.A.I., Boulobne-Billancourt（2008）

20）　Monmerqué, L. JN.：Les Carrosses à cinq sols, ou les Omnibus du dix-septième siècle, Firmin Didot（1826）

21）　アラン・コルバン 著，渡辺響子 訳：レジャーの誕生〈上〉，〈下〉，藤原書店（2010）

22）　Lovegrove, K.：Railroad. Identity, design and culture, Rizzoli International Publications, Inc.（2005）

23）　小川鼎三，酒井シヅ 校注：松本順自伝・長与専斎自伝，平凡社（1980）

24）　Thorold, P.：The Motoring Age, The Automobile and Britain 1896-1939, Profile Books（2003）

25）　Bertot, J.：Guides du Cycliste en France, G. Boudet & CM. Mendel（1895）

26）　井上昭一 訳：アメリカ自動車工業の生成と発展　調査と資料，第 77 号，関西大学経済・政治研究所（1991）/Griffin, C. E.：The Evolution of the Automobile Market, Harvard Business Review, **IV**, 4（1926）

27）　W. ザックス 著，土合文夫，福本義憲 訳：自動車への愛，二十世紀の願望の歴史，藤原書店（1995）

28）　秋丸知貴のウェブページ：フォーヴィズムと自動車，
http://tomokiakimaru.web.fc2.com/fauvism_and_the_automobile_japanese.html

1

2

3

4

5

6

3 人からみた自動車の イノベーションの歴史

2章で述べたように，ユニット化されたガソリンエンジンという構造と生産システムの構築という工学的・産業的側面とともに，19世紀の移動イノベーションである鉄道のもつ欠点を解消するものであった自動車は20世紀の移動イノベーションとして社会に受け入れられて広まった。これらに加えて，自動車が人にとって使いやすく改良されていったことと，自動車の利用を支えるサービスシステムが構築されたことがイノベーションとなった理由であることはいうまでもない。

3.1 人に使いやすい自動車

3.1.1 操舵装置：丸ハンドルというイノベーション

2章で述べたように，ごく初期の自動車は馬車にエンジンを付けたものというよりも，自転車にエンジンを付けたものであり，シンプルな構造をしていた。ベンツの3輪の自動車（ベンツ・パテント）において前輪を操舵するための操作具はバーによって前輪の向きを変える構造をしていた。このバーは船の用語からとったティラーと呼ばれた（**図3.1**にパナール・エ・ルバソールの最初の車を示すが，先端からティラーが延びている）[1]。ティラーは前輪の回転軸に直結するようなきわめて簡単な構造であるが，このような構造をもっていると，滑らかではない表面をもつ道路を走行すると，直進しようとしてもその凹凸で前輪が振られてティラーが左右に大きく揺れる。そのために，ドライバはキックバックと呼ばれるその左右に振られるティラーを両手で抑えなければならない。速度がごく遅いときにはなんとかなるが，速度が上がるとそれを抑えるのは大変である。そこで，キックバックを抑えやすいように，自転車のように横バーのハンドルや横バーの両端に垂直に握りの付いたハンドルなども使われる。人間工

図3.1 最初のパナール・エ・ルバソール（1891年）[1]

学によれば，腕で左右方向に出せる力は前後方向に出せる力よりも小さく，ティラーはキックバックを抑えるには不適な道具である。

ティラーやバーハンドルはリンクやギアを介して前輪の向きを変える。ティラーで操舵をする機構としては，ステアリングシャフトの先端のピニオンギアと前後方向あるいは横方向のリングギアまたはセクターギア（扇型歯車）を使ってタイロッドあるいはドラッグリンクを介してナックルアームを動かすものなどがある。こういった機構では，車体が軽いうちはよいが，車体が重くなるとハンドル操作が重くなり，大きな力が必要となる。また，力を軽くするために減速機構を入れてしまうと，操舵角が大きくなり，ハンドルが切りきれなくなる。そこで，ウォームギアでセクターギアを動かす減速機構を介してドラッグリンクを動かす構造にすることでキックバックを抑え，かつ操舵を軽くする機構が導入される。ドラッグリンクを動かすために，セクターギアから下方向にアームを出す必要があったために，ステアリングの回転軸は斜めになった[2]。このようにして，ステアリングシャフトが斜めになった丸ハンドルが1897年のパナール・エ・ルバソールに付けられる。丸ハンドルは1898年に行われたParis-Amsterdam-Parisレースあたりから広まる。日本に初めて自動車が上陸したのはこの1898年で，その車はパナール・エ・ルバソールであるが，日本に上陸した折の様子を描いたジョルジュ・ビゴーの風刺画の中の同車には丸ハンドルが付いている。しかしながら，ほかの資料と合わせてみると，この丸ハンドルはビゴーの創作で，日本に入ったのはティラーだったようである。

回転軸が斜めの丸ハンドルはドライバの手から見ると，操作は上下方向となる。人間が腕で最も力が出せるのは腕を突っ張った状態で前方向に押す力であるが，これでは操舵ができない。ある程度肘を曲げた状態では，最も力を出せるのが下方向である。すなわち，丸ハンドルの側面を握って下に押し下げるときに一番力が出る。丸ハンドルは回転させることができるので，減速機構をもたせて軽くできるとともに，しっかりとハンドルを抑えることができる形状なのである。現在ではパワーステリング装置があるので，腕を伸ばしても操舵できるが，パワーアシストがないこの時代には，肘を曲げて最も力が出るようにハンドルを抱え込むような姿勢で運転をしていた。丸ハンドルの優位性はすぐに理解され，米国ではパッカードが1900年に丸ハンドルを導入する。1900年ころの英国では，自動車を購入する際に，ティラーか丸ハンドルを選ぶことができたが，次第に丸ハンドルに移行していく。

丸いハンドル自体は船の操舵輪があったので（操舵輪のように何回も回すハンドルをもつ自動車もあった），厳密な意味でのイノベーションではないかもしれないが，キックバックを抑えたい，ハンドルを軽くしたいというニーズに加え，車体のレイアウトという条件の中で最適な操舵具として定着した。それに代わる操作具は種々研究されてきたがいまだ丸ハンドルを凌駕するイノベーションは起きていない。

3.1.2 ブレーキペダル

最初の蒸気自動車と言われるキューノーの蒸気自動車はブレーキをもっておらず，試験走行

のときに車を止めることができずに壁にぶつかり，これが史上最初の自動車事故となったといわれている。なぜブレーキ機構を付けようと思わなかったのか疑問をもつかもしれないが，それまでの乗り物である馬車にはブレーキは本質的には必要なかった。なぜなら，馬が歩みを緩めれば速度が落ちるからである。馬車では馬自身が加速も減速したのである。実際には，傾斜した道で止まっているときに，その傾斜で車体が動いていかないようにブレーキすなわちパーキングブレーキは必要であった。ただ，これは単純なもので，車輪のスポークの隙間に棒を差し入れたり，車輪や車軸をシューで押さえるような構造であり，それをレバーで操作した。図3.1のパナール・エ・ルバソールの写真から，右手で操作するブレーキレバーが見てとれよう。そして足元には何もない。1886年のベンツ・パテントも同様である。

　蒸気機関の場合には，自身が発生させた蒸気をシリンダに送り込む蒸気ブレーキがあったが，ガソリン自動車の場合にはドライバがブレーキを掛けなければならない。自動車の速度が遅いうちには図3.1のような車輪にシューを押しつけるハンドブレーキでもある程度機能したと思われるが，速度が上がるとこれでは十分な制動力を出すことができない。人間工学に頼らなくても，人間が発揮できる力は，腕よりも足のほうが大きいことはすぐに気付く。実際，腕が発揮できる力は300N程度であるのに対して，1 000N以上の力を足は発揮することができる。したがって，力の必要なブレーキには足で操作するペダルが導入される。初期の自動車の中では，ベンツ・ベロ（1894年）でブレーキペダルが使われている。1900年ころのブレーキペダルは座席の足元にあるものが多い。運転席に座って足を下ろしている状態から足が届きやすいために，こういった位置になったものと思われる。1900年代後半になるとブレーキペダル位置は前方にあるものが出てくる。人間工学が教えるところによれば，人が足を真下に押したときに発揮できる力は900N程度であるが，座った状態で足を真正面に押し出すときには，2 000N近い力を出せる。すなわち，ペダルを前方にもっていくことで，より大きな力でブレーキペダルを踏むことができるようになったのである。足でペダルを操作することで強い力でブレーキをさせられるようになったが，実際にはそれでも不十分で，1910年代ぐらいまでは必要に応じてハンドブレーキと併用していた。ペダルそのものはイノベーションではないが，その配置が最適化されたのである。これによって，現在の自動車につながる操作具の基本的なレイアウトが決まったのである。

3.1.3　スロットル

　ガソリンエンジンに燃料を送り込むためのスロットルは，最初はレバーを手で操作するものが多かった。点火タイミングをエンジン回転に合わせて自動的に調節する技術がなかった初期は，点火タイミングをスロットルの開け具合に応じて自分で調整する必要があった。さらに，始動時には燃料の濃さを調節するチョークを同時に調整する必要があり，手はかなり忙しいものであった。微妙な調整を必要とするタイミングレバーは，手で操作しやすいステアリング前面に付けらており，同時操作することが多いスロットルレバーも同じステアリングの前面の近

くに置かれていた。パナール・エ・ルバソールは，1901 年の B2 モデルで，このうちのスロットルをペダルでも操作できるようにした。その後，スロットルペダルが多くの車に付けられるが，ペダルとしてはすでにブレーキペダルとクラッチペダルがあったために，この二つのペダルとは少し離れた両ペダルの間の足元に置かれたものが多かった。確実に操作しなければならないほかのペダルに比べて，力を必要としないスロットルペダルの配置は軽視されていたものと思われる。また，形状もブレーキペダルのような確実に踏めるペダル形状ではなく，丸いボタンのようなものも多かった。

　点火タイミングを自動的に調整する自動進角装置は 1900 年代から開発が行われ，ルノーは 1920 年代からタイミングレバーをなくしていたが，全体で見ると 1930 年ころまではステアリング周りのスロットルレバーとタイミングレバーは残っていた。なお，現在のようなペダルレイアウトへの標準化は，米国においては 1924 年に制定されるが，各国の足並みが揃うのは 1930 年代に入ってからである。自動車ごとに操作方法が異なるのが当然であり，運転者は自動車を運転する前には操作方法を正しく理解しておく必要があった。ショーファーと呼ばれる運転のプロ（3.2.2 項参照）は，それを使いこなすことで充実感を得ていた。

3.1.4　乗　り　心　地

　人間から見て最も大きかった自動車の技術的課題は乗り心地であった。馬車の時代にある程度のサスペンション技術と舗装技術が進んだが，鉄道の乗り心地のよさを知ってしまうと，快適な乗り心地というまでには程遠かった。ベンツやダイムラー，パナール・エ・ルバソールのごく初期の車には，馬車の車輪すなわち木のリムに革やゴムを貼った車輪が使われた。ダンロップによって自転車用の空気入りタイヤが発明されていたが，それを自動車用タイヤに導入してきたのがミシュランである。空気入りタイヤの課題は，避けることのできないパンクであり，そのパンクの修理を迅速にできるように容易に脱着できる空気入りタイヤをミシュランは考案して特許を取った。最初は自転車用タイヤに適用したが，1895 年のパリ・ボルドー・パリのレースのために，自動車向けの空気入りタイヤを開発して，プジョー車のシャシを使って作製した L'Éclair 号に装着して参加した。この車の後部には大量のスペアタイヤと修理道具を入れた巨大な箱を背負っていた。結果は，パンクを 20 回以上もして規定時間に間に合わずリタイアとなったが（時間には間に合ったが，ホイールが壊れ，外から調達したホイールに交換したために失格となったという説もある），ミシュランの空気入りタイヤを装着した L'Éclair 号は圧倒的な速さで走行したことから，注目を浴びた。空気入りタイヤによって，道路の凹凸に対しても滑らかに走行できることを皆に知らしめたのである [1]。

　空気入りタイヤは大きなイノベーションではあったが，自動車の乗り心地はそれでは十分ではなく，依然として自動車の大きな課題であった。英国のランチェスター（Frederick W. Lanchester）は自動車技術の理論化を進めた自動車工学の祖といえる人物であるが，乗り心地の問題を解決しようと試行錯誤を繰り返していた。サスペンストロークを大きく取れる構造を

考案し，リーフスプリングを逆向きにして片持ちとして，その端に車軸をもってきた。また，パラレルリンクを用いて上下方向の大きな動きでもタイヤが垂直に動くようにした。そして，このように大きく車体が動く際に，乗員がその振動を不快に感じないようにするのには，車体振動の周波数を普段の歩行のピッチに合わせるとよいと考えたのである。

　人間が歩行するときには，頭部は歩行のピッチに合わせて上下に振動している。しかしながら，われわれは歩いているときに振動しているとは感じない。したがって，これに車体振動を一致させれば振動を不快に感じないという考えである。歩行ピッチは約 2 Hz であり，これは歩行速度にほとんど影響を受けない。速度は歩行のストライドで調整しているのである。そこで 2 Hz 付近でロール共振とのバランスをさまざまに検討した結果，2 Hz よりは低い 1.5 Hz 付近が最適であると結論した[3]。歩行する人間はその歩行の振動の影響を受けないように，前庭動眼反射によって眼球を安定させているために，われわれ自身は振動していると感じないと考えられる。この考えを具現化したサスペンションをもつ Lanchester 10HP は 1901 年に発売された。現在も続くバネ上振動の考えの原点がここにある。まさに，人間中心のイノベーションであった。ちなみに，ランチェスターはその後にディムラーに吸収され，さらにディムラーはジャガーに吸収されたが，猫足として知られているジャガーマーク 2 のリアサスペンションは，このランチェスターのサスペンション形式である。

　1900 年ころまではサスペンションがバネだけだったのが，振動を吸収するダンパ（ショックアブソーバ）が導入されるのが 1910 年ころであり，このときのダンパは機械式（摺動摩擦式）であった。1920 年ころになるとオイル式が導入される。その後も 1940 年代ころまでは乗り心地は自動車の最大の課題であり，振動だけでなくシート形状やドライビングポジションの検討が行われた[4]。

3.1.5　対　　環　　境

　2.8.2 項で述べたように，自動車はスポーツや気晴らしの道具であったという流れから，1920 年ころまでは屋根がないものが多かった。1900 年ころの自動車の乗員は冬であっても吹き曝しの状態であったが，乗馬や自転車の延長とすれば当然のことであった。乗馬や自転車よりも遠くまで旅行に行ける自動車では，悪天候に見舞われることを覚悟する必要がある。また，アスファルト舗装が広まっていないときには，馬車や自動車が走るとひどい砂埃が舞い上がっていた。このため，自動車で旅行をする際には，馬車の駆者のようなあるいはそれ以上の防護のための服を着た。帽子は必須であり，砂埃から眼を守るためにゴーグルをした。このゴーグルも冬用になると顔の寒さを防ぐために口だけが出ている舞踏会の仮面のようなマスクをした。雨になれば全身を覆う雨合羽を着る。また，服全体を覆うオーバーオールを着て，足は靴カバーをした。冬になれば，毛皮のオーバーオールになる。重いハンドルを回すために手袋も必須であり，袖の長い手袋が使われた（**図 3.2**）[4]。女性も同様であり，さらに髪の毛が砂まみれにならないように帽子から顔を包むようにマフラーを巻いた。顔を守るために薄いベー

ルを顔の前に垂らしたり，（当時はまだプラスチックがなかったので）
雲母の窓が開いたまるで蚊帳のような布製の帽子カバーもあった[5]。
オーバーオールや長い手袋は走行中に都合がよいだけでなく，車の故
障を直す際にも役立った。当時の自動車はパンクや油漏れをはじめ頻
繁にトラブルが起き，それを直し直しして進むのが旅行であり，泥だ
らけになったタイヤを交換したり，車の下に潜り込んで修理をしたの
である。

　ゴーグル等で砂埃を防いでいたが，前にほかの車両が走っていると
きなどはその埃は悩みの種であった。その解決法を提案したのが
Mors のドライバだった Gorges Huillier であり，1905 年に Pare-brise
（英語では Wind-shield：風除け）というものを考案した。現在では
当然のものと思われるが，馬車の時代には駆者が馬を操るために手綱

図 **3.2**　1900 年ころのド
ライバのコスチューム[4]

が馬まで伸びており，駆者とキャビンを隔てるウィンドウがあっても，駆者の前に何かを置く
などといったことは考えつかなかったのであろう。Huillier はドライバの眼の直前にガラスを
置ける構造を考案して，埃を直接浴びることなく前が見ることができる Pare-brise を作り出
した[6]。ガラスと眼とが離れるとその間に風の巻き込みで埃が入ってきて見えなくなるので，
走行中にはガラスが眼前に来るように簡単な機構を備えたもので，乗降時にはガラスが邪魔に
ならないように元の位置に戻せるようにした。また，ガラスの下にはキャンバス地の垂れ幕に
なっていて，足元から砂埃が入ってくるのを防ぐようになっていた。埃や虫が飛び込んでくる
のを防ぐことができ，女性の髪が乱れないで済むとして，フロントウィンドウの会社を作って
販売した。これはフランス自動車クラブ（ACF）の優秀賞を 1908 年に獲得した。

　完全にキャビンで覆われた自動車としては，1899 年にルノーが作ったトールボーイ型の車
がおそらく最初で，これは翌 1900 年にタイプ B として売り出された。これは車体高さがホ
イールベースの 2 倍もある奇妙な形であるが，女性が飾りの付いた帽子をかぶったまま乗車で
きることを目的としたものである。これはホイールベースが短いことから，街中でしか使うこ
とができないコミューター的な自動車であった。同様のスタイルの車はド・ディオン・ブート
ンから 1900 年に出されているが，これは Coupe-docteur すなわち医師のクーペという名称で
あり，医師が往診の足として使うためのものであった。スポーツ目的ではなく移動の道具とし
て早くから実用的に自動車を（しかも自ら運転して）使ったのが医師であった。

　旅行やスポーツが目的ではない自動車としては，運転席はオープンであるが，乗員が乗る部
分がキャビンで覆われたランドーおよびランドーレットと呼ばれるタイプが出てきて，ショー
ファー（運転手，3.2.2 項参照）が運転するフォーマルな外出用途として使われた。このタイ
プでは，構造上フロントガラスが付けやすいことから，運転席の前にガラスが置かれることも
あったが，サイドからの風の巻き込みがひどく，広まっていなかった。Huillier の Pare-brise
はこの風の巻き込みの問題も解決するものであり，ランドーレットタイプに限らず，フロント

ウィンドウが広まる。1920年代になると運転席も含めてキャビンで覆われたものが増えてくる。風雨に晒されずに済み，重装備をしなくても自動車に乗れるようになった。折しもフランスではアール・デコスタイルが流行し，女性はコルセットから解放された時代になり，彼女たちは自動車に乗るときに新しいファッションも楽しめるようになった。

　キャビンで覆われていないときには冬の寒さは重装備の服で凌ぐしかなかったが，キャビンができるとそのキャビンを暖房をすることができるようになる。1911年に発売されたランチェスター38HPは，まだ運転席と乗員室が隔てられていたが，乗員室には暖房する機構が付けられるようになっていた。これは足元を暖めるFoot Warmerと名付けられていたが，これは排気管（マフラ）から配管を分岐させてキャビン床下にくるようにして，暖房が欲しいときには，バルブを切り替えて床下に暖かい排気が回るようにした[3]。パナール・エ・ルバソールがラジエータを先端に置くレイアウトを取り，それが現在まで踏襲されているが，1920年代まではルノーはラジエータをエンジン後部の両脇に置くレイアウトを取っていた。ラジエータがエンジン後部にあるということは，キャビンの直前にラジエータがあることになり，1910年ころにはこのことを利用した暖房方法を導入した。すなわち，ラジエータとキャビンを隔てる壁に窓をつけて，暖房するときにはこの窓を開けてラジエータからの暖かい空気をキャビンに導入したのである。構造上，その暖房はささやかなものであったと思われる。1920年代になると，ファンを使って積極的に排気熱をキャビン内に導入するシステムが使われるようになる。エンジンの排熱を利用して暖房することは効率のよい暖房システムであるが，エンジンが十分に回っていないとき，すなわち米国などで長い下り坂を走行しているときなどは熱が足りなく十分に暖房できなかった。そのため，1930年代にはキャビン内のダッシュボード下にオイルヒータを設置した暖房装置もあったが，これは1960年ころまで残っていた。冷房に関しては高温となる地域のある米国では大きな課題であり，1930年に住宅用に開発されたKelvinator製の冷房機器を車体後部に付けてキャビンを冷房できる自動車が作られた。これを小型化した自動車用のエアコンが1930年代のパッカードに搭載される。米国ではThermador Car Coolerという窓の脇に取り付ける後付けの冷房装置の製品が1930年代に登場し，後付けクーラとして広まった。これは走行中の風を利用して水を気化させて，その気化熱でキャビン内の空気を下げるものである。クーラはわが国でも1960年代まではダッシュボード下に取り付ける後付けのものが主流であった。

　閉鎖されたキャビンでは，温度だけでなく空気質が問題になる。窓を締め切っていると，乗員の呼吸によって二酸化炭素が増えてくる。また，タバコの匂い，体臭などがキャビン内に充満する。このためにベンチレーションが必要になる。また，雨のときには窓が曇り，運転に支障が出る。1920年代から30年代にかけては，フロントウィンドウの下端に隙間ができるように開けられる構造になっていて，これで空気を入れ替えた。また，1930年代には外気を引き込んでフロントウィンドウに当たるようにするベンチレータも登場する。匂いの問題を解決し，窓の曇りを取り，かつ窓ガラスからの熱損失がないような換気システムの実現は容易では

なく，必要な換気量を確保するために空気の吹き出し口と引き込み口の位置をどのように設計するかという技術開発は第二次世界大戦後まで続いた[7]。

3.1.6 キャビン寸法

初期の自動車ではシートの位置や高さはいわば経験的に決めており，ハンドルやペダルの位置は機構上の都合で決められていたが，1920年ころから車室内寸法の設計基準を定めようという動きが起きてくる。女性のスカートの長さが短くなったお陰で設計の自由度が高まったとダッジのGoddardは1922年に述べている[8]。それまでは足が隠れるぐらいの長いスカートであったために，裾が床につかないようにシート高さを高くしておく必要があったのである。Goddardはシート座面高，座面長，シート前端からペダルまでの距離，座面高とハンドル下端までの距離など車室内快適性に関わると考えられる23か所の長さを定め，10車種程度の各寸法を計測して，それをもとに推奨寸法を提案した。例えば，座面高は12インチ（約36 cm），座面長は最低で17インチなどとした。クローズドボディの場合の天井高さは前席が37インチ，後席が38インチとなっており，後席のほうが余裕をもたせている。これは，後席のほうが振動が大きく，頭を天井にぶつけやすいことへの対応である。キャビンへの乗り込みやすさのためのドア位置については，前席はドア後端からハンドルまでの距離は最低でも9インチとしたが，これはオープンボディについてであり，クローズドボディではこれよりも広くすることとした。また，このときにGoddardは，ドライバの目の位置（アイポイント）の路面からの高さは人が立ったときのアイポイントの高さと一致するのがよいとしていた。これはドライバからの眺めは普段の視点からの眺めと同じであるのが望ましいと考えたからである。ペダルの位置は，ストロークが大きいブレーキペダルよりもストロークが短いアクセルペダルは遠くにあってよいとした。現在でもブレーキペダル面がアクセルよりも手前にきているが，これは1980年代に起きたペダル踏み間違い議論の際に，間違いにくくするためにペダル面の高さに差を付けるようにした結果である。

このようにシート位置の設計基準が検討されてきたが，女性ドライバと男性ドライバでは身体寸法が異なるので，ペダルまでの距離が問題になる。ペダルが届かないような場合にはペダルに木のブロックを付けて対応していたが，1920年代終りになってシートスライド機構が登場する。コーチビルダーが車体を作っていたことから，部品としてスライド機構が売られていたが[9]，1929年のビュイックには最初からスライド機構が付けられた。これで背の低い人でも無理な姿勢で運転しないで済むようになってきたのである。

自動車の速度が上がってきたことから1930年ころから自動車にはエアロダイナミクス（空気力学）の考えが取り入れられようになる。デザインのうえからも流線形が取り入れられるようになり，自動車の高さは低くなり，フロントウィンドウは傾斜してくる。これに伴いシート高は下がり，シートバックも傾斜してくる。これに伴って，車室内寸法の推奨値も変化してくる。**図3.3**は最初の自動車工学の教科書といえる1939年のKammの"Das Kraftfahrzeu"に

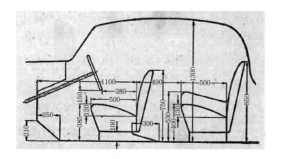

図 3.3　Kamm の車室内寸法推奨値[10]

示されているものであり，寸法が固定値のままであった[10]。

　人間の体形はさまざまであるが，それを定量的に把握することは 19 世紀から始まっていた。これは人体測定学（Anthropometry）と呼ばれる学術領域であり，そのルーツは骨相学にある。骨相学とは 19 世紀に流行したもので，例えば額の広さや後頭部の出っ張りなどの頭部の寸法と性格とが関係していると考えられていた。そして，頭部のどの位置がどういった性格と関連しているかの学説が生まれ，頭部の各寸法を測って，性格が議論された（骨相学自体は現在では否定されているが，現在の脳の機能局在論の原点とされている）。骨相学は庶民の興味を引いた一方，学問としては生物学として体形の人種差や地域差が調べられた。このために，マルチン式などの身体の寸法を正確に測るための方法が確立した。そして，人体寸法がおおむね正規分布に従ってばらつくことが明らかになった。これを製品設計に活かそうという動きは，第一次世界大戦時に軍服やヘルメット，また戦車や爆撃機ハッチのサイズを人体寸法に合わせる必要性が認識されたのに始まる[11]。その後に軍隊で人体寸法の計測が行われ，第二次世界大戦時にはそれが活用された。

　人体の寸法が分布することを考慮した自動車の車室寸法設計は，第二次世界大戦後であり，米国の McFarland が米国自動車技術会（SAE）で委員会を組織して，データ収集を行い，人体寸法をもとにした推奨値を 1955 年に発表した。このときに，どの範囲までカバーして設計すべきかの議論があり，下は 5 パーセンタイル，上は 95 パーセンタイルとした[12]。これはすべての人をカバーすることは現実的ではないと考え，9 割の人が満足できることを目指すとしたのである。人体寸法のデータベースが整備されたが，単に人体の数値のままでは車室内設計には使いにくい。そこで考案されたのがマネキンである。前述の 1922 年の Goddard も設計のためには標準的なマネキンが必要であると述べている。1930 年代ころから各社で独自のマネキンを開発して用いていたが，業界としての標準となったのは 1960 年のことである。その一つがキャビンの側面図を用いてシート位置等を検討するための 2D マネキンであり[13]，主要な関節部が動く人型のテンプレートである。もう一つがモックアップ等の試作において検討するための立体的な人形である 3D マネキンである[14]。2D マネキンは設計図上での検討に用いることができるが，例えば体重によるシートの沈み込みを考慮することは難しい。そこで，3D マネキンでは臀部形状を再現し，体重に相当するおもりを付けて沈み込みを再現できるようにした。これが 2000 年ころからコンピュータ内のソフトウェアの中で再現された CAD マネキン

になる。

3.1.7　荷物・物入れスペース

　駅馬車では天井に荷物を載せた。天井は風雨に晒されるので，カバンは耐候性が高い必要があった。駅馬車の時代のカバン（carriage case）はヤナギで編んだものに布でカバーをして，その上からラッカーを塗ったものであった。雨水が侵入しないように蓋はしっかり閉まるものであった。carriage case が軽量に作られていたのは駅馬車の料金が荷物の重さによって決まっていたからである。また，強盗に襲われて盗まれることも多くあったことからしっかりした鍵が付けられていた。鉄道の時代では手荷物の重さによる料金設定がなかったことと，駅ではポーターに荷物を運んでもらうので，軽量であることは重要ではなくなった。また，ポーターが荷物を重ねて運べるような形状になった [15]。

　初期の自動車は，いわば4輪自転車にエンジンを付けたものであり，ラゲージスペースのようなものはなかった。また，自動車はスポーツであり，何か余計なものを持って乗るようなことは考えられなかった。地図など必要なものは前述のコスチュームのポケットに入れた。1910年代になっても，馬車の時代の名残なのか，旅行に行くときには，ケースに入れた荷物を自動車の後端や左右のランニングボードにくくり付けた。ランドーレットのようなクローズドボディの車では，駅馬車のように天井にスーツケースを載せていた。自動車のボディをコーチビルダーに作らせていたのと同じように，スーツケースも自動車の形状に合わせて特注したものを使っていた。その代表がルイ・ヴィトンである。これらのケースをしまうスペースが作られるようになったのは1920年代であり，自動車の後端にトランクルーム（英国ではブーツ）ができる。これに合わせた自動車が流線形になってきた1930年代には車室内からアクセスできるトランクスペースもできる。もちろん，このスペースにフィットするようなカバンが作られた。

　運転中に見たい（といっても自動車を停めて見るのであるが）地図やガイドブックを入れるスペースとしてドアポケットが付けられたものが1910年ころから見られるようになる。これらはオーナーの好みで付けさせたものであろう。ドライバ前面に置かれた板には計器類が付けられていたが（インスツルメントパネル），ここの一部に開口部を設けて物入れのスペースいわゆるグラブボックスが設けられたものが1910年代から出てくる。

　ビジネス旅行者のために19世紀後半にスーツケースは生まれたが，アウトドア遊びのための自動車によって生まれたのはピクニックバスケットである。自動車を使って家族で都会を離れて郊外に行く。草原，河原どこでも眺めがよくて快適な場所を見つけたら，そこに自動車を止めて，ピクニックバスケットに詰めたサンドイッチと紅茶あるいはワインを飲食しながら景色を眺めながら楽しむことができる。ピクニックは18世紀ころから行われていた持ち寄りパーティーを意味していたが，自動車を使うことで食べ物，飲み物そして食器をバスケットに入れて郊外まで行くことができる。自分の家のダイニングを郊外の自然の中に持っていって，

自然を楽しむことができたのである。

3.1.8　前方視界とバックミラー

　屋根をもたない時代の自動車では，目の前は開放されており，前方の視界は問題にはならなかった。ただし，このころのフロントガラスは歪んでおり，ガラスを通してみると見にくく，それを嫌うドライバはフロントウィンドウを倒して走った。

　屋根が付いた自動車であっても，曇りやグレアの問題を除けば，1920年代ぐらいまでは視界に大きな問題はなかった。しかし，1930年代以降，自動車の形が流線形を意識するように，高さが低く丸みを帯びてくるとフロントウィンドウの大きさが小さくなり，視界の問題が出てくる。自動車の台数が増え，それに伴って交通事故が増えていった時代であるが，事故の原因として視界が問題視されるようになる。果たして，どの範囲まで見えるべきものであるかの議論が行われた。そもそも，どうやって見える範囲を測るのかが問題であった。そして，簡単な方法が考え出された。暗い部屋に車を置いて，ドライバの眼の位置の2箇所に裸電球を点灯させるのである。その光が当たっているところはドライバの眼で見ることができる場所である。床面で見れば道路の見える範囲がわかり，垂直面を置けば，その距離でどこまで足元や上が見えるかがわかる[16]。この方法を用いて，1920年代の自動車と1930年代の同等モデルの自動車の比較をすると，ボンネットの盛り上がりと，天井が低くなったために着座位置が低くなったことで，前方手前で見えないエリアが大幅に広がっていることがわかる。また，フロントウィンドウが傾斜したことで，Aピラーがドライバに近付き，その結果，Aピラーで隠れるエリアが増大していた。

　ランプを用いた視界計測は簡便であり，近年まで使われていた。しかし，これはある特定の位置に眼があるドライバの視界であり，さまざまな体形のドライバによる違いを見ることは手間がかかる。一方，SAEによるキャビン設計のための人体寸法データは1960年代に整備され，前方視界，後方視界，計器類の位置の設計のために眼の位置（アイポイント）の分布が定められる。座高や頭部寸法および頭部における眼の位置等の人体寸法とシート位置とによってドライバの眼の位置は分布する。この分布は三次元的なだ円体になることから，この分布範囲を造語でアイリプス（eyellips）と名付けた。アイリプスの範囲の端を使うことで，体形による影響を見ることができるようになった[17]。これも現在ではCADマネキンを使って検証できる。

　後ろを見るためのバックミラーはレースで使われたのが最初であるとされている。1911年に行われた米国での第1回インディアナポリス500マイルレースに出場したRay Harrounが愛車のMarmonにミラーを取り付けた。それまで，レースでも助手としてドライバ以外にメカニックを1名乗車させるのが通常であったが，助手の仕事の一つが後方確認だったのである。Rayはミラーを付けることで助手を不要として，一人でドライブして優勝した。メカニックを同乗させることが規定に定められていたことから議論となったが，最終的に優勝が認められた。簡単なアイディアで大きな効果を生んだバックミラーは，1910年代には市街地での交

通量の増加に伴って，一般車にも必要となってくる。1920年代には夜間の後方の車からのヘッドライトが鏡で反射して眩しいことを防ぐために，反射率の低い夜用のミラーも作られた。当時は切替え式ではなく，二つ並べて使った[9]。

3.1.9　雨の日の視界：ワイパ

　屋根をもたない自動車の時代では，雨が降るとゴーグルに付いた雨をぬぐいながら運転するか，フロントウィンドウがあればそれが雨よけになるが，フロントウィンドウについた水滴は手で拭わなければ前は見えない。1900年代には，スクレーパ状のもので拭っていたが[18]，これを直接的に手で拭わなくてもよいようにしたものがワイパである。そのワイパは1910年代には登場する。最初は手動式で，ウィンドウの上端に取り付け，車室内のレバーを操作してワイパを動かした。1920年代になると空気式のワイパが作られ，手で動かす必要はなくなった。これはエンジンの吸気マニュフォールドの負圧を利用したもので，欠点はエンジン回転が上がると負圧が減少し，ワイパの速度が低下してしまうことであった。

　やがて電動式になるが，1940年ころまでは上から釣る形が主流であり，雨天時に下方の視界が確保できていなかった。これはワイパを下方につけるとモータの駆動力が不足してしまうからであった。ワイパは単純な構造であるが，100年の間にこれに代わる技術が出てこなかったということを考えると，イノベーションであったといえよう。

3.1.10　夜間の視界：ライト

　自動車ができたばかりのときにはスポーツとして天気のよい昼間に使っていたので，夜間のことは大きな問題ではなかった。ランプが付いていても，それは飾りのようなものであった。乗り物のランプとしては馬車用や自転車用が作られており，蝋燭を使ったランプやオイルランプがあった。これらを自動車に付けたが，これらとは比べものにならない速度の自動車に役に立つものではなかった。道路を照らすだけの明るさがないという問題だけでなく，自動車の振動に耐えることができずに，ブラケットは簡単に壊れてしまっていた。街中では街灯があることから明るくなくてもなんとかなったが，街灯のない郊外では無理であった。そして，レースが行われるようになり，また旅行に使われるようになると夜間の視界確保のための自動車用のランプの開発が始まる。

　街灯や室内照明にはアセチレンランプが使われるようになっていたことから，これを使った自動車ランプが生まれる。アセチレンランプはカルシウムカーバイドと水を反応させてできたアセチレンガスを燃やして発光させることから，アセチレンガスを生成する部分とランプ部をパイプで繋いだ自動車用ランプをSalsburyが1899年に製品化する。また，Lucasはしっかりしたブラケットで自動車の振動に耐えられるようなランプを作り始める。また，反射板の設計も精緻化され，平行ビームを作り出すことができようになる。1902年には，カーバイドをパラフィンでコーティングして，ガス発生部分をユニット化して，ランプ部の後ろに埋め込む形

の一体化したランプ King of Road（この名称は自転車用ランプ時代から使っていたもの）を発売する[19]。ユニット化されたランプは取り外すことができ，暗くなってからの修理作業のときにも役立った。やがて，水との反応を調整する機構を付けるなどして性能を高め，明るさも向上し，広く使われるようになる。

　電気によるランプは 19 世紀末には実現できていたが，当時の炭素フィラメントやガラスの電球は壊れやすく，振動の大きい自動車には不向きであった。それでも 1901 年ころから自動車用電気ランプは作られるようになったが，アセチレンランプの明るさには勝てず，真っ暗な郊外道路での使用には向かなかった。また，エンジンからの発電の不安定さや振動でも切れないワイヤが課題であった。ダイナモとバッテリーの容量拡大や電圧の安定化，コットンで被覆したワイヤをフレームに沿って配線するなどの工夫が行われた。1910 年にはタングステンのフィラメントが使われるようになり，また高い電圧で使える電球になり，明るさも確保できるようになる。1920 年代になると反射鏡はパラボリック形状になり，さらに明るさを増す[19]。

　このころになると交通量が増え，対向車のライトの眩しさが問題になっていた。そのためにいわゆるロービームランプの開発が行われた。1915 年に米国の Guide Lamp Co. から depressible headlight という製品が出されたが，これは手でクランプを緩めてランプを下向きにするものであった。Fenson はランプにヒンジを付け，ダッシュボードのレバーからケーブルを介して下向きにできるメカニズムを発明する。1917 年のキャデラックにはランプを下向きにできる機構が付けられる。英国の Barker は運転席のレバーを押すとランプが下向きになり，対応車がいなくなったらレバーを引くとバネ力でもとに戻るメカニズムを製品化した。また，カーブや交差点で内側を照らすために回転するランプも登場する。1930 年ころにはランプ内のリフレクタが傾いて下向きにできるようになる。また，ダブルフィラメントも登場する。1937 年にはシールドビームのライトが Thomson Huston から出される。そして，1960 年代にハロゲンランプが登場する。

3.1.11　ほかの交通参加者とのコミュニケーション

　ホーンが最初の他者とのコミュニケーションのための道具だった。ドイツの郵便のマークに使われていることからわかるように，ホーンは古くから郵便馬車に使われていた。ドイツでは 15 世紀には郵便馬車が始まっていたが，郵便馬車は通行が優先されており，通行人に注意を促したり，駅への到着を告げるのにホーンが使われた。郵便馬車ではホーンは口で吹いていたが，19 世紀になるとゴムのバルブが付いたホーンが生まれ，自転車にも使われるようになった。これが自動車の接近を知らせるために使われるようになる。英国では赤旗法が廃止された 1896 年にホーンなどの音で警告するもの（ベルでもよかった）とランプの装着を義務付けた。フランスでは 1899 年に自動車に警告音を出せることを義務付けた。しかし，警告音を出すことで馬を驚かせたりすることから，1905 年には乱用を禁止する。米国での義務化は 1915 年であるがベルやサイレンが好まれた。電気的なホーンは 1910 年ころに始まる。ベル研にい

た Miller Hutchison が考案したダイヤフラムを電気的に振動させて大きな音を出せる装置をもとにして，Lowell-McConnell という会社がクラクション（Klaxon）という商品を 1908 年ころに開発した。この Klaxon はギリシャ語で悲鳴を意味する klaxo からきた造語である。歯車状のものをモータで回転させてダイヤフラムを振動させて，それにホーン状のラッパを付けて音を拡大させるものである。これは大成功して，クラクションは警笛の代名詞となった。

　他者との衝突を避けるためには，夜間には後方あるいは側方からの他者からの視認も必要になる。1900 年代は，ヘッドランプの側面に赤い窓を付けて側方からは赤い光が見えるようにしたものがあった。1905 年ころには，英国の地方によっては後ろ向きに赤ランプの装着を義務化したところがあった。1920 年代には，ヨーロッパ各国で赤いランプが義務化される。1920 年代には，ブレーキ操作に連動してランプを点灯させるブレーキランプやギヤをバックに入れるとランプが点灯するバックランプが考案された。米国では 1924 年の法律で，500 フィート後方から視認できる赤い後方ランプの装着が義務付けられた。このとき，方向指示器は黄色とし，ブレーキランプも赤とした。また，バックランプは白でよいこととなった。英国では 1929 年には，左右同じ位置にあるヘッドランプ，左右にポジションランプと後部にブレーキと連動したストップランプの五つのランプの装着を義務付けた。

　自動車が急に右左に進路を変更したり右左折をすると，周りの車両と接触するなど危険な状態になりかねない。そのために，右左折する前に周りにその意図を伝えることが望ましい。フランスでは 1909 年に運転者が右左折や減速等の指示を出すことが義務付けられた。この方法は腕によるサインであった。オープンボディの車では，曲がる方向の腕を横に突き出せば後続車に伝わる。クローズドボディの場合には窓から腕を出してサインを送る必要があり，左ハンドル車の場合に右折する際には腕を直角に曲げて上に突き出すことが右折のサインとした。このほか，斜め下に腕をすると減速を意味し，発進時には水平に突き出した腕を上下に動かす，追い越しさせるときには下方に出した腕を前後に動かす，といったルールが作られた。1926 年には方向指示器の設置が義務付けとなる。

　右左折の意図を伝えるための装置である方向指示器は 1910 年代から 1920 年代に種々考案されたが，広まったものは 1910 年代にドイツの Zeiss が開発した Contax とイタリアの Alfredo Barrachini に端を発する腕木式の方向指示器である。Zeiss のものは円形のパネルに矢印が描かれ，この矢印の円盤をソレノイドによって回転させて左右向きの矢印とするものである。おもに，アームはフロントウィンドウ脇の後ろから視認しやすい位置に付けた。これはドイツで広まった。腕木式のものは最初はケーブルを手で操作して腕木を出したり，単に車室内のレバーで腕木を動かすもので 1910 年代には製品化された。その後ランプが内蔵されたものやソレノイド駆動のものが登場し，1920 年代に Bosch をはじめとして各社から製品化され，Semaphore Trafficator という名称で広く使われるようになった。腕木式のものはオープンボディではフロントウィンドウの脇に付けており，クローズドボディでは A ピラーあるいは B ピラーに埋め込むように取り付けた。後方からの視認性を確保するために車体の後端に付ける

 こともあった。また，英国では上下に3段に並んだランプを点灯させて後続車に意図を伝える装置も使われた。これは上段が赤（前方にはアンバ），中段が黄色，下段が緑のもので車体の両側に付けるものである。例えば，右折する際には右は赤を，左は緑を点灯させる。注意を促したいときには両側の黄色を点灯させる。色の組合せを使って意図を伝達しようというものであった。そのほか，ブレーキランプと左右矢印とを一体化したランプもあった。

現在のようなランプの点滅による方向指示は1930年代から使われるようになったが，人の腕によるサインは1960年代ころまでは使われることがあった。これはストップランプやウィンカーが壊れて機能しないことがあったからである。

3.1.12 インフォテイメント：カーエンターテイメントとカーナビゲーションシステム

自動車を運転すること自体がスポーツの時代から，長距離旅行の道具となり，多くの人達が自動車で旅行をするようになった。ヨーロッパでは景色は変化していくが，米国では景色の変化は少ない。道路が整備されていないときには米国の郊外道路は劣悪であったが，1920年代から舗装が進んで運転が楽になる。しかしその結果，単調な道路が続くことになる。米国でラジオ放送が最初に始まったのが1920年であるが，CBSなどが参加したのは1927年である。これを受けて1930年代には自動車にラジオが付けられるようになった。最初の自動車用ラジオは米国のモトローラ製であるが，モトローラとは自動車と音から作った造語である。当時は真空管式のラジオであったことから，スペースを必要としており，本体はトランクスペースに置かれた。選局はダイヤルを回して行うもので，丸い選局板に丸ダイヤルが付いたデザインであり，センタコンソール部や運転席脇に置かれた。1940年代に入ると多くの自動車の装備となった。また，プッシュボタンで選局ができるものが出てくる。

1950年代にはFMラジオ，トランジスタラジオが出てくる。1950年代にはレコードを車内で鑑賞しようと，自動車の振動下でもレコードをトレースできる機構が考案されて自動車用レコードプレーヤも作られる。1960年代に入ると，オランダのPhillipsがカセットテープを開発し，自動車用のカセットプレーヤが作られる。一方，米国ではRCAなどが自動車用途を目指して8トラックテープを開発した。カセットテープと比べて音質がよく，録音時間が長いことからカーステレオとして普及する。やがて，よりコンパクトなカセットテープの音質も高められ，家庭用として広まるとともに，自動車用としても8トラックテープに取って代わる。以降は，家庭用の音楽メディアの変化に伴って自動車用のメディアも変化していく。

ラジオは楽しむだけではなく，情報機器でもあった。1937年にはCBSが交通情報の提供を始める。南カルフォルニアのハイウェイの渋滞状況を知らせるもので，飛行機から見える混雑状況を放送した。その後，いくつかが試されたが，1950年代になって定着する。

情報機器という点では，最初の情報機器と言えるのは時計であろう。自動車の計器類としては比較的初期から付けられていた。自動車が生まれた直後は計器は何も付けられていなかったが，エンジン付き自転車と考えれば不思議なことではない。最初の計器といえるのはオイルの

循環をチェックできるようなオイルゲージであった。油圧ゲージが付いているものもあったが，単にガラスの窓からオイルを直接目で見るものもあった。その後の1900年代に，スピードメータが付けられ，1910年ころにはラジエータの先端に水温計が付けられる。オイルゲージや水温計は，それぞれ油と水すなわち液体であり，液漏れしやすい機関の作動状態をチェックする必要から計器が必要になったのである。一方，時計は直接は機関の状態とは無関係である。レースはもちろん，旅行に出たときに現在時刻を確認したり，地図やガイドブックと合わせて到着の時間を推定するために使われ，トリップのための情報源であった。

　トリップのために経路を知るためには地図と道路標識が使われる（3.2節参照）。1900年代ぐらいまでは紙地図は服のポケットに入れていたが，やがてドアポケットが使われるようになる。必要に応じて自動車を止めて地図を取り出して，自分の位置と行き先を確認した。このとき，方位を確認するために磁石が使われたことであろう。時代は下るが，この磁石を車載した自動車としては1958年のフォード・エドセルがある。エドセルは若くして死んだフォードの息子の名前で，エドセルは思い入れをもって作られ，当時の先進的な機能を盛り込んだ車であった。例えば，宇宙船をイメージしたようなガラス張りの円盤型のスピードメータが付けられ，さらにプリセットした速度を超過すると，スピードメータ全体が赤く光る速度警告機能があった。このエドセルのスピードメータの脇に方位磁石が付けられていた（図3.4）。

図3.4　フォード・エドセルのメータ周り

　自動車の電子化は，1960年代後半に米国で始まった排気ガス規制に対応するために細かいエンジン制御をする技術として，導入が進められた。ディジタル化を象徴するディジタルメータは1981年に登場する。コンピュータをトリップ情報にも活用しようという研究開発は1960年代から始まっており，例えばGMでは電子ルートガイドシステムのコンセプトを1970年に発表している。これは道路にループアンテナを埋め込み，その上を通過することで自車位置を同定して，目的地への右左折情報を提供しようというものである。コンセプト上ではそれをヘッドアップディスプレイで表示するという意欲的なものであった。実際に車載されたものとしては，1970年に発表されたRobert Frenchが開発したもので，デリバリーバンで配達先を案内するシステムである。大きな技術課題は自車位置の同定であり，最初は5つ目の車輪を付けて，その回転数と向きから自立航法を目指した。目的地への経路はプリンタで紙に出力する

ものであった。わが国では 1973 ～ 1978 年に当時の通産省の大型プロジェクトとして自動車総合管制システムプロジェクトが行われた。これは当時社会問題化していた渋滞解消を目的として，経路を分散して全体として旅行時間が最適になるように個別の車両を経路誘導しようというものであった。自車位置の同定は道路に埋め込んだループアンテナを介して行い，路側のネットワークで情報を集めて，最適経路を算出して，車載機器に返すというものであった。このほか，各国の官民で研究開発が進められた。

　最初に市販された車両ナビゲーションシステム（カーナビ）とされているのが，1981 年に発表された本田技研工業株式会社（以下，Honda）のジャイロケータである。これはガスレートセンサによるジャイロを用いた自立航法によって自車位置を求め，車載のディスプレイに自車位置を表示するものであった。ディスプレイはブラウン管であったが，グラフィック技術が成熟していなかったことから，ブラウン管の前面に透明フィルムに印刷した地図を乗せて地図上に自車位置を表示した。自車位置が表示範囲の外に来た場合には，地図のフィルムを差し替えるものであった。Honda アコードのオプション品であったが，どの程度が実際に使われたかは明らかではない。アフターマーケット品としては，BOSCH 社が 1983 年に EVA と呼ばれるシステムを発表した。これはディジタル地図データをカセットテープに記録して，音声でルートガイドをするものであった。このほか，VDO 社と Simens 社が開発した CITYPILOT というシステムもあった。米国では 1985 年に ETAK 社から Car Navigator というシステムが発売された。ディジタル地図データはカセットテープに収められたが，地図データはパソコンから入力して独自に作成した。カセットテープは熱に弱く，コンパクトな後付けナビに収めることが技術課題であった。

　自動車メーカによるカーナビとしては，トヨタ自動車株式会社（以下，トヨタ）から 1987 年にエレクトロマルチビジョンシステムが出される。このシステムの自律航法は，日本の地磁気の磁極のずれを利用したもので，地磁気センサを用いて自車を同定するものである。この自律航法を使ったシステムは最初 1984 年にナビコン（NAVICOM）としてセリカ XX などのオプション品として市場に導入された。ナビコンでは，目的地の緯度経度を入力して，自車位置に対する目的地の方位と距離を表示するものであり，高度化された方位磁石のようなものであった。これに対して，エレクトロマルチビジョンは CD-ROM に記録されたディジタル地図データをもち，CRT（ブラウン管）上にディジタル地図表示をして，その上に自車位置を表示できるものであった。また，1990 年には住友電気工業株式会社製のカーナビが日産自動車株式会社（以下，日産）のシーマに搭載された。まだ経路を誘導する機能がなかったことから，このころのカーナビゲーションシステムは自車位置を電子地図上に示すものであった。また，このころまではディジタル地図データは各社で開発していたが，共通化の動きが進み，カーナビ各社の共通フォーマットとして「ナビ研フォーマット」が生まれた。これはのちに KIWI フォーマットになり，JIS で規格化される。1991 年ころからディスプレイは CRT から TFT 液晶ディスプレイに移行して，ディスプレイのためのスペースが小さくて済むようになった。これに

よってディスプレイの設置位置に自由ができるようになり，それまでセンタコンソールの下方にあったものが，次第に見やすい上のほうに設置できるようになった。そして，ダイクストラ法を使った経路探索技術が開発されて，経路案内の機能が付くようになる。1993 年には米国軍が開発してきた GPS が部分的に民用に使えるように開放され，1995 年には全面的に開放される。これまで，さまざまな工夫をして自律航法の精度を上げる努力をしてきたが，GPS によって容易に位置情報を得られるようになった。しかし，ビルの谷間やトンネルなどで衛星からの信号が得られないところでは自律航法が必要であり，GPS のない時代に開発してきたマップマッチング技術（もとは ETAK が開発）が役立った。このころから急激にカーナビは広まり，1995 年では国内出荷台数が 50 万台に届かなかったものが，2001 年にはほぼ 200 万台になった。

　欧米ではカーナビは日本より後に広まる。1994 年に BMW の E38 に Phillis 社との共同開発の CARiN が搭載された。欧州では地図表示は運転を阻害する（ドライバ・ディストラクション）として，ターン・バイ・ターン表示（矢印表示）に限定すべきであるという議論があり，日本の地図表示に否定的な意見がみられた。ディストラクションの問題への対応として，自動車工業会は自主的にガイドラインを策定して，走行時の細街路の非表示（1999 年）や総視認時間の規定（2004 年）を定めて，安全への配慮を積極的に進めた。欧州においても，位置推定が正確ではないためにターン・バイ・ターン表示が正しくできるための精度が足りなかったこと，ドライバとしては交差点部での経路誘導だけが欲しいのではなく，地理上のどの辺りにいるのかを知りたいと感じること，また見た目の商品性などから地図表示となった。けっきょくは地図表示と，交差点部に来たときにターン・バイ・ターン表示が加わる表示方法が標準的になった。

　道路交通情報の収集は最初は航空機からの観察であったが，これを自動的に収集する技術の開発も行われた。わが国では渋滞情報を提供するために，1970 年代には超音波を使ったトラフィックカウンタが高速道路に設置される。これによって渋滞情報を収集し，これを使ってラジオで交通情報が提供された。また，高速道路上の交通表示板に渋滞情報を表示して，そこを通過するドライバに情報を提供した。カーナビの開発とともに，渋滞情報をカーナビ上に表示しようと，光ビーコンと電波ビーコンそして FM 放送を介して，渋滞情報，工事情報，車線規制情報などを車両に伝える VICS（Vehicle Information and Communication System，道路交通情報通信システム）が 1996 年に導入された。これをカーナビの地図画面に重畳させて表示することで，自車の行く先の状況をドライバが容易に知ることができるようになった。欧州では RDS（radio data system）が 1980 年代に導入され，これに交通流制御のための RDS-TMC になる。

　自動車とセンタとを通信で結ぶ技術は，警察や軍では早くから使われていた。日本においても 1955 年ごろにはパトロールカーや新聞社の車に通信機器を搭載していた。通信を介して車両の位置を把握して，パトカーや消防車等が現場にいち早く駆けつけるためのロケーションシ

ステムが 1989 年には登場している。一般車両とセンタを結んで，ドライバとオペレータとのコミュニケーションができるテレマティクスは，1995 年に GM 社の OnStar が，1997 年にはドイツの TeleAid が，1997 年にはトヨタの MONET が翌年には日産の Carwings が稼働を始める。実際の利用内容としては，カーナビの目的地設定をオペレータにやってもらうことが多かった。これらはコネクテッドカーの先駆けである。

3.1.13　運 転 の 支 援

　ハンドルによる操舵やペダルによる加減速の制御という自動車のコントロールを機械的に行う装置としては，1950 年代の米国車に導入されたクルーズコントロールに始まる。米国では，都市部を抜ければ，先行車も後続車もいないような道が多くあり，まっすぐな道をただアクセルを一定に踏み続けなければならなかった。一定にアクセルを踏んでいなければならないのであれば，その位置でアクセルを固定してしまえばよいという発想である。そのために，当初はアクセルを踏んで望む速度になったときに，レバー等で歯車に戻り止めの爪を噛ませてスロットルの開度を固定するものであった。これはブレーキペダルやアクセルペダルを動かすとキャンセルされた。スロットル開度を一定にしておけば一定速度で走行するが，それは道路が平坦な場合である。上り坂に差し掛かると勾配のために速度は低下していってしまう。スロットル開度ではなく，エンジン回転を一定に保つために遠心式のガバナが 1958 年のクライスラーに導入される。これによって，一定速度を保つことができるようになった。ガバナは蒸気機関に使われていた技術であるが，初期の自動車においてステアリングに取り付けられているレバースロットルもガバナを用いていた。これはエンジンの始動直後に回転が安定しないときに，エンジンの回転を高めたままに保つための機構であった。これは，その後も始動時のチョークを掛けたときに回転を保つためのファストアイドルの機構としても使われた。このクルーズコントロールによって単調な道でアクセルを一定に踏み続ける動作から解放されることができたが，速度を一定にするためにアクセルを制御しているので，濡れた路面や凍結した路面ではトルクが勝手に掛かってスリップする危険が指摘されていた。また，ぼんやり運転をしていると先行車に近づき過ぎて危険になることが起きかねなかった。

　先行車の存在を検知して，先行車に追い付いたら速度を落として，先行車に追従するシステムすなわちアダプティブクルーズコントロール（ACC）システムは，先行車検知のためのセンサ技術の登場によって 2000 年ころに製品化される。レーザレーダセンサは，赤外のレーザ光を飛ばし，その反射光が戻ってくる時間から距離を測るものである。初期の ACC では，これを使って，先行車の後部にある二つの反射板からの反射光を拾うことで，先行車との距離を測った。また，反射の位置から，先行車が同一車線の車両であるかを判断した。赤外光は長距離が苦手なので，ミリ波レーダも使われるようになる。いずれにしても，先行車との車間距離を検知して，スロットルあるいはブレーキを制御して車間距離を保つものであったが，制御アルゴリズムによってはギクシャクした動きになりかねない。また，センサの性質によって道路

形状や天候の影響を受けるので，例えばカーブで先行車を見失って先行車がいないと判断して加速してしまうなど想定外の動きが課題であった。

　操舵を機械で行うことは，研究としては1960年代から行われていた。スロットルとは異なり，直線の道だからといってステアリングを固定してしまうと，わずかなズレで道路を逸れていってしまうので，道路の車線内に自動車を留めておく機構が必要である。工業技術院機械試験所では，道路の中心に誘導ケーブルを埋設して，それをバンパの左右に二つ設置したセンサで検知して，左右の中心に車両が来るようにステアリングを制御する研究用車両が開発された。1970年代になると画像センサで道路を判別する技術が作られる。これらは試験走路でのものであったが，1996年には建設省の車間側方コントロールシステム研究において，開通直前の上信越道を使った自動走行実験が行われた。車線の中心に磁気ネイルと呼ばれる磁石と，車線の側方にLCX（leaky coaxial cable，漏洩同軸ケーブル）を埋設して，これらを使って車両の横位置を検知して制御した。実験としてはこのほかに車載のカメラによる制御も行われた。ACCと組み合わせることで，隊列を組んで道路に沿って高速走行ができることを示した。画像を使って左右の白線を検知することは画像センサと画像処理技術の向上から次第に可能になり，2001年に日産シーマのレーンキープサポート（LKS）システムが発売される。ACCと組み合わせることで，先行車に追従しながら，車線に沿って操舵をするシステムの登場である。自動運転の前夜である。

3.2　自動車利用を支えるサービスのイノベーションの歴史

　動力をもった乗り物を作りたいという技術者の欲求は自動車となって世に出ていった。ドイツでガソリンエンジンが生まれ自動車の形になったが，英国においては赤旗法の制約にあったが，フランスではスポーツとして流行し，米国では実用的な道具として広まった。しかし，自動車技術の発達だけが原因で自動車が広まったわけではない。自動車の利用の拡大に伴って，自動車利用を支えるものやサービスが生まれ，そのお陰でさらに利用が拡大していったといえる。

3.2.1　ガソリンスタンドと修理工場

　ガソリンがなければガソリンエンジンの自動車は走ることができない。当然のことであるが，ガソリン自動車が生まれたときにはガソリンスタンドは存在しなかった。カール・ベンツの妻のベルタ・ベンツが1888年にベンツの3輪自動車を使って，住んでいたマンハイム（Mannheim）から180km離れたプフォルツハイム（Pforzheim）にある実家に帰省したのが最初の自動車旅行といわれている。途中タイヤの表面が剥がれたのを修理しながら行ったが，燃料にしていたベンジン（石油エタノール）は溶剤として使われていたことから薬局で購入することができた。

　フランスでは18世紀には石油の採掘が始まって商業化が進んでおり，19世紀には灯油が広く使われるようになっていた。そのために，自動車が使われ始めたときには，薬局だけでなく，雑貨屋で手に入った。また，食料品店（epicier）でpetrolとして売っていた油が使えたので，数多くある食料品店で入手できた。さらに，絵の具の溶剤として使われていたことから画材店でも入手できた[20],[21]。すでに，給油のインフラができていたのである。当時，油は5リットル缶に入っており，お店の小僧が漏斗を使って燃料タンクに給油した。揮発性が強いので喉への刺激が強かったし，引火の危険もあった。また，この5リットル缶の中身が正しく5リットルになっていないこともよくあることであった。そこで，自動車の台数が増えてきた1920年初頭には，200リットルのドラム缶にポンプが付いた給油装置が使われるようになる。このポンプは手動で動かすもので，タンクの上部に5リットルの瓶状のガラスジャーがあり，そこに汲み上げることによって何リットル給油したかわかるようになっていた。ここからホースで燃料タンクに注入した。やがて“bijaugeur”と呼ばれる金属の網で保護された10リットルのガラスジャーが二つ付いたものになった。これは，一方が空になると他方から移ってくるようになっており，給油の効率がよくなった。この給油タンクは車輪の付いた台車に乗せられており，車のところまで持って行って給油した。char anglais（英国の戦車）あるいはchar romain（ローマの戦車）と呼ばれていた。給油する場所は，食料品店や薬局から自動車の販売店および修理工場に移行していく[22]。また，自動車旅行中に利用するホテルやレストランにも設置されるようになる。1920年代の終わりにはタンクは地中に埋められ，ポンプの先端にブランド名が入った飾りが付いたデザインになる。自動車の増加に伴い，ガソリンを入れられる場所が乱立して競争になり，価格競争から1920年代にはすでにお店の前に値段が表示されていた。手動式のポンプは精度が悪く，入れたはずの量と実際とが乖離していることが多かった。1930年代には電動ポンプが登場するが，手動も遅くまで残った。電動になることでガラスジャーがなくなり，ポンプは給油計のついた角ばった形になる。これによって手動ポンプよりも正しく計量された燃料が給油されるようになった。

　初期の自動車は信頼性が低かったので，頻繁に修理を必要とした。自動車を持つものや運転手は郊外で立ち往生しないで済むように自分である程度の修理をこなすスキルが必要であった。修理屋は自転車屋から拡大したところもあったし，カロスリー（馬車の車体製造業：コーチビルダ）も修理を行った。エンジンや車体の修理だけではなく，パンク修理やタイヤ交換をするところも出てきた。1910年代になるとプジョー，シトロエンなどの自動車販売代理店が増えてくる。もちろん，販売店は修理工場でもあった。修理工場だけの場合には，それぞれの自動車メーカの部品のストックがあるかがわかるように自動車メーカのプレートを付けてそのメーカの自動車の修理ができることを示していた。

　当時の自動車はガソリンタンクはそれほど大きくなく，また燃費も悪かったことから，旅行に出たときには，頻繁に給油する必要があった。夜になって燃料がなくなると修理工場や販売店の従業員を起こして給油をさせることも珍しくなかった。そこで，給油また油差しや緩みの

調整，タイヤの空気補充といった旅行途中のメンテナンスと，故障時の修理の仕事とを分離して，給油とメンテナンスに特化した station-service（サービスステーション）という業種が1930 年代に登場する[23]。こういった給油に特化した店舗は，都市間が離れている米国には早くから生まれ，われわれがガソリンスタンドと呼んでいるものができたのである。ちなみに，わが国に「サービス」という外来語が入ってきたのは，このサービスステーションという名称の中のサービスが初めてであった。当時はサービスという語が何を意味しているかにわかには理解できなかった。大正の末期に日本自動車という会社が「今般，当社は完全なるサービスステーションに依り，顧客本位の御便宜を図ることに相成り候」と発表したところ，「サービス・ステーションなる便利なものが到着した由，至急届けてもらいたい」との連絡がたくさん来たという[24]。無形のサービスという概念がまだできていなかったのである[25]。

　自動車というチャレンジングな乗り物がフランス人の好みに合っていただけでなく，この給油のインフラ，そして後述する道路インフラが整備されていたことも，最初にフランスで自動車が広まったことの要因であろう。

3.2.2　ショーファー：運転手

　自動車は最初は上流階級の人たちの趣味のものとして購入された。初期はスポーツとしての運転だったので，自分で練習してできるようになった。彼らは新しいことに挑戦することが好きで，ガソリン自動車という新しい機械にも関心をもち修理などを自分で行った。高級なおもちゃであったが，やがて自分では運転しない裕福な人も自動車をもつようになる。馬車を持っているような人達が，馬車の代わりに購入したのである。自分では運転しないので運転者が必要になる。馬車の駁者をしていた使用人に運転を習わせて運転手にしたことも多かった。この運転手のことをショーファー（chauffeur）と呼ぶが，なぜ運転手のことをフランス語でchauffeur と呼ぶようになったか定かではない。chauffeur は蒸気機関車の竈焚き係（火夫）を指している言葉でもあるが，火夫は運転手でもなければ機関士でもないので，言葉の意味として火夫から転用されたとは考えにくい。もともと chauffeur とは 18 世紀の終わりにいた強盗のことをさしており，彼らは顔を土で塗って黒くして，マスクをして顔がわからないようにして，夜中に屋敷に忍び込んで，その家人の首を絞め上げたり，足の裏を火で炙って，お金や貴重品の在処を聞き出して盗んでいった[26]。1796 年にはパリ郊外で郵便馬車を襲ったという記録が残っている。顔が煤で黒くなっているという点で蒸気機関車の火夫を chauffeur と呼んだものと思われ，自動車の運転手も埃に汚れていたために chauffeur と呼んだ可能性もあるが，3.1.5 項で述べたように，埃から顔を守るために帽子とマスクを着けていたことから強盗を連想して chauffeur と呼ばれるようになったと思われる（図 3.2 参照）。

　1910 年代のショーファーのための書籍を見ると，ショーファーはまずは自動車のメカニズムを知っている必要があったことがわかる[2),18]。それまで馬車を所有していたようなお金持ちが自動車を買うようになったが，自動車のような複雑な機械の知識をもっている訳ではなかっ

た。また，お抱えの駆者に自動車の運転手をさせようとしても，馬車に必要な知識と自動車運転に必要な知識はまったく異なるので，すぐには自動車の運転手になることはできない。自動車が生まれたてのころは，自動車の各部品の信頼性は低く，しょっちゅう何かが壊れていた。信頼性が低いというよりも，むしろ自動車というものは壊れたものを直しながら使うものであった。出かけた先で何かトラブルがあったときに対処ができないと，主人を路頭に迷わすことになる。ドライブ中に壊れた自動車を応急修理して，町の修理工場まで動かしていくためには，しっかりとした自動車工学の知識とスキルが必要だったのである。シャシの構造と機能，サスペンションの構造と機能，タイヤのアライメント，ステアリング機構とその調整，内燃機関の原理，キャブレタの構造と調整，点火タイミングの機構と調整，エンジン回転と出力の関係等々，いまでいう自動車工学を一通りは理解していた。そして，ネジの締め方，ハンマの使い方，クランプの使い方などの工具類の使い方，オイルの交換，チェーンの調整，ヘッドライトの調整などの調整方法，異音や不具合からの故障の診断，応急措置の方法など，自動車の隅から隅まで把握していた。そして，整備をするときの注意点の理解，ひざ掛けや救急の薬類など出かけるときに持っていくべきものの理解，エンジン等による火傷や日焼けへの注意，また怪我したときや事故で失神したときの対処など，また，距離と速度の計算法，時計を使った方位を知る方法など，多岐に渡った知識をもつことが期待されていたことがわかる。自動車を使った旅行はアドベンチャであり，駅馬車の駆者のように，自動車による移動の全責任をもつのがショーファーであった。

3.2.3 道　　　路

　道路の舗装技術は18世紀のトレサゲ，19世紀のマカダムなどによって進展したが，これらは重量のある馬車のための舗装技術であった。自動車が道路を使うようになって問題となったのは砂埃である。馬車と違って速い速度で走行する自動車から巻き上げる砂埃は，道路周辺の植物や建物を埃で覆ってしまっていた。先行車がいると前が見えないというドライバの問題だけでなく，道路沿線の住民にとっては汚れというだけでなく，健康上も大問題であった。埃を抑えるために水や油をまくことも行われたが，その場しのぎでしかなかった。スイス出身でモナコに在住していた医師である Ernest Guglielminetti は自給式呼吸器などを開発していたことから，モナコ公アルベール1世から自動車による埃の問題を何か解決できないか相談された。そこで，インドの病院で木の床にタールを塗っていたことをヒントに，タールと砂と土とを混ぜたものを考案した。そして1902年にモナコに初めてのタールで舗装した道路を試験的に作った[1]。Guglielminetti は特許を取得せずに，この方法の有用性を説いて回ったことから，フランス語でタール博士を意味する Docteur Goudron と呼ばれた[27]。

　マカダム舗装にタールを使ったことから舗装のことを英語で tarmac（ターマック）と呼ぶようになった。タールは石炭からコークスを生産する際に出てくるものであることから，石炭の利用の減少に伴って，タールから石油由来のアスファルトに置き換わることになる。この

タールによる舗装は埃を巻き上げないものであったが，初期のころは夏などにはタールが溶けて，先を行く車のタイヤから眼に飛び込んできたりして，ゴーグルやフロントウィンドウが欠かせなかった。タールによる舗装技術のお陰で，埃も少なくなり，自動車の乗り心地もよくなり，速度も上げることができるようになったのである。

　米国においては，アスファルトを使った舗装が19世紀後半に行われていたニューヨークなどの大都会の一部の例外を除いて，ほとんどの道路は雨が降れば泥沼と化し，晴れれば埃が大問題であった。米国で自動車が広まり始めた1901年にAlexander Wintonが自ら製造するWinton車でアメリカ大陸の横断を試みるも，途中で砂に埋まって断念することになる。1903年にはHoratio JacksonがWinton車を使って初めて横断に成功するが，途中では何度も泥に捕まり，悪路との戦いであった[28]。自動車利用の急激な拡大を受けて（1904年に米国の自動車生産台数がフランスを超える），1908年にOffice of Public Roadsは舗装技術の比較評価を行い，埃対策にはアスファルトとコンクリートが最も効果的であるとした。これを受けて，1910年代に米国の道路の舗装は次第に広まるが，1930年ごろまでは舗装といってもその多くはまだマカダム舗装であった[29]。1913年に最初の大陸横断道路であるLincoln Highwayの整備がLincoln Highway Associationを設立して始められたが，その舗装作業は1930年代まで続いた。米国における長距離移動は鉄道に頼っていたが，こういったHighwayの整備によって長距離移動の手段として自動車が使われるようになる。

　わが国の道路整備は第二次世界大戦まではほとんど進んではいなかった。1935（昭和10）年での国道および府県道の総延長は約100万kmであったが，その内の80％近くが幅員3.7m以下で，自動車の運行には向いていない道路であった。そして，舗装されていたのは1％にも満たない8千kmしかなかった。戦後10年経った1955年においても，国道のうち舗装されていたのは14％に過ぎなかった。

3.2.4　道　路　標　識

　自動車が使われるようになる前には，統一された道路標識は存在しなかった。歴史を遡ればローマ時代の道標「Milliarium Aureum」があるが[30]，それは遺跡であって利用できるものではない。英国ではターンパイクによる道路整備のお陰で，ターンパイクにはその行き先などが表示されているところがあったが，それぞれのトラストが設置したもので，統一されたものではなかった[31]。フランスでは，1835年に橋と道路局によって道路標識が指示されていたが，実際に設置されたものは限られていたようである。この行き先表示板は馬車の駅者から見やすいように高さは2.7mであった[32]。しかし，1850年にはすでに標識の状態が悪くなっていることが指摘されていた。1786年にはパリのノートルダム寺院を道路の起点とすることが定められ，1811年には起点から時計回りに道路に番号付けが行われた。1846年には道路のカテゴリ分けを行い，GC：よい幹線道路，IC：広く使われている道路，VO：普通の道，の三つに分けた[33]。1853年には，その番号を整備するとともに道路番号とその道がつながっている町ま

での距離を示した道標「Borne」を道路脇に設置するように決められ，およそ50％の道路に設置されていた。しかし，これらは道路管理のためであり，道路利用者のために見やすくするといった配慮はされていなかった。

　2章で述べたように，自動車よりも先に道路を旅行する道具として自転車が生まれ，サイクリング：自転車旅行が19世紀の終わりに流行するようになる。これに伴って，英国では1878年にBicycle Touring Club（1883年にCyclist Touring Clubに改称），フランスでは1889年にTouring-Club De France（TCF）が発足した。これらのツーリングクラブはサイクリストの安全と利便のための道路標識の整備を行った。フランスのTCFでは，地名，行き止まり，踏切注意，病院，徐行（この先下り坂），注意などを青背景に白文字で書いた四角のパネルを作り，1899年には全国で1 000か所以上設置したと報告されている。これらは当該箇所の200m手前に設置されており，道路を移動する利用者のためのものであった[1]。しかしながら，これは自転車のスピードに合わせたもので，自動車の速度には合っていなかった。1895年に設立されたAssociation Général Automobile（AGA）が1902年にピクトグラムの道路標識を提案する。これはフランス語がわからない外国人にもわかるようにと提案したもので，交差点あり，急カーブ，下り坂など15の警戒標識であった。このほか，イタリアのツーリングクラブもピクトグラムの道路標識を提案していた。このAGAの標識デザイン案は1909年のジュネーブでの国際会議で採用され（ジュネーブ条約），世界共通の道路標識とした[34), 35)]。しかし，国の主導で強制的に置き換えることはなく，あくまで指針であり，例えばTCFがこのデザインを採用して，ダンロップ，ミシュラン等の資金的支援を得て標識を設置していった。ちなみに，日本においてもこの標識デザインが導入され，1922年に定められた。TCFは1907年には交差点に設置する行き先表示板の高さやパネルサイズの規定を示し，これに基づいて1908年には24の国道に約2 000本の表示板を設置した。その後も，国道や地方道に8 000程度を設置した。このように，19世紀の終わりから20世紀初頭のフランスにおいて，道路標識の整備にツーリングクラブが大きな役割を果たしたのである。

　ミシュランは1895年のパリ・ボルドー・パリレースに空気入りタイヤを装着して参加し，完走はしなかったものの空気入りタイヤの有用性を示すことができ，翌年のレースからほとんどの参加者がミシュランの空気入りタイヤを装着した。これによって，自動車に空気入りタイヤをつけることが一般化して，自動車の発展に大きく貢献した。ミシュランはさらに自動車の利用を促進しようと道路地図（3.2.5項参照），ガイドブック（3.2.6項参照），そして道路標識への取組みを始める。1910年から行ったのが，Plaque MichelinあるいはPlaque Merci（ありがとうボード）と呼ばれる，街の入り口に付ける町の名前が書かれた板と街の出口に付けるMerciと書かれた板の設置である。これと同様の趣旨のパネルはTCFによっても設置されていたが，必ずしも十分に設置されていなかった。街の入り口のボードには街の名前の上に，Veuillez Ralentir（どうぞ，速度を落としてください），名前の下にはAttention Aux Enfants（子供に注意）と書かれており，街の出口のボードにはMerci（ありがとう）と書かれていた。フ

ランスで自動車で旅行をしていると郊外では交通量がないのでかなりの速い速度で走行することができる。そして，その街道沿いに集落があっても，そのままの速度で通過してしまいがちである。田舎町では人が多く居住しているわけではないが，通りに出て井戸端会議をしている人達もいるし，道路で子供達が遊んでいることもある。そこに，もうもうと土煙を上げて疾走してくる自動車が飛び込んでくるのである。住民には恐怖であり，とても迷惑なものであった。事故が起きないため，また自動車が人々から嫌われないように，街中では速度を落とすことをミシュランは呼びかけたのである。一方，ミシュランの地図およびガイドブックでは市街の拡大図を載せていることから，自分が通過している街が何という名称なのかを知ることは，ドライバにとって重要なことであった。このように，通過する側，通過される側のいずれのためにもなるボードであった。このボードは 1911 年から 14 年の間に 3 万枚が市町村に配布された。

　道路脇に置かれる道路番号と近隣の街までの距離が書かれたキロポストである道標（Borne）は 19 世紀後半に整備されたが，上述のようにこれは道路管理のためであり，数も少なく，読めなくなったものも多く，表示のされ方も統一されていなかった。そのために，自動車のドライバには結局はどこにいるかわからず，十分に役立っていなかった。ミシュランは 1905 年から道路地図を作り始めていたが（3.2.5 項参照），地図に表示されているどの道路を走っているかをドライバが理解できるためには，道路の番号付けが不十分であることに気づいていた。アンドレ・ミシュランは 1912 年に大統領が出席する博覧会に参加する機会を利用して，Borne の数を充実させるとともに，道路のカテゴリ分けとその番号付けを統一するように嘆願書を出した。この嘆願書は認められ，道標の整備が進められた。1919 年に国道の Borne の上部は赤となり，地域道路は 1946 年に黄色でペイントされた。これが現在もフランスの道路で使われているのである。

　1900 年初頭に TCF によって設置された行き先案内板は次第に朽ちてしまっていた。TCF は新しい行き先案内板を設置すべく活動を 1920 年に開始するが，資金繰りが困難になり頓挫することになる。金属製のパネルは腐ってしまうことを危惧したミシュランは，コンクリートを使った道路標識の作製に取り掛かる。形や材料，表示などを試作しながら 1920 年代中ころには設置し始める。これは交差点の角のところに埋め込むもので，高さは 1.75 m，重さは約 380 kg で，上部にエナメルのプレートを貼り，道路カテゴリと番号，二つまたは一つの隣町までの距離が表示される。これを 50 〜 80 cm ほど地面を掘って埋め込む。これは Borne Michelin（ミシュランの道標）と呼ばれた。頭部は中央がやや尖っていて，これによって雨水が流れてコンクリートが痛まないようにしてある。高さが 1.75 m というのは，夜間のヘッドライトで照らすことができる高さである。交差点部に設置することで，どの道がどこにつながる道であるかがただちに理解できるようにしたのである [36]。Borne Michelin が交差点部だけにあると正しい道を走っているか不安になることから，1940 年代からは単路部にも道路番号と行き先と距離を示した方向板のタイプも設置された。警戒標識は国際条約で決められたことから，1930 年

ころから国の管理となったが，行き先案内板は自動車利用者に関係する民間の力で整備が進められたのである。フランスにおいてはツーリングクラブや自動車クラブ，そしてミシュランの力があったという点では特殊なケースかもしれないが，そのために利用者側の使いやすさをよく考えたものが作られたといえよう。フランスにおいて行き先案内板が国に任されるようになったのは，第二次世界大戦後のことである。これは高速道路の整備と関連していた。

3.2.5 道 路 地 図

地図は為政者が自らの土地を管理するために古くから作られていた。また，戦いのためにも使われたことから，基本的には地勢図であった。わが国にもある街道のための地図は，その道がどこに繋がっているかを示す，いわばネットワーク型の地図であり，抽象化されたものであった。駅馬車や郵便馬車のための地図も馬車が止まる宿駅あるいは乗換えをする宿駅がわかればよいので，ネットワーク型の地図であり，宿駅間の距離がそれに付加されていたものもあった[37]。空間的に正確な地図を作成するためには測量技術が必要になるが，それは18世紀以降のことである。道路が整備されていれば，道路をたどっていけばその先に到着できるのでネットワーク型の地図でも目的地に着くことができる。しかし，道路が整備されていない場合には道路をたどること自体が困難になり，道に迷うことになる。そのときに手がかりとなるのが周りの地形である。

道路の曲がりなどと地形とを描いた道路地図はサイクリングのための地図として生まれる。自転車でサイクリングをするときには，どの程度離れているのか知るために距離はもちろん重要であるが，自転車で走行するために道路の状態が重要になる。したがって，道路幅や舗装状態の情報が必要となる。そしてもう一つ大事なのは道路の勾配である。果たして自転車で上れるような坂なのか，担いで上がらなければならないのかをあらかじめ知って，プランを立てなければならない。フランスでサイクリストのための地図としては Lanée，Taride そして TCF が作成したものなどがあった。Flammarion のガイド地図を見ると（**図3.5**），道路種別として舗装されているか，舗装されていて道路脇でも自転車で走れるか，マカダム舗装なのかが識別できるように色と破線パタンで区別されている[38]。また，Taride の地図ではカギ括弧を使って勾配が上りか下りかを識別できるようになっており，さらに脇に dx の文字があれば，それは急で危険な勾配であることがわかった。

ごく初期の自動車のドライバはこの自転車用の地図を使っていた。このサイクリング用の地図から自動車用の道路地図になったのである。1900年ころ，Taride は Cyclist

図3.5 Guides Flammarion
（1900年ころ）[38]

と Automobilist のための地図として 25 万分の 1 のスケールの地図を販売しており，ドデオン
ブートンは自動車メーカであるとともに，20 万分の 1 の道路地図を売り出していた。ドデオ
ンブートンのものは道路種別は国道と地方道，GC などがわかるようになっており，キロポス
トの Borne がある道かもわかるようになっていた。推奨ドライブルートが赤で強調されてお
り，それには道路に沿って区間ごとの距離が記載されている。また，街の規模（住民数）や電
報，電話局があるかが表示されている。サイクリング用も同様であるが，ドライブ中には地図
をしばしば広げることになる。開いたり閉じたりすると折り目が破けてくることは避けられな
い。そこで，Taride などには紙製のものだけでなく，絹の布で裏打ちされたものも提供した。
絹で裏打ちしているもののほうが値段は 2 倍近く高かった。

　自動車の広まりにしたがって，道路地図の種類も増えてくるが，おそらくアンドレ・ミシュ
ランはそれに満足できなかったのであろう。ミシュランは道路地図業界にも参入してくる。ミ
シュランの最初の地図は 1905 年の Gordon-Bennet 杯という自動車レースのための地図であっ
た。これまでの自動車レースはパリーボルドーなど都市間レースであった。最初は耐久レース
で速度はゆっくりしたものであったが，1900 年には 100 km/h の高速でのレースになってい
た。そのため大きな事故が起き，その犠牲者も出てきた。1903 年のパリーマドリードレース
で，コントロールを失った車が観客に突っ込み多くの犠牲者が出た。そのために，フランスに
おいて以降の都市間レースが禁止になった。そこで，1905 年の Gordon-Bennet 杯はミシュラ
ン本社がある Clermont-Ferrand 近くの公道の交通を遮断して，137.4 km の巡回コースを作
り（サーキット（ぐるぐる回る）という言葉が使われ，Circuit D'Auvergne と呼ばれた），そこ
でレースを行った。都市間レースでは下見をすることは不可能で，先がどうなっているかわか
らないところを全速力で駆け抜ける勇猛で危険なものであったが，巡回コースとなることで，
事前にコースを知ることができた。コースを把握するための地図としてミシュランが地図を提
供したのである。コースが描かれるとともに，急カーブがどこにあるか，またそのカーブが
dangerous（危険），difficile（難しい），resserré（狭い）なのかを記号で示した。また，勾配
についても 4 %，7 %，12 % の 3 段階を三角（不等号）記号の数で示すとともに，クレスト
（坂の頂上），サグ（坂の谷）がわかるようにした。街中も通過するが，その中でも急な角が入
り組んでいる二つの街については，拡大図をつけて，カーブや交差点形状，10 cm 単位の詳細
な道路幅がわかるようにした。どのような情報をドライバが必要としているかを考えたうえで
作成した地図であった。

　Gordon-Bennet 杯はミシュランにとっては地図の試作をする絶好の機会であり，1907 年か
ら試行を始め，1909 年からはフランス全土を 47 枚でカバーする 20 万分の 1 の道路地図の販
売を順次始める。アンドレ・ミシュランは，1886 年にミシュランで働き始める前の兵役時代
に内務省で地図を作成する部署の副主任をしており，その経験やその折に暖めていたアイディ
アを具現化したと考えられる。また，その折の人脈を使って道路に関する情報を収集していた
と考えられている[39]。それまでの道路地図はサイクリングのための地図や，アンドレ・ミ

シュラン自身が関わっていたと思われる内務省の地図（わが国でいえば国土地理院の地図）がもとになっており，速度が高く，遠くまで行ける自動車のための地図として最適化はなされていなかった。それをできる限りの利用者視点で道路地図を作ったのである。道路幅は 3 種類に区別され，道路舗装についてはマカダム舗装か敷石か，またそれぞれの状態がよいか悪いも 3 段階，通過するのが難しい道路，危険な箇所，道路の大きな凹みの箇所，道路勾配と高度，そしてもちろん各区間の距離と道路種別（国道 N，地方道 D，GC，IC）とそれぞれの番号，さらに眺めがよい道路のマークも付けられた。郊外道路はこの地図を頼りに走ればよいが，市街地は道路構造が複雑で 20 万分の 1 の地図では表現できない。そのために，この地図だけでは市街地で迷いかねない。そのためにガイドブック（3.2.6 項参照）には街ごとの市街地地図を掲載して，それをカバーできるようにしていた。さらに，地図を広げる際に破いてしまわないように地図の畳み方を検討して，表裏のカバーを左右に引けば，蛇腹を伸ばすようにスムーズに地図を広げられるようにした。まさにドライバにとって痒い所に手が届くような地図であった。以降，ミシュランの道路地図は他の道路地図の手本となり，フランスおよびヨーロッパでのスタンダードとなる。

　1913 年にはフランス全土をカバーするが，その後も時代の変化についていけるように改訂を続けていった。最初の改訂での変化を見ると，着色の色を増やして道路の識別をしやすくしている。また，道路幅の差がわかりやすいように，印刷上の道路幅の違いを大きくしている。道路の線形（曲がり具合）が明確にわかるように詳細化している。この道路幅の違いや道路の曲がりは 20 万分の 1 の縮尺に従うと地図上の表現としては区別がつかなくなるが，あえてディフォルメをしているのである。ディフォルメすることで，狭い道なのか広い道なのかが一目でわかり，カーブがきついのかゆるいのかも一目でわかる。また，道路が交差するところも縮尺よりも極端に拡大してあり，交差点手前にある曲がりや細い脇道があることがわかるようにしている。さらに，上述したガイドブックの市街地地図との対応が明確にわかるように，その市街地地図がこの 20 万分の 1 の地図のどの道路とつながっているかが同定できるように記号を付けて，自分がどこの道路から市街地に入ってきたかがわかりやすいようにした。前項で述べたように 1912 年に大統領に道路の番号付けとキロポスト（Borne）の整備を嘆願したが，1909 年版には番号の付いていない道路も 1923 年版には番号が振られている。すべての道に番号が付いて，その番号が道路脇の道標で確認できることが，どれだけ安心して走れるかをよくわかっていたのである。ミシュランは道路地図を発明したわけではないが，既存のすべての地図を凌駕するまでに自動車運転に最適化した道路地図を作り出したのである。

　ちなみに，わが国における最初の自動車用道路地図は，1910（明治 43）年に大隈重信を会長として設立された日本自動車倶楽部が，1911 年から会員の調査に基づいて全国各地方別に作成したものが最初である。全国を六つに区分し，自動車が通れる道（自動車通行道）を記載するとともに，全国で 60 以上のドライブ経路の案内を整理した。さらに，和英でその経路のドライブ案内記を作った[40]。当時の日本の道路は自動車には十分な幅がない道路が多く，ま

た十分な耐荷重のない木製の橋も多かったことから，自動車が通れる道を知ることは重要だったのである。ちなみに，1910 年当時に登録されていた自家用車は 126 台という少ない数であった。また，同倶楽部は，単に自動車同好会として集まるだけでなく，自動車のための道路や法律の整備を働きかけることも会の目的としていた。日本自動車倶楽部は，すでに存在していたフランス ACF や英国の自動車クラブなどで構成される国際自動車クラブ協会に加盟していたことから，それに倣って，フランスにおいて ACF が果たした役割と同様のことを行おうとしていたといえよう。

3.2.6 ガイドブック

　旅行のガイドブックはかなり以前より存在し，馬車旅行のためのルートガイドは 18 世紀には存在した。駅馬車で旅行をするときのガイドとしては，駅馬車で乗換えすべき宿駅の場所や観光で見るべき場所などを記したものがあった。19 世紀終わりにはサイクリングの流行に伴って，サイクリングのためのガイドブックが生まれる。サイクリングのためのガイドブックの基本は推奨ルートである。例えば，パリ近郊へのサイクリングであれば，短いものは 10 km 程度，長いものでは 100 km ぐらいの距離のサイクリング案である。パリのどの門から出て，途中の街の地名が書かれている [41]。途中の道が舗装なのか，坂の割合がどの程度あるのかなどが書かれているものもある。自転車だけでは行けない遠くへのサイクリングには鉄道を使って自転車を運ぶので，鉄道駅の情報が必要になる。途中のレストランやホテル情報が書かれているものもあった。

　自動車旅行に必要は情報を掲載したガイドブックは 20 世紀に入って登場する。フランスでは例えば Guide Taride，ダンロップやコンチネンタルによる自動車のためのガイド，米国では Blue Book や King's Guide などが出版されたが，最初の自動車のためのガイドブックといえるのがミシュランのガイドブック（ギード・ミシュラン，Guide Michelin）である。自ら空気入りタイヤを宣伝するためにレースに出たわずか 5 年後の 1900 年に，ショーファーへの無料提供物として初版が発行される。このギード・ミシュランには推奨ドライブルートは掲載されておらず，これまでのサイクリングのためのガイドブックとは異なる狙いをもって出されたのである。

　現在ではミシュランガイドといえばレストランガイドのように思われているが，初版にはレストラン情報は含まれていない。冒頭にミシュランタイヤの修理・交換の方法が書かれており，それ以降はフランス国内の 1 000 以上の街の情報が記載されていた。街ごとに近くの大都市からの距離が書かれ，鉄道駅があるか，電報あるいは電話局があるか，薬局があるかなどが記号でわかるようになっていた。また，その街にあるホテルが星付きでリスト化されており，これらのホテルが TCF や ACF の推薦ホテルかもわかった。また，ホテルの設備が記号でわかるようになっており，その中には暗室もあった。これは当時自動車旅行をしていたような上流階級の人たちの趣味として写真があったからである。そして，ミシュランタイヤが入手できる

ところ，また修理工場，そしてガソリンが入手できるところがリストになっていた。さらに，大きな街については市街地地図が掲載され，その地図上でおもな市街路と市役所や駅がどこにあるかがわかるようになっていた。3.2.2項で述べたように運転手は自動車に関する機械的知識をもっており，旅行の途中での故障や不調に対して応急処置をするスキルをもっていたが，それを確実に直すためには修理工場にもち込まなければならなかったのである。3.2.1項で述べたように，1900年の時点ではガソリンスタンドというものは非常に限られていたうえに，燃料タンクの容量の小ささと燃費の悪さからしばしば給油する必要があった。そこでどこでガソリンが入れられるかがきわめて重要であった。ガソリンが入手できる所のリストを見ると，ホテルや工場のようなところもあるが，かなりの数の食料品店（épicier）が掲載されている。また，それぞれで入手できる燃料のブランドが Automobiline，Moto-Naphta，Stelline と区別して記載されている。おそらくエンジンごとに向き不向きがあったためであろう。信頼性が低く，まだ一般的ではない自動車で旅行するために必要な情報が載せられていたのである。

　街のホテルや店が閉店したりすることで毎年状況が変化すると考えて，ギード・ミシュランは，二度の世界大戦の期間を除いて，現在まで毎年更新され，充実されている。初版以降，市街地が掲載されている街の数は増え，道路地図の販売を始めた1909年には，前項で述べたように街に入る道にギリシャ数字で番号が振られて，自分が街中にどの道から入ったかがわかるようになった。これによって市内のどこに自分がいるかが容易に理解できる。市街地地図にはおもだった通りの名称もわかるようになっており，これも自分の位置を知る手がかりになる。このころにはガソリンを入れられるところが増えたことから，ガソリンを入れられる場所の情報はなくなる。1920年には有料化されるが，それは広告の掲載を必要としなくなることでもあり，広告によるバイアスがなくなることも意味していた。このギード・ミシュランにレストラン情報が記載されるようになったのが1923年であり，それが味の評価付きで掲載されるようになったのが1926年である。パリの美食ははるか以前からあったが，このころから自動車旅行においてレストランで美味しいものを食べることを楽しむ人が増えてきたのであろう。レストランの評価は，興味深い料理，素晴らしい料理の2段階が基本であったが，五つの星がついているものもあり，当初は明確な基準化はされていなかった。そして現在に至るレストランの星付きの評価が始まったのが1931年である。このときには，よい，素晴らしい，正しく名声を博している，の3段階としていた。そして，1936年に，三つ星は，そこを目的地として旅行する価値があるレストラン，二つ星はそのために寄り道する価値のあるレストランと定義され，現在に至る。星付きレストランは自動車でドライブするためのものだったのである。

　ガイドブックといえば旅行の推奨経路を示すことが機能の一つであったが，ミシュランはまったく別の方法でそれを始める。ほぼ無限の数がある出発地と目的地の組合せがあることを考えると，本の形で推奨経路を示すことは限界があることを認識していたのである。ミシュランは1908年にパリに自らの観光局 Bureau de Tourism を立ち上げる[42]。ここに道路に関する情報を集めた。そして，1910年3月から経路案内サービスを開始する。これはハガキに出発

地と目的地と旅行予定日を書いて，このミシュラン観光局に送ると，経路を書いた旅程表がミシュランから送られてくるのである。「出発地の街のどこの通りを出て，何番の道路を何キロ走ると何々があり，それを過ぎてどこどこに向かって右折すると何キロで街に着く…」という旅程が目的地に至るまで何枚かの用紙にタイプ印刷してあるのである（**図3.6**）。1926年まではこの用紙はほぼA4サイズであり，運転中に使いやすいようにしたためと思われるが，それ以降は小さいサイズの用紙になる。これをめくりながら経路をたどったのである。2か月前までに依頼のハガキを送付することになっていたが，観光局では依頼のハガキを受け取るとスタッフが地図を調べてこの旅程を作り上げていたのである。これは人気を博し，1920年ころには100人のスタッフで対応しており，1925年には年間で15万件の依頼をこなしていた。このサービスは1940年ころまで続いた。類似のサービスは英国のAutomobile Association（AA）でも行われるようになり，こちらは1960年代まで続いていた。

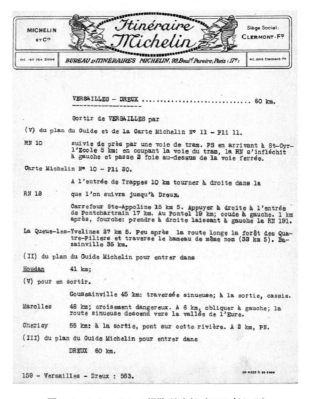

図3.6 ミシュランの経路ガイド（1925年ころ）

　ミシュランが観光ガイドを出版し始めるのが1926年である。これはピレネーやコートダジュールなどおもな観光地の情報を掲載したガイドで，11冊からなっていた。Guide Michelin Regionalと呼ばれて，赤い表紙でギード・ミシュランと似ていたが，1943年からは緑の表紙の薄手のものとなり，ギード・ヴェール（緑本）と呼ばれるようになる。内容はその地域の歴史が詳しく書かれており，そのほか農産物や産業の特徴などが書かれていて，その地域の歴史

を含めた全体像が理解できるような内容である。まず拠点となる街の知識が書かれ，そして，そこを拠点としたエクスカーションの推奨経路が書かれている。例えばマルセイユであれば，マルセイユからカロンク，マルセイユからエクスアンプロバンス，マルセイユからサンマキシマムなどである。途中の間違えやすい交差点や分岐が拡大図で掲載されている場合もある。

　ミシュランがギード・ミシュランを発行したのは，売り出した自動車用タイヤを擦り減らしてたくさん使わせるために自動車旅行に行ってもらおうとした，といわれることがあるが，単に商売のことだけを考えていたのであればここまでやる必要はないと思われる。実際のところ，ギード・ミシュランは単なるガイドブックではない。ホテルやレストランガイドはすでに存在していたことから，その充実を図ったものではない。旅行中に通りかかった街での過ごし方のためのガイドではなく，自動車で移動するためのガイドである。タイヤを修理するための部品を調達し，燃料を確保すること，これは移動を続けるためのことである。ギード・ミシュランを最初に出し，そのつぎに道路地図を作成し，キロポストの整備を国に働きかけ，さらにそれと並行して経路サービスの事業を行った。移動をすることを支援するためには何が必要かという視点で見て，既存のものでは対応できないことを認識すると，それへの対応をほかに期待することなく自らが実行していったのである。街のガイドだけでは，そこにたどり着けなければ意味がないので，そのためのよい地図が必要であり，地図上の道路をたどるためにはキロポストの整備が必要であると理解していた。個々人が自分の好きなように自由に移動するためには，限られた数の推奨ルートでは役に立たないので，どこからどこへでもいけるための経路サービスを行い，道路標識の整備も手掛けた。人がいろいろなところに移動して訪れたなら，その場所を深く理解することで移動の楽しさが深まるので，詳しい Guide Regional を整備した。おそらく内務省で地図作りに関与したことが関係していて，人々の移動ということに強い関心をもって，それを広く提供しようと，その実現のためにあらゆる工夫をしていった。まさに，ユーザ視点で移動サービスを構築していったといえよう。それにしても，自社のタイヤが売れ始めて5年もしないうちに，フランス全土をカバーしているギード・ミシュランを出せたのも普通では考えられない迅速さである。地図作りの経験から現地スタッフの有用性をよく理解していたのであろう。自動車ではなくタイヤという部品を全国に置いておくということから，全国規模の販売網を構築する必要があったが，それを現地スタッフとして機能させることができたのではないかと思われる。利用できるリソースを活用して，理想の統合サービスを構築していったのである。

3.2.7　ホテルとレストラン

　駅馬車の時代には宿駅が宿泊の拠点であった。自動車の時代になっても，フランスでは馬車の時代の宿泊施設は機能した。それはこれらが街道沿いにあり，自動車の通り道に沿っていたからである。もう一つ都合がよかったことはガレージがあったからである。これは夜間に馬車をしまっておいた場所を自動車のガレージとできたからである。街道筋の宿泊施設に泊まるだ

けでなく，自由の利く自動車はある程度の規模の街まで足を伸ばして，その街のホテルに宿泊することができた。そのホテルにしてもガレージをもっていることは大事な要件であった。場合によっては，その街の修理工場に入れて修理を待つ間，そこで過ごすこともできた。ホテルの質については，TCF による認定が 1900 年ころから始まった。衛生的な部屋を作るようにというキャンペーンが行われ，1903 年には TCF がホテルスクールを創設した。このように TCFはホテルの質向上にも積極的に取り組んだ。同様に，ACF やギード・ミシュランによる認定もホテルの質を保つ効果があった。

　比較的道路が整備されていたフランスでは，自動車の登場によってホテルの姿が変わることはなかった。しかし，英国では自動車の利用の増加に伴い，バイパス路と呼ばれる集落を回避する新しい道路が作られるようになった[43]。1920 年代から新しい道路沿いに生まれたのがRoad House と呼ばれるガソリンスタンド兼パブ兼ホテルであった[44]。それは古典的なホテルではなく，カジュアルな遊び場や社交場をもった気晴らしの場であった。同様のものは米国にも現れる。遠くにまで自動車旅行をするのではなく，少しドライブをして Road House に寄って遊ぶという新しいレジャーであった。プールがあり，ダンスホールがあり，しゃれたバーをもっているアール・デコ調の内装で，ボーリング場があったり，24 時間営業のレストランをもつところもあった。規模の大きい Road House もあり，2 千台収容可能な駐車場をもつところもあったという。しかし，英国では country side にできたこのような新しいスタイルのホテルは長続きせず，1940 年代には減少していった。新しい文化としては根付かなかったのである。そのあとは，道路沿いのホテルはお金が掛かっていないホテルになった。米国でのモータホテルあるいはモーテルも同様であり，一つ屋根の下に部屋が並ぶ構造の宿泊施設である。最初のモーテルといわれているのは 1925 年に San Luis Obispo に生まれた Milestone Motor Hotelである。米国のモーテルは 1950 年ころ以降に広まる。

　レストランという名称の食事を出す飲食店は 18 世紀にパリで始まる。レストランの特徴は，客ごとに個別のテーブルで食事ができメニューがあり自分で食べるものが選択できる形式の飲食店である。それまでの，知らない客どうしでも同じテーブルを囲んで（テーブル・ドット（主人のテーブルの意）と呼んだ）主人の作った同じ料理を分け合って食べるというスタイルと比べて，他人に煩わされずに食べたいものが食べられることから人気を博し，パリで広まる[25]。このスタイルの飲食店は 19 世紀に入ってもパリのみであり，パリに行ったらレストランというところで食事をしてみなさいと旅行ガイドに書かれていたという。各地から流入してきた独身者が多くいた大都会だからこそ，グルメさらにはガストロノミーなどの食事文化が作られていったのであろう。このレストランが自動車旅行のガイドブックに登場するのが 1923年のミシュランガイドである。前項で述べたように，1926 年にはレストランの豪華さで 5 段階評価を与え，その街に宿泊した際に利用するだけでなく，そのレストランで食べるためにその街に立ち寄る価値があるとしてレストランの推薦をした。美味しい食事をとることができることが，自動車旅行の価値となっていくのである。いまではレストランガイドのほうが一人歩

きをしているが，食べることを目的に移動する生活文化はこうやって作られてきたのである。

　米国ではヨーロッパのように隣接して街がないことから，自動車旅行では途中での食事をする場所が必要になる。そこで生まれたのがロードサイドレストランである。道路沿いの安そうな怪しげな食事処で食事をとるのには抵抗を感じる人たちが少なからずいた。ハエの撲滅運動や石鹸での手洗いキャンペーンなど，1920 年代から 1930 年代にかけて，米国では清潔文化が広まってくる[45]。生活が豊かになり，健康のための衛生向上の政策が進められて，それまで当たり前であった汚れや臭いが気になるようになる。コーラー社の白いホーロー引きの洗面所用品の広まり，衛生協会の主導によるリンツやラックスなどの石鹸会社，口中清浄剤のリステリンなどの積極的な広告展開がそれを象徴している。こういった社会状況の中で，清潔感があり，怪しげではない雰囲気のレストランとして登場したのがハワードジョンソンである。ハワードジョンソンはアイスクリーム屋から始まるが，1920 年代の終わりにレストランを始める。そして，フランチャイズ方式をとって店舗を増やした。ハワードジョンソンは白い壁にトンガリ屋根の建物にして，そのスタイルで統一した。白い壁は清潔感を演出するものであり，広まりつつあった清潔への希求と合致した。そしてガラス張りの店舗にすることで，内部の様子がわかり，怪しげではないレストランであることが入る前にわかるのであった。また，フランチャイズで同じような外観の建物とすることで，知らない土地に行ってもそこにハワードジョンソンがあれば安心して入ることができたのである。明るい雰囲気，クラムやシュリンプなどの軽めのメニューとアイスクリームで，気軽に入れるレストランとして人気を得，1939年には 100 店舗を超えた。このスタイルは，デニーズ（ダニーズというドーナッツ屋として1953 年に創業）に代表されるファミリーレストランと呼ばれるレストランにつながるものである。自動車で移動しているときに，不安なく食事に入れるレストランのスタイルができ上がり，自動車で移動する時代の文化の一つとなったのである。

　ハンバーガーチェーンのマクドナルドも最初はロードサイドレストランとして始めたが，1948 年にハンバーガースタンドに切り替える。こういった Driver-in（あるいは Driver-up，Driver-by）レストランは 1920 年ころに始まったものであり，最初は Roy Allen がカリフォルニアで始めたルートビア・スタンド，Kirby がテキサスで始めた Kirby's Pig スタンドであるといわれている。Kirby's Pig スタンドでは，Carhop と呼ばれた少年が，来た車の運転席まで飛んで行って注文を取って，また注文された商品を飛んで持っていった。自動車で立ち寄って，すぐに食べ物を受け取って，また走り出すという，自動車で先を急ぎたい人達のためのサービス提供であった。その場ですぐに食べることは市場などで昔から行われていたが，自動車のもつスピードとマッチして，一般の人達にもファーストフードというものが浸透していったといえよう。

3.3 自動車を使ったサービス

3.3.1 タ ク シ ー

　馬車の時代にはロンドンにはハックニー，パリにはフィアクルなどお金を払って行きたい場所に運んでくれる現代のタクシーに相当する乗り物があった。しかし，その料金が適切か過剰に請求されているのかが客にはわからずに，つねに騙されているのではないかと疑心暗鬼になることが不評であった。19世紀の終わりごろに，時間と距離とに応じた料金を表示できるタクシーメータ（taximeter）が登場し，タクシーメータを付けた馬車は taximeter cab などと呼ばれるようになる（2.6.4項参照）。自動車を使って賃走するサービスは，ベンツを使って1896年春にシュトゥットガルトで始まる。翌1897年に最初のタクシーメータを付けた自動車である Daimler の Victoria が生まれる。同年秋にはパリでも自動車によるタクシー営業が始まる。米国ではフィラデルフィアにおいて，このために作られた電気自動車を用いて同年暮れに始まり，翌年にはニューヨークでも始まる。ロンドンでも1897年に12台の電気自動車を使って始まる。

　パリでは Kiéger 製の電気自動車でのタクシーが始まったが，1902年に収益が上がらずに廃止される。1898年にはフランス自動車協会（ACF）の主催でパリのタクシー向けの車両のコンクールが行われた。このときは参加車両はほとんどが電気自動車で，ガソリンエンジン車はプジョーの1台だけだったが，燃費が悪くて評価は低かった。このころには電気自動車によるタクシーの運転手の学校もあった[1]。

　1899年にはガソリンエンジンの自動車による貸し自動車が始まるが，このときには料金は交渉で決められていた。また，この運転者のことを Automédon と呼んだ。1901年にはタクシーメータの装着が認められ，Richard Popp という会社がタクシーメータを売り出す。それまでドデオンブートンからエンジンの供給を受けていたルノーは1903年からエンジンを自社製に切り替えたが，その一つが2気筒の8馬力のエンジンであり，これは静粛でかつ安価であった。そのために，1905年に1 500台ものタクシー用車両の受注を受け，これをきっかけとしてルノーは自動車会社として大きくなる。そのタクシー用の車両がルノー AG1 と呼ばれる車種である。1908年には貸し自動車の業者が集まってコンソーシアムが形成され，競争を避けるとともに燃料等の確保あるいは相互援助をすることとなった[46]。1909年には料金カテゴリが外からもわかるように，色の付いた旗を付けることが義務付けられる（白が最も高額で，ついで赤，青が最も安価）。このように19世紀の終わりから20世紀の初頭にかけて，パリではタクシーが一気に確立されていった。自動車やタクシーメータなどの技術的な背景に加えて，オスマン知事によるパリの大改造計画による大通りの整備が19世紀後半に行われ，自動車にとって走りやすい街となったことも一つの要因であったのであろう。フランスにおけるタクシーの大きな出来事は第一次世界大戦に伴って起きる。1914年にドイツ軍がマルヌ（Marne）

を越えてフランス国内に侵攻したことから，ガリエニ（Galliéni）将軍がルノーを中心とした約 600 台のタクシーを集めて，各車両に兵士 5 人を乗せてピストン輸送を行った。パリとの間を 48 時間で 2 往復して，約 6 000 人の兵士を送り込むことができ，ドイツ軍の侵攻を止めることができた。これはマルヌのタクシーと呼ばれ，タクシーは英雄となった。1920 年にはシトロエンから B2 というモデルが出され，ランドーレ型（あるいは，クーペ・ドゥ・ヴィーユ）のタクシー仕様が作られ，これが広く使われるようになる。パリがシトロエン B2 で埋め尽くされていたとのことである。

　タクシーには売上金が溜まっていて，誰でもが乗車できることから，強盗に会う危険と隣り合わせであった。馬車のフィアクルの時代には馭者の犬と一緒に乗ることで抑止力としていた。自動車のタクシーになっても初期のころは犬を乗せていることもあったようである。馬車の時代にはクーペなどは客室と馭者席が仕切られていたが，その名残でランドーレと呼ばれたタイプの自動車は屋根の付いた客室とオープンの運転席からなっており，このタイプのタクシーでは乗せた客から襲われにくかった。シトロエン B2 の後継としてオールスチールの B14 が 1926 年に生まれ，このタクシー用車両として車室全体が屋根で覆われているクローズドボディが作られたが，運転席と客室の間がガラスで仕切られていた。このシトロエンはガラスで仕切られた客室とドライバとが会話できるためのインカムが付けられていた。

　タクシー乗り場は 1657 年に制定されたフィアクルの時代の乗り場（place de voiture）を踏襲し，駅前や大通りに置かれ，そこで客待ちができるように駐車許可証が出された。こういった客がアクセスしやすい場所だけでなく，ドライバ自身の安全性と衛生のために自宅の前をタクシー乗り場にすることもできた。乗客からのタクシーのアクセスを容易にするために，1954 年にラジオタクシーセンタがパリに登場し，1955 年には電話でセンタを呼び出せるタクシー乗り場ができる。また，乗客からタクシーを見付けやすくするための天井に付けられているタクシーの表示灯は，1950 年ころに Pierre Alidière（または，Pierre de Vitry）によって考案され，1953 年に Gamma 社によって生産が始まる。

　1921 年にはパリには 2 万台以上のタクシーがあったが過剰であり，他の公共交通機関との競合から 1930 年代中ごろには 3 千台程度まで減少するが，後半には再び増えてくる。1937 年にはパリのタクシーの数を 1 400 台とすることになった。また，タクシー運転者の労働時間も課題であり，1936 年には 10 時間と規制されたが，翌年には 11 時間に引き上げられた。

　ロンドンでは 1896 年に資本金と裕福な人たちの支援を受けて London Electric Cab Company が作られ，Bersey によってタクシー用の電気自動車が作られる。これは 2 名の乗客を乗せることができ，最高速度は約 15 km/h，充電なしで約 50 km 走行することができた。1897 年には 25 台が，翌年にはさらに 50 台を加えて，ロンドンの街を走った。静かに走る電気自動車は市民には好評だったものの，車両のコストが高く，コストに見合うだけの利用者数の伸びもなく，1899 年には同社は解散することになる。その後，やや間をおいて 1903 年になってガソリンエンジンの自動車による Cab（Motor Cab）が登場する。しかし，1905 年の末になっても

19台が走っているだけであった。それでも1906年にMotor Cabの要件や免許制度が作られる。車両のサイズだけでなく，シートは革か上質の布で覆われたもので，詰め物には干草や藁や海藻，鯨の骨などを使ってはならないとした。また，このときに最小回転半径が定められた。この規定を満たす車両の開発に何社かが挑戦したが，結局はすでに実績のあったルノーが1907年にGeneral Cab Companyから500台の受注を得，同社はルノーを使ってサービスを始める。これをきっかけにして，ロンドンでもタクシーが広まり，1914年には7千台を超える。これに伴って辻馬車のうちのHansomは激減して，同年には200台程度になっていたが，鉄道駅での荷物の多い客を相手にしていた大型で荷物を積める辻馬車であるGrowlerのほうは長く生き延びることができた。1907年の規定で自動車のcabにタクシーメータを付けることが義務付けられたことから，英語でこれをtaxiと呼ぶようになった。賃走をするタクシーは，無理をしてでも稼ごうとする力が働き，ドライバの労働条件の問題になりがちである。ロンドンには辻馬車の時代の1870年ごろからcabman's shelterと呼ばれる休憩所が64か所に設けられていた。ここではドライバが食事をとったり，飲み物を飲んだり，休憩することができた[47]。ロンドンのcabmanは飲酒しながら馬車を操縦することが普通だったというが，このcabman's shelterでは飲酒が禁止されていた。パブでの休憩と違って，静かに休むための場所が準備されていたのである。

　第一次世界大戦の混乱ののちに，1919年に新たなる参入者が登場する。それはWillian Breadmore and Company Limitedで，タクシーに特化した車両を開発した。後部の客室への乗降性を高めるために，フレームの後半を下方に曲げて，ロードクリアランスを小さくするなどの工夫がされていた。3年間のロンドンでの運行の経験から，乗客が外を覗けるが外部からは乗客の顔が見えにくいリアクオータウィンドウを設けるなど，さらなる改良をして1923年にはMark IIを出す。他社も参入し，フィアットやシトロエンによるタクシー用車両が作られた。タクシー車両の規定のために開発コストが高く，ビジネスとしての魅力が薄く，参入が進んでいないことから，1930年代には規定を緩和する方策がとられた。その結果，オースチンやモーリスなどの大手乗用車メーカもタクシー用車両を作るようになった。このうちオースチンが1958年に出したFX4は1990年代の終わりまで存続し，ロンドンタクシーのシンボルとなった。ロンドンタクシーには運転手の脇に広い荷物スペースがあるのが特徴であるが，これはGrowleyという荷物を多く積める辻馬車の伝統を引き継いでいるのである（**図3.7**）。

　わが国におけるタクシー事業は，ロンドンやニューヨークでのタクシー事業の成功をみて，1911（明治44）年にタクシー自動（働）車株式会社設立の動きが始まる[48),49)]。車両を輸入しても採算が取れる事業になるか不安視されたが，輸入業者が売込みのためにT型フォードを低価格で提供したことで計画が実行されることになった。そして，1912年に米国製タクシーメータを装備したタクシーを使った試乗会が行われ，東京から大宮まで走行した[50]。米国製タクシーメータを採用したために，料金は1マイルを1区間とし，最初の1マイルが60銭，その後は1/4マイルごとに10銭が加算され，待ち時間は5分ごとに10銭であった。タクシー

図 3.7　ロンドンタクシー
（オースチン，1930年ころ）

スタンドだけでなく，空車であれば道路途中でも利用できるというサービスを提供した。料金の明朗性のために開発されたタクシーメータであったが，夜間割増料金などもあり，必ずしも明朗ではなく，メータをごまかすなどの不正が多く行われた。そこで，1924 年に大阪で 1 円（圓）の均一料金のタクシーが登場し，その後に東京にも登場する。その金額から圓タクと呼ばれた。1930 年ころにガソリン価格が低下し，さらに車両の割賦販売が行われたために，多くの業者がタクシー業界に参入してきた。その結果，半圓タクシーさらには 30 銭タクシーなどが生まれて競争が激化して混乱が生まれた。東京市内のタクシーは 1 万台を超えていたが，その内の 9 割以上が個人営業であったこともあり，無理な営業や交通事故が問題となっていた。

3.3.2　市内の路線バスと郊外とを結ぶコーチバス

　19 世紀の終わりには，馬車のオムニバスに加えて，蒸気自動車によるバスが使われていた（2.8.1 項参照）。ロンドンでは，1902 年にロンドン・オムニバス会社（LGOC）が最初のエンジンによるバスを導入し，Thomas Tilling 社も 1906 年にエンジンのバスを導入する。LGOCは 1911 年には馬車によるオムニバスの運行をやめ，1914 年には他社の馬車によるオムニバスはなくなる。1909 年に参入した National Steam Car Company も 1919 年には蒸気自動車から撤退し，以降はガソリン自動車によるバスになる[51),52)]。

　1829 年にロンドンに導入されたオムニバスの車体はクローズドボディであったが，利用者の増加により 19 世紀中ごろから屋根に 2 階席が設けられる。もともと駁者は屋根の部分に座っていたこともあり，フランスの駅馬車（dilligence）も 2 階席があったように，人をたくさん乗せるために馬車に 2 階席を設けることは当然のことであった。それがそのままバスの形になった。1920 年ころまでは 2 階席は屋根なしで，風雨でも痛まない木のベンチであった。1920 年代後半になると 2 階席にも屋根が付いて，現在の 2 階建てバス（ダブルデッカー）につながる。

　パリでは，1904 年ころからエンジンを付けたオムニバスが始まる。蒸気自動車から始まったドデオンブートンは，蒸気自動車のオムニバスの車体を用いて，ガソリンエンジンに載せ替えたオムニバスを作るようになった。1905 年のパリ自動車ショーに合わせて，Compagnie

Générale des Omnibus（オムニバス会社：CGO）がバス用自動車のコンテストを行い，Eugène Brillié 製の車両が優勝する。タイプ P2 と呼ばれるシュナイダー製のエンジンをもつこの Brillié 製の車両を使って，1906 年にモンマルトル−サンジェルマンデプレ線で運行を始める。このオムニバスも 2 階席がある車両であり，パリでも 2 階建てバスが使われていた。CGO はバス路線に通し番号を付けた。このころから Autobus という呼び名も一般化する。そして，馬車によるオムニバスは 1913 年を最後にパリから姿を消す。1921 年には CGO と五つの路面電車の会社と七つの鉄道会社の協会（Société des Transports en Commun de la Région Parisienne, STCRP）が生まれ，連携が図られた（これが現在の RATP（Régie Autonome des Transports Parisiens），1949 年設立）[53]。1928 年にはパリ市内に 65 路線，郊外を結ぶ路線が 20 路線になり，バスの台数は 1 400 台を超えた。パリだけではなく，フランス国内の 44 県において，800 台のバスが運行するようになった。

　すでに公共交通機関として鉄道が敷かれていたが，線路の埋設や保守などを含めて資金やコストのかかる鉄道は利用者の多い幹線に限られていた。その鉄道が行かないところ，また鉄道の駅と駅の間の交通手段の空白地域，また鉄道だと乗り換えないと行けない区間などをカバーすることにバスが使われるようになる。フランスを例にとると，1928 年には鉄道の行かない先まで行くバス路線は約 450 km，鉄道駅間を結ぶような路線は 1 600 km になっていた。地中海沿いの第二の都市マルセイユでは，1930 年に近隣の都市とをバスで結ぶ Autobus 会社が生まれるが，2 年もしないうちに，18 人乗りのバス 230 台をもち，42 の路線を合わせて 1 日で 900 便ものバスを運行するようになった。利用客の多いマルセイユ−エクス間は 10 分おきにバスが出ていた。運行は機械整備士を兼ねた運転手と乗客の面倒を見る車掌との 2 名乗車で行っていた。バスの出発場は街の中心のカヌビエール大通りで，そこにはバスターミナルビルが作られ，待合室だけでなく，バーや図書室，そして観光案内所が設けられているなど，きめ細かいサービスを提供していた[54]。

　鉄道は移動の大きなイノベーションであったが，いわば離れた点と点を結ぶ疎なネットワークを構成していたに過ぎなかった。2 章で述べたように駅は街の郊外に作られ，大都会を除いては，その駅にアクセスできる人は限られていた。駅から 5 km も離れていると鉄道を利用したいとは思わず，田舎では鉄道に乗ったことがないのが普通であった。町や集落の中心地まで入って行けるバスは，こういったこれまで移動をしなかった人たちがアクセスできる移動サービスとなったのである。バスは駅馬車の代わりのようにも見えるが（いまでも，長距離バスのことを coach と呼ぶが），駅馬車は馬を交換するために馬を飼っておいておける宿駅が必要であり，そこに大きな制約があった。自動車は道路さえあればどこにでも行けることから，小さな町にも路線を作ることができるようになったのである。

　人とともに荷物を運ぶバスもあり，大きな街での市場に農産物を出すことができ，新鮮なものを売れるようになったり，農機具の修理のための部品等を買いに街に出るのも容易になり，またそのために丸一日潰されることもなくなった。さらには，街に出やすくなり，労働の機会

を得ることにもなった。また，郵便を担うバスもあり，これのお陰で，金銭の支払いのために時間をかけて街に出向く必要がなくなるということもあった。いままで移動サービスの恩恵を被ることのなかった人たちにバスは新しい生活を提供したのであった。

　わが国においては，1903（明治36）年という早い時期に，乗合自動車の事業が広島で試みられる。この乗合自動車は海外からバスを輸入したのではなく，エンジンのみ米国から輸入し，車体は国内の製造業者に作らせた。自動車の車両の輸入という大きなコストを掛けずに事業を始められるようにしたのである。ガソリンエンジンがユニット化されているメリットが生かされたといえよう。しかし，初めて作られた乗合自動車はトラブルが相次ぎ，事業は頓挫することになる。なお，この乗合自動車の製作を請け負ったのは，自転車販売から自動車の輸入・販売を手掛け始めていた吉田真太郎と技師の内山駒之助らであったが[55]，内山らは1907年にわが国最初のガソリン自動車（吉田式自動車，俗称タクリー号）を作った人物である。

　最初の乗合自動車事業は京都の二井商会が2人乗りの蒸気自動車を6人乗りに改造して乗合自動車を始めた1903年9月とされているが，いずれにしても乗合自動車事業は1904年以降に各地で始められ，23府県で40路線が設けられた。なかでも，もともと交通が不便であった長野県で乗合自動車が広まり，東京で六つの事業者が運行していたころに，長野では五つの事業者が運行していたという。当然のことながら，馬車や人力車業界との摩擦が起き，運行の妨害や県への反対陳情が多く行われた。これに対して，彼らへの補償あるいは乗合自動車事業への参画を条件にするなどの対策が行われた。乗合自動車の料金は鉄道の二等車を目安として決められ，各地を平均すると1マイル当り6銭程度であった。例えば，10銭に設定した逗子−葉山間の湘南乗合自動車は利用客が伸びずに営業をやめている。なお，東京や大阪などの都市部では区間制になっており，1区間5銭であった。

　大正期にはさらに乗合自動車事業は広まり，1923（大正12）年ころには事業者数が100を超え，乗合自動車の数もおよそ2万台に達する。個人所有の自動車よりも乗合自動車のほうが急激に広まり，日本人は乗合自動車という形で自動車と触れるようになったのである。鉄道事業との競合も激しくなるが，鉄道事業者も乗合自動車の拡大の波に乗らざるを得なくなり，乗合自動車事業に乗り出す。わが国においては，乗合自動車は鉄道を補完するだけでなく，鉄道計画と乗合自動車計画を比較して後者を採用することが多く行われ，鉄道と乗合自動車とは同じ役割を担ったのである。

　また，公営の乗合自動車事業も行われるようになる。1919年には青バスと呼ばれた東京市街自動車が新橋−上野間で開業する[56]。さらに，乗合自動車の拡大の契機となったのが，1923年に起きた関東大震災である。東京の人々の足であった路面電車が大きな被害を受けたことから，東京市交通局はその代わりとしてバスを導入することとした。そのベース車両としてT型フォードを採用し，ベアシャシの状態で800台を購入して，車台は国内で製造し，東京市内を走り始めた。1区間10銭であり，市民の足となった。乗合馬車時代の圓太郎馬車から，このバスは圓太郎バスと呼ばれるようになった。これが現在の都バスにつながる。

3.3.3 観　光　バ　ス

　バスの登場によって劇的に変わったものの一つが観光である。鉄道で観光地に行っても，駅は観光スポットからは離れていることから，駅からの移動が必要になる。徒歩で行ければ徒歩で行くが，さもなければ馬車を頼むことになる。これに対して，バスは観光スポットに直接アクセスできるうえに，近隣の観光スポットを巡ることができる。自動車による路線バスが1905年ころに始まったことと比べると，観光バスが1910年ころには始まっていたことは観光地に直接アクセスすることができることの価値にいち早く気付いたことを意味している。駅馬車も観光のために利用されていたが，駅馬車が止まる宿駅付近に観光先は限定されていた。街には歴史があることから歴史を楽しむ観光が中心であり，自然を楽しむのは宿駅から散歩をして街の郊外に出たときだけであった。駅馬車の出発時間になり，ゆっくりする間もなく，慌ただしく馬車に戻ったりしていたようである。

　1910〜1920年代に観光に使われていたバスは無蓋すなわちオープンカーのバスが主流であり，いわば360度の風景を楽しむことができた。もちろん，観光地の中の観光スポットを回る観光バスも多くあり，例えば古都ブリュージュの界隈の各地を巡るために1929年には全部で14のツアーバスがあり，ブリュージュの駅から出て同駅に戻ってくる路線や観光地を巡って離れた駅まで行く路線があった。こういった歴史的観光地以上に人気があったのが山岳地へのツアーバスであった。山岳地は鉄道駅も麓までしかないので，山に登るためには自動車という手段が便利であった。フランスでいえば，ピレネー山脈やグルノーブルを拠点としたアルプスなどである（**図3.8**）。グルノーブルを起点として，ガリビエ峠（Le Galibier）やヨーロッパで最も高度の高い街といわれているブリアンソンへのツアーは，朝の8時に出て，途中に何か所かに寄って，夜の19時半に戻ってくるといったものがあった。

図3.8　フランス，ピレネーの観光バス（1920年代）

　英国ではロンドンから郊外へのツアーバスが流行となり，ロンドンなどの都会に住む人たちが，田舎に手付かずで残っている自然を眺めに行った。英国人（ロンドン子？）による英国の田舎の発見であった[40]。もちろん，ヨーロッパ大陸に旅行する人も多くいたが，鉄道で現地

に到着した後には現地のツアーバスがよく利用された。相変わらず南フランスは英国人には人気があったが，現地のツアーバスばかりではなく，英国の旅行代理店が現地でツアーバスを準備して，英語でガイドを提供したりしていた。

　わが国でも，1925（大正 14）年に東京の遊覧乗合自動車が始められ，京都でも 1928 年に始まる。自動車の登場によって観光などの余暇を過ごすための移動が促進されたが，それは個人で運転する乗用車によってだけでなく，自動車を所有しない人に対しても，バスという乗合自動車によって，移動サービスによる価値を提供することになったのである。

引用・参考文献

1) Saunier, B. de, Dollfus, C., and Geoffroy, E. de：Histoire De La Locomotion Terrestre II, La Voiture, Le Cycle, L'Automobile, L'Illustration, Paris（1936）

2) Bommier, R.：Le Béviaire du Chauffeur, H. Dunod et E. Pinat（1913）

3) Clark, C. S.：The Lanchester Legacy, A Trilogy of Lanchester Works, Volume One 1895 to 1931, Coventry Univesity Enterprise, Ltd, Coventry, UK（1995）

4) Brown, R. W.：Riding comfort requirements, SAE Paper #390036（1938）

5) Bommier, R.：Hygiene Du Chauffeur：Le Moteur Human, H. Dunod et E. Pinat, Paris, France（1907）

6) Le Pare-Brise, L'Auto, No.1811（1905）

7) Rodert, A.：Heating and Ventilation Design Factors in Automobiles, SAE Annual Meeting（1947）

8) Goddard, G. E.：Body Seating Dimension, SAE Technical Paper #220016（1922）

9) Automobile Equipment Association Catalogue D：Automobile Equipment Association（1927）

10) W.カム 著，中澤達二 訳：高等自動車工学，コロナ社（1942）/Kamm, W.：Das Kraftfahrzeug（1939）

11) Davenport, C. B., Love, A. G.：War Anthropology, The Medical Department of the U. S. Army in the World War（1921）

12) McFarland, R. A., Damon, A., and Stout, H. W.：The Application of Human Body Size Data To Vehicular Design, SAE SP142（550320）（1955）

13) Geoffery, S. P.：A 2-D Mannikin－The Inside Story, SEA Tech Paper 610175（1960）

14) SAE J826：Manikins for use in defining vehicle seating accommodation, SAE（1962）

15) Mihm, A.：Packend, Eine Kulturgeschichte de Reisekoffers, Jonas Verlag, Marburg（2001）

16) Hunt, J. H.：Automobile Design and Safety, SAE Journal, **41**, 2, pp.349-369（1937）

17) SAE J941：Motor vehicle drivers' eye locations（1965）

18) Baudry De Saunier, L.：Les Recettes Du Chauffur, Publications Omnia（1916）

19) Card, P. W.：Early Vehicle Lighting, Shire Publication Ltd（2004）

20) Rouxel, C.：Bref historique de la vente d'essence en France, Route Nostalgie, No5, pp.5-11（2003）

21) Rouxel, C.：L'essence et l'octroi, Route Nostalgie, No.8. pp.1-6（2005）

22) Pascal, D., Sacase, F.-X.：Garages, MDM（1993）

23) Demory, J.-C.：Les Routes De Chez Nous de la Voie Romanine á L'Autoroute, E.T.A.I., Boulobne-Billancourt, France（2005）

24) 尾崎正久：自動車日本史（下），自研社（1955）

25) 内藤　耕，赤松幹之：サービス産業進化論，生産性出版（2009）

26) Miltoun, F.：The Automobilist Abroad, Brown Langham & Conpany（1907）

27) Wikipedia：https://en.wikipedia.org/wiki/Ernest_Guglielminetti

28) Duncan, D., Burns, K.：Horatio's Drive. America's First Road Trip, Alfred A. Knoph（2003）

29) Keane, M., Bruder, J. S.：Good Roads Everywhere：A History of Road Building In Arizona, Arizona Department of Transportation（2003）

30) Benford, M.：Milestones, Shire Publication Ltd, Buckingghamshire（2002）

31) Weight, G. N.：Turnpike Roads, Shire Publication Ltd, Buckingghamshire（1992）

32) Vacant, C.：Petites Histoires De La Signalisation Directionnelle des Romains a ... Brassens, Route Nostalgie, No.23, pp.4-15（2010）

33) Pannetier, P.：La numberotation des routes, Route Nostalgie, No.11, pp.17-21（2005）

34) Duhamel-Herz, M.：Les premiers panneaux de signalisation routie´re Naissance（1890-1906）, Route Nostalgie, No1, pp.7-9（2003）

35) Duhamel, M.：Une Demi-Siéicle De Signalisation Routiére, Presses Ponts et Chaussées（1994）

36) Duhamel-Herz, M.：La signalisation moderne vue par André Michelin, Route Nostalgie, No.19, pp.4-14（2008）

37) Reverdy, G.：Cartes, guides routiers et routes au cours des siecles, Route Nostalgie, No.8, pp.26-28（2005）

38) Guide Flammarion：Paris a Etampes, E. Flammarion（1900）

39) Pannetier, P., Houdoy, E.：Les premiers cartes Michelin Partie 1 1905-1914, Route Nostalgie, No.10, pp.10-13（2005）

40) エー・アール・ニクル 編：日本自動車倶楽部年鑑，日本自動車倶楽部横濱支部（1914）

41) Baroncelli, A. de：Guide Des Environs De Paris, Chez Tous Les Libraires & Fabricants De Véloc-ipèdes, Paris（1891）

42) Gonzales, P.-G.：Le bureau de tourism Michelin, Route Nostalgie, No3, pp.16-18（2003）

43) Cooper, C. W.：The Great North Road Then and Now, After Battle（2013）

44) Thorold, P.：The Motoring Age, The Automobile and Britain 1896-1939, Profile Books（2003）

45) スーエレン・ホイ 著，椎名美智 訳：清潔文化の誕生，紀伊国屋書店（1999）

46) Robert, G.：TAXI Un Metier Des Hommes, E.T.A.I., Boulobne-Billancourt, France（2008）

47) Georgano, N.：The London Taxi, Shire Publication Ltd, Buckingghamshire（1985）

48) 尾崎正久：日本自動車史，自研社（1942）

49) 佐々木烈：日本のタクシー自動車史，三樹書房（2017）

50) タクシーの歴史発掘，東京交通新聞，第2854号，1月7日発行（2019）

51) Wikipedia：https://en.wikipedia.org/wiki/Buses_in_London

52) Wikipedia：https://en.wikipedia.org/wiki/London_General_Omnibus_Company

53) Lasselle, F.：L'immatriculation des autobus de la R.A.T.P., Route Nostalgie, No. 16, pp.26-29（2007）

54) Michelin, MM.：L'Automobile en France, Prospérité, No.13（1932）

55) 佐々木烈：日本自動車史 写真史料集，三樹書房（2012）

56) 道路交通問題研究会 編：道路交通政策史外観，プロコムジャパン（2002）

1

2

3

4

5

6

4 パーソナルモビリティビークル

　本巻で扱う「モビリティのサービス化」は，自家用車を所有できない人にも移動の自由を与えるものであり，近年話題になっている自動車所有のシェア化や乗合化については5章以降で論じられる。しかし，すべての人に移動の自由を与える方法には，シェア化や乗合化だけでなく，乗り物（ビークル）自体を超小型化や超個別化させる方法がある。このようなビークルのパーソナル化は，自動車の出現・発展の歴史とほぼ同期しており，本章最後で述べるように大きな社会イノベーションにつながる可能性も高い。

　ただし，personal mobility vehicle（PMV）は，呼び名として一般にその定義が定まっているわけではなく，広く解釈すれば，二人乗りのスポーツカーやモータサイクルもその例といえるし，一輪車や竹馬まで含まれるといえないこともない。ここでは自動車未満，モータサイクル以上の新しい車両コンセプトを中心に述べる。

4.1 PMVの歴史[1]

4.1.1 第 一 世 代

　PMVというのは自動車の歴史の中で新しいセグメントという訳ではなく，振り返るとそこには自動車の歴史とほぼ同じ100年余りの歴史がある。

　1886年にカール・ベンツ（Karl Friedrich Benz）による特許取得でガソリン自動車が始まり，その後の爆発的な生産と販売（爆販）は，1908年にヘンリー・フォード（Henry Ford）が始めたFord Model Tのための生産システムのお陰だった。この間，世界の多くの自動車メーカは競うように自動車を生産していた。この時代，その動力源が蒸気機関から内燃機関に移行しただけではなく，じつはすでに電動車両と内燃機関車両がその双璧だったことも認識しておきたい。

　このころの自動車の価格は，**図4.1**のように，例えば1906年のThomas Flyer touring carの価格が$3500と，一般的な労働者の6年9か月分の年収に相当し，現代の自動車でいえばスーパーカーのような価格だった。その生産台数はまだまだ少数であり，このような自動車を購入・所有することは金持ちのステータス欲をくすぐるものではあったが，まだ一般消費者に広く普及することができるものではなかった。

　一般消費者への普及という視点から，その後の自動車の価格と販売数の関係をみると，**図4.2**に示す1919年Ford Model T（$875；8.5か月分），1930年Ford Model A touring car（$645；

$3 500, 直列 4 気筒, 8 570 cc, 50 PS,
価格は平均所得の 6 年 9 か月分
（a） 1906 年 Thomas Flyer touring car

$850, 直列 4 気筒, 2 900 cc, 22 PS,
価格は平均所得の 1 年 7 か月分
（b） 1909 年 Ford Model T touring car

図 4.1　黎明期の自動車は庶民にとっては高嶺の花

$875, 直列 4 気筒, 2 900 cc, 20 PS,
価格は平均所得の 8.5 か月分
（a） 1919 年 Ford Model T sedan

$645, 直列 4 気筒, 3 290 cc, 57.1 PS,
価格は平均所得の 5.5 か月分
（b） 1930 年 Ford Model A touring car

図 4.2　年収の 1/2 が購入意欲急増の閾値

5.5 か月分）などから現代に至るまで，「年収の半分で購入できるようになると，その自動車への購入意欲が急に高まる」という閾値は，この 100 年間変わっていない。つまり，大衆車の価格が一般的な労働者の年収の半分にまで下がれば，その大衆車の爆販（一般消費者に広く普及する）が始まることを意味している。

　自動車の黎明期においては「多くの一般庶民が購入できる自動車の提供」は当然の欲求であり，小型，非力，簡素，少定員に割り切ってでも，破格の価格で生産しようと考えたのが第一世代の PMV だった。図 4.3 に示す 1906 年の Ford Model N runabout は定員 2 名で簡素なものながら，$500 と一般的な労働者の 12 か月分の収入の価格に抑えられた。1913 年の Scripps-Booth Rocket cyclecar は，前後 2 名乗りのスポーティな車両として，$385；7.5 か月分の収入の価格で提供された。

$500, 直列4気筒, 2 440 cc, 15 PS,
価格は平均所得の12か月分
（a）　1906年 Ford Model N runabout

$385, V2気筒, 570 cc, 10 PS,
価格は平均所得の7.5か月分
（b）　1913年 Scripps-Booth Rocket cyclecar

図4.3　小型, 非力, 簡素, 少定員に割り切った第一世代の PMV

　しかしながら, 自動車産業界全体としては, 図4.2に述べた Ford Model T や Ford Model A touring car のように, 割切りではなく生産性の向上によって低価格化を達成してしまった。それまで金持ちのためのニッチな存在だった自動車が広く一般消費者にも普及することとなり, けっきょくそれが第一世代の PMV の終焉を導いた。

　このことは第一世代の PMV の側にも責がある。そもそも何のために PMV を作ろうとしたのか?「すべての庶民が自動車の利便性を享受できるようにする」ことが目的であれば, その手段は思い切った割切りだけではなかったはずである。後になって考えれば, コストを下げるために利便性を割り切ったのは本末転倒だったのかも知れない。

　われわれが長く享受してきたその後の自動車史をみると, この時代に「生産性の向上による低価格化」を目指したことが, そもそもの目的を達成する手段としていかに本質的であったかがよくわかる。

4.1.2　第　二　世　代

　第二次世界大戦が終わり世界の人々がその生活の再建を目指すとき, 比較的安価な大衆車は, 経済的にも戦後復興になくてはならないものだった。国土の破壊がなかった米国では大きな乗用車が大ブームになったが, 生活基盤を破壊された欧州では, **図4.4**のように, 1946年のルノー4CV, 1957年の2代目フィアット500のような小型大衆車がおおいに人気を博した。敗戦国の日本でも小型大衆車による本格的なモータリゼーションが始まった。1955年の日産[†]ダットサン, 1960年の三菱500, 1961年のトヨタパブリカなど, 現在の日本の自動車産業の礎となるモデルが一気にその生産販売台数を伸ばしていった。

　とはいっても, 戦後の市民の生活はまだまだ豊かとはいえず, これらの大衆車でさえも, 誰

---

† 　本章での会社名は, 株式会社などの記述は省略し, 略称や通称を使用している。

1946 年
（a）ルノー 4CV

1957 年
（b）フィアット 500

1959 年
（c）モーリスミニマイナー

1955 年
（d）日産ダットサン

1960 年
（e）三菱 500

1961 年
（f）トヨタパブリカ

図 4.4　第二次世界大戦後の日欧での小型大衆車

でも購入できるという状況にはなかった。そこに「さらに安く」という消費者からの強いニーズがあったことは間違いない。また，国家としても道路などのインフラ整備には膨大な予算が必要で，戦後の自動車保有台数の増大に対し，つねに道路の整備が後追いにならざるを得ない状況だった。このため都市部では渋滞が頻発し，駐車スペースの不足も深刻になっていた。

　このような中で企画し生産されたのが，**図 4.5** のような第二世代の PMV だった。ドイツ，イタリア両国の航空機メーカが航空機に関する活動を制約されるなか，1953 年のメッサーシュミット，1955 年の BMW イセッタ，1956 年のハインケル・カビーネのように，航空技術者達のもつ技術（シーズ）が，新しい自動車開発に向けられた。そのサイズは小型大衆車よりかなり小さな「超小型」のセグメントであり，航空機のキャノピーを彷彿とさせるコクピットの形状から「バブルカー」とも呼ばれた。

　この第二世代の PMV も，**図 4.6** に示すようにその居住性や安全性への極端な妥協から小さな（ニッチな）市場しか期待できなかった。一部のマニアに愛されながらも出来のよい小型大衆車には太刀打ちできず，1960 年代前半までには姿を消していった。

　第一世代と第二世代の PMV の共通点は，目的が安価な価格，その達成手法が機能への妥協，そして何よりも，道路運送法上の扱いがあくまでも「自動車の類」であったことだった。いい換えれば，つぎに述べる第三世代の PMV の存在理由が，同じく「すべての人々が自動車の利便性を享受できるようにする」ことだとしても，その方法や社会での扱いが第一世代や第二世代と変わらなければ，第三世代もまた同様にニッチな存在として，いずれ衰退の道を辿るであろうことは容易に想像できる。

1953 年　　　　　　　　　　1955 年　　　　　　　　　　1956 年
（a）　メッサーシュミット　　　（b）　BMW イセッタ　　　（c）　ハインケル・カビーネ

1955 年　　　　　　　　　　1955 年
（d）　フジキャビン（富士自動車）　　　（e）　フライングフェザー（住江製作所）

　第二次世界大戦後に，敗戦国を中心にさらに安価な自動車への欲求がうまれた。
排気量 150 ～ 400 cc 程度　定員 1 ～ 2 名程度

図 4.5　日欧での第二世代の PMV（バブルカーと呼ばれた）

$ 1 590，V8 気筒，3 920 cc，100 PS，　　　　$ 924，直列 4 気筒，720 cc，26.5 PS，
価格は平均所得の 6 か月分　　　　　　　　　価格は平均所得の 3.5 か月分
（a）　1949 年 Ford Sedan　　　　　　　　　（b）　1951 年 Crosley Hotshot roadster

図 4.6　第二世代の PMV も小型，非力，少定員で安価を追求

4.1.3　第 三 世 代

　自動車が溢れているといわれる現代，先進各国では自動車は飽和状態であり，その保有数は
人口の約 60 ％ に達している。例えば，日本と西ヨーロッパ各国では，20 世紀の終わりには
すでにこの保有率に達し，飽和状態が長く続いている。人口の約 60 ％ というのは運転可能な
世代のおおむね一人に一台という状態である。

　米国に限っていえば自動車の保有率は人口の約 80 % を長く維持している。運転が可能な世代の一人に対し一台以上保有していることになり，これは他国に比べ突出している。自動車の保有自体にほとんど費用が掛からない，米国の特別な事情だと理解しておこう。

　そんな中，日本では若者の自動車離れ，都会での自動車離れが起きているといわれているが，マクロにみれば，まだ自動車の保有率が下がっている訳ではなく，台数的には飽和状態が続いていると理解するのが妥当である。この自動車離れは，むしろ「昔のように夢を託せる乗り物を提供できていない」というモビリティ文化の終焉にこそ危機がある。

　この飽和率に達していない多くの国々でも人々の欲求は同様である。いずれその自動車保有率は日本や西ヨーロッパ各国と同じ飽和状態に向かうと考えられる。

　第三世代と呼んだか否かは別にして，日本ではすでに PMV を想定した次世代モビリティの研究活動が行われてきた。**図 4.7** に示すように，1996（平成 8）～ 1999（平成 11）年度に交通安全公害研究所と運輸省が設立した「次世代都市用超小型自動車研究検討会」において，省エネルギー化を目的に，公共交通機関とのモーダルシフト，通勤・通学の足としてのモビリティが研究され[2]，超小型自動車の研究開発指針が提示された。この指針に基づき，2000 年の日産の二人乗り電気自動車ハイパーミニや，2003 年のスズキのツイン（二人乗りショートホイールベースのガソリン車およびハイブリッド車）のように，軽自動車の中でも特に小型軽量化を追求したモデルが発売されたが，いずれもごく短命で終わってしまった。

目的：公共交通機関とのモーダルシフト，通勤・
通学の足としてのモビリティ（省エネルギー対策）

超小型自動車の研究開発指針を提示

2000 年日産ハイパーミニ　　　　2003 年スズキツイン
（車両重量：840 kg）　　　　（車両重量：570 ～ 720 kg）

図 4.7　次世代都市用超小型自動車研究検討会
（平成 8 ～ 11 年度，交通安全公害研究所と運輸省が設立）

　続いて，**図 4.8** に示すように，2002（平成 14）～ 2006（平成 18）年度に新エネルギー・産業技術総合開発機構（NEDO）から受託した産学連携事業として，高齢ドライバ支援 PMV の開発を目的に「高齢運転者に適応した高度運転支援システム技術開発」が行われた[3]。高齢ドライバの調査とそのデータベースの構築，そしてその結果を踏まえた運転支援装置を搭載し，

目的：高齢ドライバ支援 PMV の開発

高齢ドライバの調査とデータベース構築
ならびにその結果を用いた支援装置を搭載した
超小型電気自動車を構築

図 4.8　高齢運転者に適応した高度運転支援システム技術開発
（平成 14 ～ 18 年度，新エネルギー・産業技術総合開発機構）

社会実装を目指した超小型電気自動車も試作された。カートリッジ式バッテリー前提の電気自動車パッケージ，インホイールモータ駆動による車両運動制御など，最新技術が惜しみなく組み込まれ，試作車を用いた衝突安全実験，運転支援機能の実車走行実験まで重点的に研究活動が行われた。ただし，その成果が直接的に社会実装されることはなく，車両外形デザインのみ踏襲した日産ニューモビリティコンセプト（ルノー Twizy）が，特別な認定で公道走行可能となるに留まった。

　世界に目を転じると，1994 年，オランダ Brink Dynamics 社の Carver，最近では米国 Lit Motors 社のジャイロ効果で自立する C-1 といった，旋回時に内傾する車両が注目を集めている。日本でも，2010 年の Honda の電気三輪車コンセプト 3R-C や，2013 年のトヨタ i-ROAD など，旋回時に内傾する PMV の開発がトレンドになってきており，第一世代と第二世代にはなかった新しい傾向を示している。

　第三世代の PMV は現在進行形であり「二度あることは三度ある（衰退）」ではなく「三度目の正直（爆販）」として世の中を変革できる存在になるためには，それがそもそもの目的達成のための本質的な手段であること，そして社会の仕組みも連携して変わって行くことが必要になる。そういう視点を踏まえて，次節において第三世代の PMV のあるべき姿を考えることにする。

4.2　いま求められる PMV の姿[1]

4.2.1　PMV「三度目の正直」の背景

〔1〕　直面するモビリティ社会の課題

第三世代の PMV のそもそもの目的，存在意義を考えるには，いま直面しているモビリティ

社会の大きな課題を理解しておく必要がある。

（**1**）　**自動車保有台数の急増**　2010 年には世界の自動車保有台数は約 10 億台であり，その多くが先進各国で保有されていた。先進各国以外の世界の多くの国々や地域でも，その自動車保有率は，いずれ先進各国と同じ飽和状態に近付いていく。**図 4.9** に示すように 2030 年の世界の自動車保有台数は，マクロにみれば 2010 年の 2 倍に増加しているであろうことは間違いない。そして，2050 年に約 30 億台で世界的にうまく飽和した状態に至るには，PMV の存在が欠かせない。

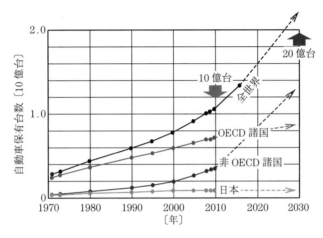

図 4.9　どうしても避けられないグローバルな自動車保有台数の急増
〔EDMC／エネルギー・経済統計要覧 2013 年版などのデータによる〕

　自動車保有台数の急増により直面する，二つの大きな社会問題がある。一つは，金属，石油などの地下資源，植物などの生物資源といった地球資源の過剰な消費である。資源消費の限界から，自動車の保有台数は実際にはそれほど増加しないのではないか，という考え方もあるが，既得権をもつ国々がその保有権を放棄することは考えにくいので，これは途上国の自動車普及の制約を意味する。南北格差による政情不安にも繋がりかねず，これではむしろもっと深刻な政治問題となる。

　もう一つは，決定的な社会インフラの不足である。途上国を中心とした自動車保有台数の急増を受け入れるインフラの急速な整備は，経済的な観点から望むべくもない。インフラ整備の遅れのなかで無秩序に自動車保有台数が増えれば，交通渋滞や駐車場不足によりモビリティの利便性そのものを失う深刻な矛盾を，世界中に蔓延させることになる。自動車の所有制限や利用制限に踏み切ることになるかも知れない。

　これらを避けるためには，自動車が消費する資源，自動車が必要とするインフラを圧倒的に効率化する必要がある。自動車のもつ利便性を諦めることなくみなが幸せに暮らせる，そんな社会が現実に成立するためには，先進各国が率先して変わる必要がある。途上国もいずれ向かうべきモビリティ社会の姿を，先進国自らがいま示す義務を負っている。

（2）　急速な少子高齢化　　もう一つ日本には，少子高齢化という差し迫った重要な社会的課題がある。これは世界的傾向でもあり，いずれ他国も日本の後を追うだろう。ただし，少子高齢化といっても，それは年齢（生まれてからの年数）をもとにした解釈であり，長寿化に合わせて現役世代を高齢側にシフトすれば，この社会的課題は抜本的に解決される。

そのためには，モビリティが高齢者の社会活動を支え続ける役割を担う必要がある。例えば，都会の通勤環境の厳しさに疲れ，定年後，貴重な経験・能力を活かすことなく，住居近くで付加価値の小さな仕事に移る人々を目の当たりにすることがある。これは社会的には大きな損失である。身体への負担が小さい通勤の足として，優先レーンを走る完全自律走行の超小型モビリティでの移動を提供すれば，元気なうちはきっとまだまだ現役で働いてもらえるに違いない。年金の支給より超小型モビリティでの移動の無償提供のほうが，持続可能な社会システムとしては遥かに成立性が高い。

〔2〕　自動車の電動化という技術的背景

第三世代の PMV を具現的に考察するには，自動車のエネルギー効率や動力源の電動化といった大きな技術的背景も押さえておく必要がある。

地球温暖化抑止を念頭に自動車にも二酸化炭素排出量規制が定められ，欧州の 2020 年規制は世界をリードする規制としてよく知られている。この規制で各自動車メーカは，生産販売車の二酸化炭素排出量のメーカ平均値を，2020 年までに 95 g/km 以下に抑える必要があり，未達分はペナルティを支払うことになる。この規制値は欧州の各メーカにとってもたいへん厳しいものであり，便宜的に電気で走行中は二酸化炭素排出ゼロとみなすことで，運用上，実質的な規制緩和が行われている。

本来地球温暖化抑止を目的とするなら，動力源の電力を得るのにどれだけ二酸化炭素を排出したかも把握すべきであり，この運用上の規制緩和は科学的には首を傾げる仕組みである。欧州でこれが電気自動車開発を後押ししていることは否めないが，経済刺激策にはなっても健全な電気自動車開発に寄与することはないだろう。

ところで 2010 年ころ，筆者がリーダーを務めたプロジェクトで，近未来に実現可能な超低燃費な小型ハイブリッド乗用車の開発を行った[4),5)]。**図 4.10** に示すように，欧州モードで二酸化炭素排出量は 49 g/km に相当し，ガソリンエンジン車でも 95 g/km 規制がけっして無理な目標ではないことを示した。じつは，当時の日本の電動自動車の二酸化炭素排出量はこの値より大きく，例えば三菱 i-MiEV は 65 g/km 程度だった。いい換えれば，内燃機関はそれほど高いエネルギー変換効率を得ており，すでに理論効率に迫りつつあることを理解しておきたい。

一方，中国など使用燃料や設備の関係で発電効率が低い国々では，じつは電気自動車の二酸化炭素排出量は同サイズの最新ガソリン自動車を上回っている。電気自動車を地球温暖化対策ではなくローカルな大気汚染対策として位置付け，再生可能エネルギー技術の開発に注力している中国政府の姿勢は，科学的にも頷ける。

自動車の「電動化」は外部からの充電力を用いるバッテリー車だけではない。ハイブリッド

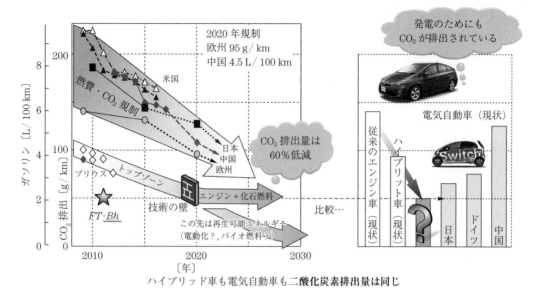

図 4.10　自動車の燃費改善予測および電気自動車との二酸化炭素排出量比較

車は電動モータと電池を用いて内燃機関のエネルギー効率の最大化を図っている。マクロにみれば，**図 4.11** のように，外部からの充電力を利用し毎日充電する小型のバッテリー車と，液体燃料を利用し航続距離が長いハイブリッド車が，おおむね半々程度の保有比率に収束していくと考えてよい。PMV の使用条件に適するのは，外部からの充電力を利用するバッテリー車と理解しておいてよさそうである。

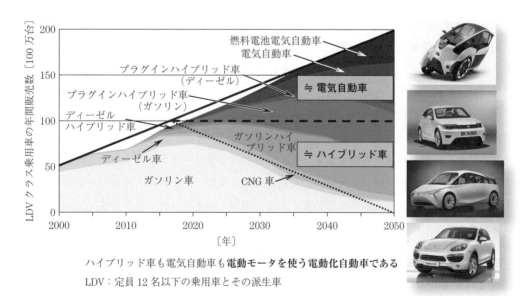

ハイブリッド車も電気自動車も**電動モータを使う電動化自動車である**

LDV：定員 12 名以下の乗用車とその派生車

図 4.11　ハイブリッド車と電気自動車に大別されるこれからの自動車の電動化
（国際エネルギー機関：ETP（Energy Technology Perspectives）2012）

4.2.2 爆販してこそ意味がある

地球温暖化抑止のためには，ニッチな二酸化炭素排出の超低下車では意味がない。地球規模での二酸化炭素の総量を抑制するには「エネルギー効率 × 台数」で考える必要がある。自動車のエネルギー効率が車種により桁違いに異なることはないが，その販売台数は車種により桁違いに異なるのが一般的である。二酸化炭素排出量低下技術は究極的に全車標準になるほど普及してこそ意味がある。

〔1〕 電気自動車のコンセプト

この観点からいうと，現在の電気自動車のコンセプトには疑問がある。大半の電気自動車は，従来の内燃機関搭載車のコンセプトを踏襲したまま動力源を電動に置き換えているにすぎない。そして，みな電気自動車の航続距離をいかに従来車に近付けるかを競っている。

確かに，バッテリー技術は大きく進化してきた。鉛バッテリー，ニッケル水素バッテリー，そして最新のリチウムイオンバッテリーと，タイプの革新ごとにそのエネルギー体積密度は倍増し，また同じリチウムイオンバッテリーでも，そのエネルギー体積密度はこの 10 年で倍増している。さらに，桁違いのエネルギー密度をもつバッテリーの実用化も近付いている。ゆえに従来車同等の航続距離をもつ電気自動車も，技術的には可能だろう。

自動車の 1 日当りの走行距離は，実用的に 50 〜 60 km もあればほとんど不足することはない。電気自動車の本来のコンセプトは，このエネルギーを毎日家庭で充電するところにある。当然普通充電が基本であり，まれにこの距離を超える場合にのみ，緊急的に出先での急速充電が必要になる。プラグインハイブリッド車も毎日の家庭充電で事足りることが多い。急加速や高速走行がない限り内燃機関の出番はなく，この観点からは，出先での緊急的な出番に備えて常時内燃機関と液体燃料を運んでいると理解される。

電気自動車が冬でも安心して 50 〜 60 km の距離を走行するには，じつはカタログ上でのモード走行航続距離は 200 km 程度欲しい。その容量を確保したうえで，バッテリーのエネルギー体積密度の向上をバッテリーサイズの小型化に回せば，車両の軽量化にも繋がるし必然的に車両パッケージの革新も導かれる。

バッテリーが小型化されれば，簡単に人力で交換できるカートリッジ式バッテリーへの道が開ける。ここに至れば日本では急速充電設備すら実質的に不要になる。例えば，コンビニエンスストアが一定数の普通充電棚を備え，充電済みのバッテリーと有償で交換する仕組みを構築すればよい。そのためにはバッテリーの規格化が最も重要で，車両とともにバッテリー個体も所有するという概念からは卒業する必要がある。実際，地方ではガソリンスタンドが激減しているため，この対策として電気自動車を利用しようという考えがある。そんな地域でもじつはコンビニエンスストアなら結構見掛ける（**図 4.12**）。

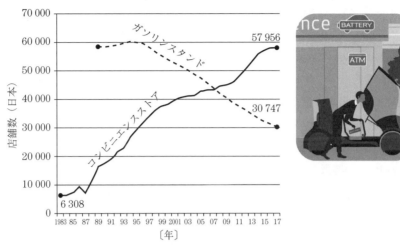

図4.12 コンビニエンスストアをバッテリー交換スタンドに

〔2〕 不都合な真実を隠してないか

そもそも何のために電気自動車が必要だったのかを語るとき，直接的な嘘ではなくとも，消費者の誤解を誘導しそれを正さないで放置している例が散見される。

・地球温暖化抑止のため？──この間違いはすでに述べた。

・燃料代節約のため？　　──まだ少数だから揮発油税相当を徴収していないだけ。

・急速充電設備で充電？　──まだ少数だから補助金で設備を設置しているが，充電時間，
　　　　　　　　　　　　　設備数，電流量，安全性などから，爆販後は不成立。

・バッテリーは安全？　　──パソコンのバッテリーとは容量が1 000倍も違う。
　　　　　　　　　　　　　酸素がなければ燃えない液体燃料とは危険度が違う。

電気自動車の強みを活かし弱みはユーザがうまくカバーする，そんなモビリティ文化が育たないと電気自動車の爆販は望めない。目先の拡販のための綺麗事は結果的に電気自動車への愛着心を下げ，期待ほど普及していない要因になっている。補助金前提で成立しているビジネスモデルは，予算の限界から電気自動車が爆販されると成立しない。少数ゆえに保有価値が高いニッチな商品は，爆販されるとその市場が崩壊する。これまでの電気自動車は，じつはニッチな像を目指してきたのではないか，冷静に振り返る必要がある。

PMVが「三度目の正直（爆販)」を目指すためには，PMVが電気自動車の本格的な普及にも寄与すべきなのは必然であるといえる。

▌4.3　PMV のパッケージと特徴的な機構

4.3.1　PMV のパッケージ

自動車未満，モータサイクル以上の新しい車両コンセプトの乗車定員は，1～2名が基本に

なる。自動車的概念でいえば並列2名になり，モータサイクル的概念だとタンデム2名になる。これに限る必要はないがほかの提案は後述する。並列2名でよく知られた小型車の例は，何といっても Mercedes の smart fortwo だろう。また，先に紹介した日産のハイパーミニや，スズキのツインもその例である。一方，タンデム2名の例としてはルノーの Twizy が知られており，一人乗りの小型車の例としてはすでにトヨタ車体の COMS が普及している。これらはいずれも四輪車であり，PMV というより超小型乗用車や先に述べた L カテゴリーのマイクロカーに分類されることが多い。

　第三世代の PMV の特徴として，すでに述べたようにオランダの Brink Dynamics 社の Carver，Honda の 3R-C，トヨタの i-ROAD など旋回時に内傾するものが台頭してきた。いずれもタンデム二人乗りまたは一人乗りで車両の全幅が狭く，モータサイクル同様，旋回時に内傾することによって転倒を防ぐ[6),7)]。ただし，Carver は車両前部のみ内傾する仕組みで，この点では後輪が二輪になっている商用原動機付き自転車と同じである。旋回時に内傾する四輪車，転倒しない二輪車も提案されているが，ここでは三輪車両についてそのパッケージを考える。

　三輪車両では，**図4.13** のように，旋回中の左右荷重移動を支える等価的な両輪の間隔（トレッド）は，前後加速度のない場合，三輪の接地点が作る二等辺三角形の車両重心位置での横断面幅で示される。Carver のように前輪が一輪で後輪が二輪のものでも，i-ROAD のように前輪が二輪で後輪が一輪のものでも，ここまでは同じである。しかし，安全の観点から制動時には広いトレッドが望ましい。制動時の前方への荷重移動により，前輪が二輪であれば等価的にトレッドが広がるが，前輪が一輪の場合は等価的なトレッドが狭まり不安定になる。前輪が一輪の Carver は後輪のトレッドを乗用車並みに広く取る（幅の広い二等辺三角形とする）ことで安定性を確保している。いい換えれば，車両全幅が狭い PMV で安定性を確保するには，前輪二輪が好都合だということになる。

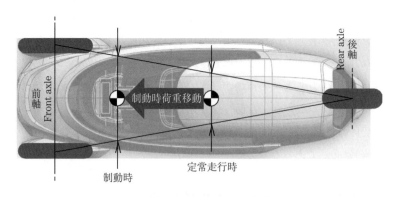

図4.13　制動時安定性のためには前二輪の構成が有利

4.3.2　操舵輪と駆動輪

前輪が二輪の i-ROAD は操舵輪が後輪となっている。自動車もモータサイクルも一般的に

操舵輪は前輪であり，後輪の場合は車両速度が上昇すると運動特性上車両が不安定になりやすい。これを回避するにはステアバイワイヤシステムを用いた安定化制御が必要になる。i-ROAD では車両幅をできる限り狭くするために前輪操舵を諦め，安定化制御を前提とした後輪操舵を採用している。長所は狭い車両幅であり，短所はステアバイワイヤシステムのためのコスト増になる。

　i-ROAD の駆動輪は前輪であり，左右輪にそれぞれインホイールモータを配することで，ただ駆動するだけでなく，左右トルク差を積極的に与え，高度な運動性能を実現することも可能になっている。非操舵輪での駆動ゆえに，比較的簡単な仕組みで成立できるが，二つのインホイールモータのコストはどうしても割高になる。また，ばね下慣性の大きさゆえに，タイヤ接地性（グリップの安定性）の面でも不利になる。

　いい換えると同じ前輪が二輪の PMV でも，前二輪で操舵し非操舵の後輪一輪に駆動モータを配置すれば，安価で安定性の高いコンセプトを実現できることになる。この場合，i-ROAD のような両足を前二輪の間に投げ出すドライビングポジションはとりづらい。

4.3.3　サスペンション

　i-ROAD では，前輪はフルリーディング式のサスペンションが採用されている。非操舵の駆動輪でその内側にドライバが足を投げ出すパッケージとしてこれは都合がよいが，一般的な前輪操舵ではこのサスペンション構成は難しい。通常，**図 4.14** のように前輪にパラレルリンクを配し，車両の上下動とロール方向の動きを分離する必要がある。左右に配置されたばね・ダンパを内蔵するテレスコピックサスペンションが，パラレルリンクに各 2 点で回転自由に固定され，平行四辺形のようなリンク構造を構成する。2 点間のスパンによってテレスコピックサスペンション自体のロール方向の動きは規制されるが，2 点の回転自由度によりテレスコピックサスペンションはパラレルリンクを回転させながら自由に上下動が可能となる。

　これにより車両の上下動に対してはばね・ダンパが作用するが，ロール方向の動きに対してはまったく自由になる。この自由度がモータサイクル同様，旋回時に内傾することを可能にする。旋回中に横加速度と釣り合う角度まで内傾していれば，遠心力による旋回外向きのロールモーメントと車両重量による旋回内向きのロールモーメントが相殺される。

　後輪が一輪の場合，一般的にはトレーリングアーム（スイングアーム）が用いられる。トレーリングアーム前端はボデー側支点に取り付けられ，その軸周りにスイングすることだけが許される。トレーリングアームの後端には後輪が回転自由に取り付けられ，トレーリングアームのスイング運動が後輪の上下動となる。電気自動車の場合，スクータのエンジン配置（**図 4.15**）と同様，このトレーリングアームに電動モータを配置すれば，シンプルな構成で駆動輪のサスペンションを構成できる。

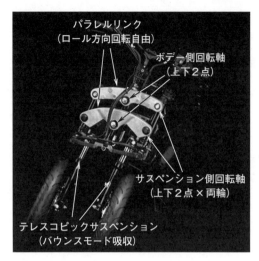

図4.14　前二輪のパラレルリンクサスペンション
機構は内傾するPMVにも有効
（写真：ヤマハ発動機株式会社）

図4.15　モータ搭載スイングアームはPMVにも
有効な後輪サスペンション機構

4.3.4　旋回時内傾の与え方（パッシブとアクティブ）

　モータサイクルでは，動的な運動方程式は自動車に比べると遥かに複雑であり，ここでは紹介しない。旋回時の内傾はライダーによる車両のバランスで達成され，旋回中の遠心力による旋回外向きのロールモーメントと車両重量による旋回内向きのロールモーメントが相殺され，ロール方向に何も入力しなくてもその内傾角が保たれる。

　このことはPMVであってもまったく同様である。ただし，PMVには，モータサイクル同様にパッシブにこの内傾を起こすものだけでなく，アクティブに内傾させるものがある。もちろん，アクティブな作用は動的（過渡的）な場面だけであり，内傾して旋回を続ける限りロール方向に何も入力しなくてもその内傾角が保たれることはモータサイクルと同じである[8]。自動車のアクティブサスペンション車が旋回中に大きな力を入力し続ける必要があるのとは，メカニズムが異なることを理解しておきたい。

　パッシブな場合，走行中だけでなく停止時もそのメカニズムはモータサイクルと同様であり，旋回中はバランスよく走行できても，PMVでモータサイクルのように地面に足をつくのは難しいため，停止時に転倒しない手段を考案する必要がある。ごく低速で左右にアウトリガーが出て，車輪が菱形に配置されるものも提案されているが，これでは幅の狭いPMVの目的に反し本末転倒であろう。そこで筆者は，**図4.16**に示すような前二輪の接地荷重を両足の足付き代りに使うメカニズムを考案し，ドライバの意志で自立できる実用性を，ヤマハトリシティの改造車両を用いて確認した。加えて，ピアジオMP3のようなティルトロック（ロール方向のロック）機構を備えれば，停車した後，車両を離れることも簡単になる。

　アクティブな場合もメカニズム的に特に複雑になるわけではなく，前述のパラレルリンクのボディ側に回転方向に力を発生するアクチュエータを配するだけである。自動車と違ってロー

図 4.16 停止してもライダーの力で自立維持できる新しいメカニズム

ルモーメントに対抗するものではないので，比較的小容量のアクチュエータで事足りる。しかし，アクティブなアクチュエータを用いる限り，パッシブなものとは異なり，アクチュエータの消費エネルギーも気になるところである。これに関しては次節で述べることにする。

4.4 アクティブに内傾する PMV の技術的課題

4.4.1 障害物回避能力

　パッシブな内傾システムでは，モータサイクル同様そもそも急操舵することが困難だが，アクティブなシステムを有する場合，緊急的な障害物回避時などにおいて，ドライバは乗用車同様かなり急な操舵をする可能性がある。

　車両の運動性能を語るとき，ほとんどの場合，まず運動方程式をたて，その式を解析していくことで車両挙動の特徴を理論的に明らかにしていく。これは自動車であろうとモータサイクルであろうと同じである。車両の応答性や安定性の様子が車両速度や発生横加速度とともにどう変化していくかなど，数学的解析はこの半世紀の間に大きく進化してきた。その理解方法は特性判別図での理解や，時間軸での車両挙動の解析が一般的である。

　ところが，障害物回避能力を考えるとき，時間軸での車両挙動では障害物との位置関係を示すことができないため，実際の走行状態を観察するがごとく距離軸での解析が必要になる。そのために，マルチボディシミュレーションモデルを用いた車両挙動解析が実施されることが多い。筆者らはマルチボディシミュレーションモデルを用いて急な操舵時のサスペンション挙動を解析したうえで，アクティブに内傾する PMV の障害物回避能力からみた社会受容性を検討したので，その結果を解説する。

〔1〕 急な繰返し操舵での内輪浮き現象 [9]

　車幅の狭い PMV も車高は乗用車と同等であるため一定のロール慣性があり，アクティブな回転力で急に大きな内傾角を与えようとしても，動的には旋回外輪の接地荷重が増大し旋回内輪の接地荷重が減少する。激しい場合は外輪により車両がもち上がり内輪が浮き上がってしま

うことがある。特に，急な繰返し操舵（速くて大きいスラローム走行）ではこの傾向が顕著になる。自動車では，旋回中に内輪が浮くことは直接的に転覆を意味するが，これとは異なり，内傾する PMV の内輪が浮くこと自体はスキーで内側の板が浮くのと同じで，直接的には問題ではない。しかし，繰返し操舵で車両がもち上がりながら内輪が浮き上がることは車両が飛び跳ねることにもつながり，わかりやすく挙動を誇張すると，理屈上，**図 4.17** のように転倒を引き起こすこともある。

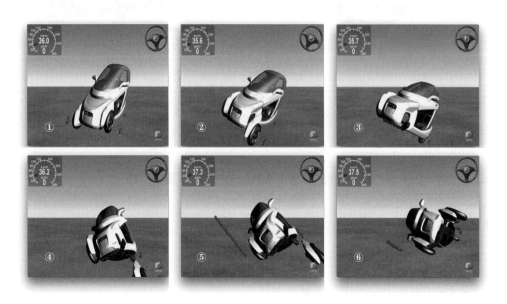

図 4.17　アクティブな内傾システムでの内輪浮き（極端な条件で現象を誇張）

　この解消には PMV のロール慣性を抑えることが有効だが，多少の減少では有意な効果は期待できず，また大幅な慣性減少は現実的でない。一方，PMV の応答自体を抑制すれば直接的にこの内輪の浮き現象を抑制できる。

　以下に内輪浮きを抑制する手段の例を示す。

・後輪操舵システムを用いる [10]

・ステアリングギヤ比を大きくする（大きく操舵しても実際のタイヤの切れ角は小さい）

・操舵に対する内傾角の追従を抑制する（速く操舵してもゆっくり内傾する）[9]

・操舵初期にタイヤ切れ角に時間遅れを与える，あるいは逆操舵する [11]

　いずれも応答の抑制は直接的に回避能力の低下を意味するため，運転者の操舵能力を念頭に置いたうえで，PMV の障害物回避能力を詳しく検討する必要がある。

〔2〕　障害物回避能力

　乗用車の緊急回避試験では，障害物を回避するために対向車線に出たあと，さらに対向車を回避するために自車線に戻るという，きわめて厳しい「ダブルレーンチェンジ」で性能比較す

ることが多い。モータサイクルではそもそも最初に障害物を避けきれないのが一般的な事故の形態なので，これとの比較を念頭に置いて，ここでは障害物を回避したあと道路外に逸脱しないことをタスクとした「シングルレーンチェンジ」で比較する。

　比較の前提となる車両諸元は，実現可能なロール慣性を前提に，車両の運転特性が一般的な範囲で，かつ〔1〕で述べた内輪浮きが問題にならない程度のステアリングギア比，内傾角の追従制御定数，タイヤ切れ角の時間遅れなどとし，そのうえで，前輪操舵と後輪操舵での障害物回避能力を比較し，さらに乗用車およびモータサイクルの障害物回避能力とも比較する。

（1）　前輪操舵と後輪操舵の比較[12]　　時間軸解析では前輪操舵であろうと後輪操舵であろうと，ステアリング操舵に伴い遅れなくヨー応答が得られるが，距離軸で見ると，後輪操舵車では後輪が障害物側にせり出すことでヨー応答を発生するため，前輪操舵車に比べてそもそも障害物回避能力的には不利になる。例えば，36 km/h で走行中に 12 m の遷移区間で 1.82 m の横移動をさせて距離軸で両者の挙動を比較すると，**図 4.18** に示すように後輪操舵車では進行方向に 2 m もの回避遅れが発生する。

　人間の運転を模擬したドライバモデルにて障害物回避動作を行わせると，この遅れを解消するために，**図 4.19** のように後輪操舵車では前輪操舵車の 1.5 倍以上の舵角入力が強いられ

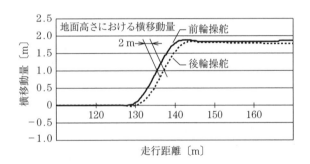

図 4.18　前輪操舵に比べて後輪操舵では
障害物回避時に応答が遅れる

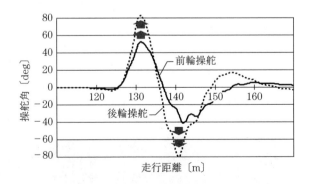

図 4.19　後輪操舵では遅れをカバーする
ために大きな操舵が必要になる

る。人間ドライバには操舵できる大きさや速さに限界があるため，この結果は後輪操舵車の障害物回避能力が前輪操舵車に比べて大きく劣ることを意味している。

　前輪操舵は先に述べた急な繰返し操舵での内輪浮き現象には不利だが，それでもこの現象が問題ないレベルとなるよう，操舵に対する内傾角の追従性を十分に抑制したうえで，前輪操舵車の障害物回避性能を乗用車やモータサイクルと比較し，旋回時にアクティブに内傾するPMVの社会受容性をみることにする。

（2）　乗用車，モータサイクルとの比較 [13]　　障害物回避能力をまったく異なる車両と比較するには，車両の全幅を考慮したコース幅設定や回避時の車両の内傾姿勢も合わせた回避能力に注目する必要がある。具体的には乗用車ではPMVよりコース幅を0.82 m広げることになり，逆にPMVやモータサイクルでは回避時に障害物の側に車体が傾いている可能性があるため，タイヤ位置だけではなく車両全体の回避状況を観察する必要がある。**図4.20**に示す回避コースを人間の運転を模擬したドライバモデルでできるだけ速く走行させ，回避可能な速度の上限を求める方法にて，PMVを乗用車およびモータサイクルと比較した。

　車両が横加速度を発生しながら走行しているとき，車両にはその重心に作用する遠心力とタイヤに作用する向心力による偶力で旋回外側へのロールモーメントが作用する。乗用車では，**図4.21**のように，旋回外輪の接地荷重が増大し内輪の接地荷重が減少することで等価的な荷重中心が旋回外側に移動し，車両重心に作用する垂直荷重との偶力で旋回内側へのロールモーメントを生み出し，二つのロールモーメントがつり合うことで車両は一定のロール姿勢を保つ。この荷重移動は速やかに発生するので，操舵に対する車両の応答も比較的遅れなく発生する。しかし，荷重移動は等価的なタイヤグリップ力の低下を招くので，発生横力の限界が低くなるという弱点がある。モータサイクルでは左右方向の接地荷重の移動ができないので，**図4.22**のように，車両自体を旋回内側に傾けることで車両重心に作用する垂直荷重と接地荷重

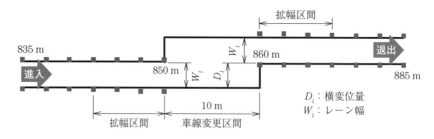

PMV，モータサイクル：W_l=1.5 m　D_l=1.5 m，2.0 m，2.5 m
乗用車：W_l=2.32 m　D_l=1.5 m，2.0 m，2.5 m

図4.20　障害物回避能力をシングルレーンチェンジで評価する

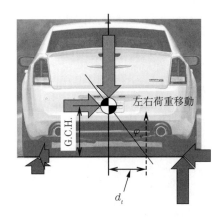

$$\tan \varphi_e = \tan \varphi_t = d_t / \text{G.C.H.}$$
φ_e：等価ロール角
φ_t：左右荷重移動による等価ロール角
d_t：左右荷重移動による
　　モーメントアーム長
G.C.H.：重心高さ

図 4.21　乗用車のロールモーメントは左右輪の設地荷重移動でバランスする

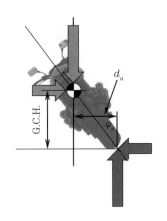

$$\tan \varphi_e = \tan \varphi_a = d_a / \text{G.C.H.}$$
φ_e：等価ロール角
φ_a：実ロール角
d_a：実ロールによる
　　モーメントアーム長
G.C.H.：重心高さ

図 4.22　モータサイクルのロールモーメントは車体の内傾でバランスする

の偶力を生み出し，ロールモーメントがつり合うことで車両は一定の内傾姿勢を保つ。モータサイクルには乗用車のような発生横力の限界低下という弱点はないが，車体が内側に傾くまで十分な応答が望めないため，障害物回避能力が乗用車比較で明確に劣ることが知られている。

　PMV では動的には旋回外輪に接地荷重が移動する。この現象は乗用車と同様に遅れなく発生し操舵初期の応答を高める方向に作用する。PMV はさらにモータサイクル同様車両自体を旋回内側に傾ける。**図 4.23** のように，この両者の和が旋回内側へのロールモーメントとなり，遠心力と向心力によるロールモーメントとつり合う。過渡的な領域は乗用車のように振る舞い，定常的な領域はモータサイクルのように振る舞うことで，PMV は両者の強みを合わせもつ。実際，PMV の障害物回避能力は，**図 4.24** のように，すでに社会に受け入れられているモータサイクルを大きく上回る。この点で一定の社会受容性があるといえるが，新たなコンセプトに対するユーザの受容性のためには，乗用車との比較も欠かせない。乗用車比較でも同等かやや上回る結果を示す PMV には，十分な社会受容性があるといえるだろう。

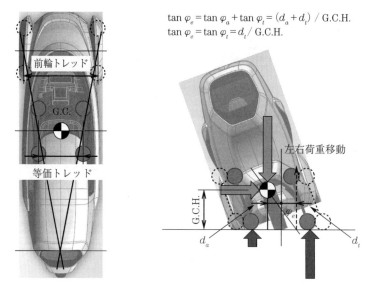

$$\tan \varphi_e = \tan \varphi_a + \tan \varphi_t = (d_a + d_t) \,/\, \text{G.C.H.}$$
$$\tan \varphi_e = \tan \varphi_t = d_t \,/\, \text{G.C.H.}$$

図 4.23 PMV のロールモーメントはタイミングにより両方を使い分ける

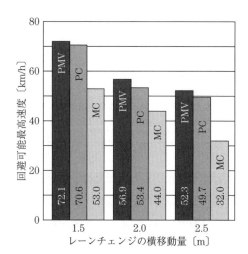

PMV：パーソナルモビリティビークル
PC　：乗用車
MC　：モータサイクル

図 4.24 PMV の障害物回避能力はモータサイクル
よりかなり高く乗用車並み以上

4.4.2　アクティブな内傾システムのエネルギー収支 [14]

　超小型で効率の高いモビリティであるはずの PMV がアクティブな内傾システムを装備することで，むしろエネルギーの無駄遣いになるのではないかと懸念されることがある。ここでは，アクティブな内傾システムで消費するエネルギーを，走行中に消費しているその他のエネルギーと比較することで，アクティブな内傾システムのエネルギー消費を懸念する必要がないことを解説する。

　図 4.25 に示すように，自動車が旋回するとき，タイヤにはスリップ角がついて横力を発生

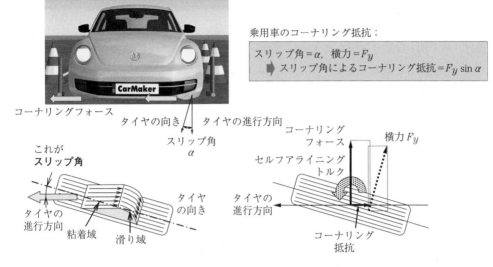

乗用車のコーナリング抵抗；

スリップ角 $=\alpha$，横力 $=F_y$
➡ スリップ角によるコーナリング抵抗 $=F_y \sin \alpha$

コーナリングフォース

タイヤの向き　タイヤの進行方向

スリップ角 α

これが **スリップ角**

タイヤの進行方向

粘着域　滑り域

タイヤの向き

コーナリングフォース

セルフアライニングトルク

タイヤの進行方向

横力 F_y

コーナリング抵抗

図 4.25　タイヤスリップ角で横力を発生する乗用車タイヤには
必ずコーナーリング抵抗が発生する

している。この横力は旋回内側に向いて作用するコーナリングフォース成分と進行方向と逆向き（後向き）に作用するコーナリング抵抗成分に分けられる。タイヤにスリップ角がつくと必然的にこのコーナリング抵抗成分が発生し，これは無駄なエネルギーロスになっている。

　一方，モータサイクルでは，**図 4.26** に示すように，車両が内傾することでタイヤの対地キャンバ角も内傾し，これによりタイヤにはキャンバスラストが発生する。モータサイクルは

キャンバ角

ここでの仮定；

スリップ角 $\fallingdotseq 0$
➡ スリップ角によるコーナリング抵抗 $\fallingdotseq 0$

キャンバスラスト

円錐効果で内側に曲がる

接地始まり

キャンバスラスト

接地長さ

接地面の変形

接地終わり

タイヤ周上長さ ＞ 接地長さによる接地面の変形でキャンバスラストが発生

キャンバスラスト理解 ①　　　　　　キャンバスラスト理解 ②

図 4.26　タイヤスリップ角が不要なモーターサイクルにはコーナリング抵抗がないと仮定する

ほぼこの力で旋回していると考えてよく，タイヤスリップ角はかなり小さい範囲で使われることからコーナリング抵抗の無駄がないといわれている。アイススケートのエッジが綺麗に円弧を描き，氷を削らないイメージと思えば理解しやすい。

キャンバ角による横力の発生原理にはいろいろな説明があり，キャンバトルクによるタイヤ踏面の捩れが擬似的なスリップ角を生じさせているとすると，キャンバ角による横力も必然的にコーナリング抵抗をもつと考えるべきだが，このことに関する研究例は少なく[15),16)]，スリップ角を伴わない横力として，キャンバ角による横力のコーナリング抵抗成分は考慮しないのが一般的である。

そこで以下では，キャンバ角による横力のコーナリング抵抗成分はないという仮定のもとで，PMV のアクティブな内傾角を与えるためのエネルギー消費と，タイヤキャンバ角利用によるエネルギーの節約を比較することで，エネルギー収支の面から旋回時に内傾する PMV の市場適合性を考察する。

〔1〕 定常円旋回

エネルギー収支が最も有利なのは定常円旋回時である。すでに述べたように定常旋回時はモータサイクル同様，車両の傾きが旋回時のロールモーメントと釣り合っているので，何の力を加えなくても内傾姿勢を保つ。一方，車両が内傾せずに定常円旋回すると，継続的にタイヤスリップ角が発生しコーナリング抵抗の無駄を生じるので，この分のエネルギーは継続的に節約できることになる。

マルチボディシミュレーションによる，直線から円旋回路に侵入する PMV のエネルギー収支をみてみよう。円旋回路に侵入するとき，**図 4.27** のように短時間のみ内傾のためのエネルギーを消費するが，その後はコーナリング抵抗によるエネルギーの節約が続く。内傾のためのエネルギー消費は実質的にゼロと考えてよく，エネルギー収支はまったくの黒字になる。

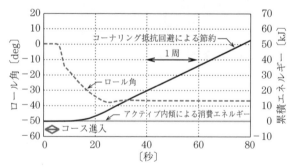

図 4.27 定常円旋回では内傾させるためのエネルギーは不要

〔2〕 スラローム

一方，エネルギー収支が最も不利になる典型的な場面は連続的な速いスラローム走行時であ

る。過渡的な内傾角発生のために，繰り返しロール方向のモーメントを入力することになる。マルチボディシミュレーションでこのエネルギーと車両の内傾により節約できたエネルギーを比較することで，その収支がわかる。

　かなり厳しいスラローム走行条件として 18 m 間隔の 10 本のパイロンを車速 60 km/h で走行させた。ドライバモデルのパラメータ設定によっては転倒してしまうほど厳しい条件である。さすがに，**図 4.28** のように内傾角発生のためのエネルギー消費が内傾角により節約できるエネルギーを上回ったが，現実の世界ではこのような走行は存在しない。

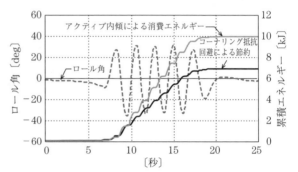

図 4.28　厳しいスラローム（非現実的）では内傾させるためのエネルギー消費が大きい

　定常円旋回とスラロームのエネルギー収支結果が反転し，現実の世界はこの両者の間にあることから，アクティブな内傾角付与機構のエネルギー収支の面からの市場適合性を論じるには，現実的な使用環境でのエネルギー収支を求める必要がある。

〔3〕　**実環境（AMS コース）**

　燃料消費認証のための走行モードは世界各国とも基本的に直線走行であり，ハンドル操作や車両の横加速度発生を前提としていない。日米での使用環境ではこの走行モードは頷けるが，欧州ではより旋回頻度が高いといわれ，ドイツの "auto motor und sport（AMS）" 誌でも，従来から南ドイツの一般路を周回する**図 4.29** のような評価コースが利用されている。

　そこで，実環境の例として，AMS 誌の全長 92.5 km の評価コースを用い，5 000 秒間のシミュレーション走行計算を行った。制限速度や車両の動力性能の限界から最高速度が決まる。コース上には一時停止の交差点も多数あり，舵角が特に大きくなるのは交差点で停止発進しながら右左折するような場面である。

　その結果，**図 4.30** のように 5 000 秒間に消費した内傾角発生のためのエネルギーは約 6 kJ だったのに対し，内傾により節約できたコーナリング抵抗エネルギーは 76 kJ に達し，圧倒的にエネルギー収支は黒字となる。高精度な計算をするまでもなく，アクティブな内傾機構によるエネルギー収支を懸念する必要はまったくないことがわかる。

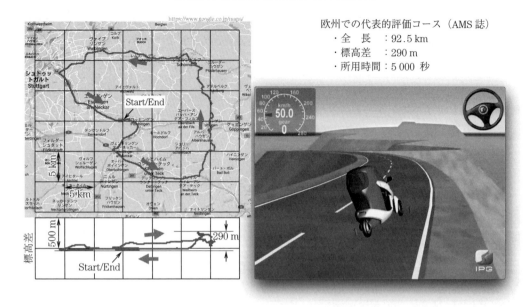

欧州での代表的評価コース（AMS 誌）
・全　長　：92.5 km
・標高差　：290 m
・所用時間：5 000 秒

図 4.29　現実世界の計算条件例として南ドイツの周回コース（AMS 誌）を設定

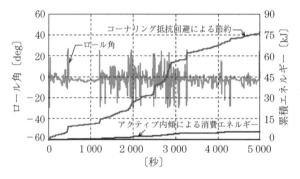

図 4.30　内傾させるためのエネルギー消費はわずかであり懸念の必要はない

〔**4**〕　**PMV の省エネルギーの本質は小型軽量化**

　以上〔1〕～〔3〕で述べてきたように，いくらキャンバ角による節約が大きいといって
も，キャンバ角の与え方で抵抗エネルギー低減を狙う必要はない。車両総接地荷重を約
3 600 N，タイヤ転がり抵抗係数（RRC）を約 80×10^{-4} とすると，タイヤが発生する転がり
抵抗は約 29 N となる。この抵抗力で 92.5 km のコースを走ると，約 2 700 kJ のエネルギーを
消費することになる。タイヤ転がり抵抗は車両にとっての走行抵抗の中心で，走行速度を問わ
ず発生している。タイヤ転がり抵抗は，車両質量，重力加速度，タイヤ転がり抵抗係数の積で
表されるので，車両としては軽量化，タイヤとしては転がり抵抗係数低減が必要な技術課題と
なる。以上から，相対的にわずかな影響しかないキャンバ角の与え方で抵抗エネルギー低減を
狙う必要はなく，むしろ車両運動性能の狙いからキャンバ角を設定すればよいことになる。

4.5　PMVの普及による社会イノベーション[1]

4.5.1　モビリティの輸送効率

　乗用車より大量の輸送が可能な大型バス，バスよりさらに大量に遠くまで輸送可能な新幹線，いずれも「輸送効率」が高いと短絡的に理解されている。しかしながら，この「輸送効率」とは何だろう。多くの人が誰にいわれるともなく「輸送の体積効率」だとイメージしているのではないだろうか。もしくは，「輸送のエネルギー効率」だとイメージしているかも知れない。これらは本当だろうか。

　多くの地域で路線バスの経営が成り立っていない。乗客数が少ないからである。筆者の暮らした名古屋市でさえも乗客が筆者一人ということがよくあった。一人でなくてもほんの数人というのが普通だった。これでは「輸送の体積効率」が高いとはいえない。効率を上げるには満席近くなるまで減便するという方法がある。この方法では，ますます乗客のバス離れが進み，けっきょく廃業に至る。日本各地で陥っているシナリオで，鉄道でも同じである。

　じつは輸送効率を上げるには，単純に最小単位（つまり一人）で運ぶのがよい。輸送単位が小さいほど輸送間隔は縮まり停留所間隔も縮まる。無駄なサイズの車両を動かす必要はない。では，なぜわれわれは大量輸送にこだわってきたのだろう。それは輸送能力を確保するための運転手の数が少ないからである。刻々と変わる必要輸送能力の最大値を限られた運転手の数で担当するには，運転手一人当りの輸送量を大きくする必要がある。つまり，バスや鉄道は乗用車に比べて「輸送の運転手効率」が高いのである。

　いつでも，どこからでも，どこへでも移動できる，最小単位のモビリティという，最もユーザフレンドリーな存在が，運転手の問題さえなければ，じつは最も効率的な公共交通手段でもある。

4.5.2　輸送効率のための自律走行技術

　PMVを公共交通手段とすることは，いままでは難しかった。しかしながら，すでにお気付きのように自動運転技術がもてはやされている現在，これを究極の輸送効率のために使わない手はない。残念ながら「自動運転レベル3」は運転手が自らの責任において運転を機械に任せ，機械での対応が難しくなったらいつでも運転を替われるように準備をした状態で移動するとされているが，これではユーザにとっての嬉しさがよくわからず，普及を疑問視する意見もある。ここでいいたい技術は，究極的な「レベル4または5」なので，混同を防ぐために「自律走行」と呼んでおこう。

　いまもつ技術を一度白紙にしたうえで，自由度や効率，暮らし方や価値観など，将来の社会のあるべき姿（仕組みや経済的収支としても科学的に成立し得る姿）を創造し，それに必要な技術を順次ブレークダウンすることで，そこに不足する技術がみえてくる。また，いつまでに

どこまでできている必要があるかがみえてくる。そう考えると，この「自律走行（運転手不要のモビリティ）」技術は，究極の輸送効率，あるいはインフラ利用率最大化のために必要な手段として導出されたと考えてよいだろう。このように導出された技術手段の開発結果は，自ずと社会に実装され，社会に根付き，社会の姿を変えていく。

　これはバックキャストの考え方そのものなのだが，現実にはいまもつ技術ありきでその技術の使い道をあれこれ考え，いまもつ技術の周辺に関連技術を集め，その結果としての使い道をその技術の目的だったがごとく後付けする例をよく見掛ける。補助金などを頼りにその技術を無理矢理社会に実装しても，本当に社会に根付き社会を変えていくことはない。補助が終われればけっきょくすぐに廃れてしまう。

　先に述べた電気自動車と同様，自動運転技術も，そもそも何のために必要なのか，本質的な目的志向で考えるべきである。その理解がなかったためにせっかくの技術の実装方法を誤り，短期で廃れてしまった自動車技術を数々目にしてきた。それは自動車社会にとってだけでなく自動車エンジニアにとってもたいへん残念なことであった。

4.5.3　社会イノベーションのために

　4.2節にて直面するモビリティ社会の課題を取り上げた。自動車保有台数の急増を背景に，自動車が消費する資源，自動車が必要とするインフラを圧倒的に効率化する必要がある。また，急速な少子高齢化を背景に，誰でも利用できる基礎的な移動手段を提供する必要がある。その手段として最小単位の輸送手段を提供すること。自律走行技術でそれを実現することをイメージしてきた。

　そもそも市民の移動手段を提供することが，国家の重要な存在意義の一つであったことを思い出そう。古代ローマ時代から国家が道路を整備し市民に無料で提供され，現代でもそれは同じことである。市民の移動手段はおもに道路とそこを走行する車両から構成される。歩行者も馬もいたが，ここでは道路が無料なのに車両がなぜ有料なのか，という素朴な疑問に立ち返る。日本では一般的ではないが，例えばオーストラリアのある都市の中心部では路面電車やバスが無料で提供される。誰でも利用できる基礎的な移動手段を，道路と同様，無料のインフラとして提供しているのだと理解できる。もちろん，基礎的移動手段を超える部分は有料になる。個人で必要な車両を所有してもよいし，有料の公共交通機関を利用してもよい。

　無料のモビリティの具体的な案として，**図 4.31** のような二人が斜め向かい合わせに着座する自律走行車両はどうだろう。一人で乗ってもよいし，二人でおしゃべりしながら乗ってもよい。子供や高齢者の利用では二人で乗ることが多くなるだろう。もちろん，ハンドルはない。前後どちら向きにも走行する超小型の電気自動車である。パッケージとして 1.5 m の立方体（軽自動車の半分）で大型ミニバン並みのゆったりした着座空間が得られる。いま，実現を目指している IT 技術を駆使すれば，わざわざ呼ばなくても，移動しようと通りに出ると，もうそこに現れドアが開く。乗り込んで行き先を指示するまでもなく，もう自動的に走り始める。

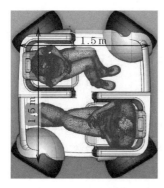

図 4.31　完全自律走行の超小型キュービック型 PMV が
社会イノベーションを生む

　われわれのつぎの行動はすでに把握されている時代である。3 名以上で行動ならば自動的に 2
台以上現れる。いずれにしろ見ず知らずの他人と同乗することはない。

　これからの国家が無料で市民に提供すべき基礎的なもの，それは**図 4.32** のように無料の道
路とそこを走る無料の乗り物，そして無料のネットワークとそこを流れる無料の情報というこ
とになる。筆者の概算によれば，無料提供のための社会的費用は，じつは十分に現実的な範囲
に収まる。移動の自由と情報の自由という基礎的な生活手段が無料で担保される社会は，いま
直面している社会課題にもまったく新しい解決像を見せるのではないだろうか。そして，基礎
的なものが担保されていれば，そこに上積みされる人々の欲求において，もはや基礎的なニー
ズとの妥協は不要になる。純粋に個人の価値観を高める消費行動は，モビリティの世界でも
まったく新しい商品市場を生み出すのではないだろうか。

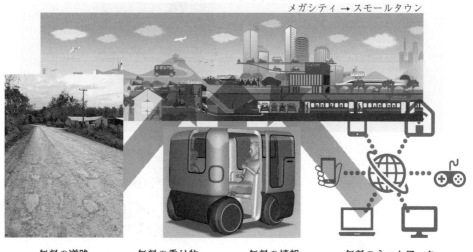

図 4.32　直面する課題解決のために社会活動の基礎的インフラを社会が無料で提供

4.5.4 PMV によるモビリティ文化の復興

PMV の歴史の中で，最近の自動車離れは夢を託せる乗り物がないモビリティ文化の終焉の危機だと述べた。ここでモビリティ文化のすべてを語ることはできないが，それでもこの自動車離れの要因の一部には触れておくべきだろう。

〔1〕 妥協不要なモビリティ所有の夢

1908 年 9 月から生産が始まった Ford Model T は，1927 年 5 月までの 19 年間でじつに 1 500 万台の販売を記録した。モデルライフ平均でも年間 80 万台もの台数である。これは現代のベストセラーモデルのピーク販売数に相当する。100 年も前にこれだけの Ford Model T が実用面からのニーズだけで売れたと考えるのには無理がある。自動車はいつの時代も，じつはニーズより消費者の所有欲求を満たすことで爆販されてきた。

自動車離れをいい換えれば，現代の自動車が消費者の真の欲求から離れてしまった可能性を示している。自動車のコンセプトが消費者の欲求のグレードアップについていけていない可能性を示している。いろいろな商品コンセプトが示しているように，現代の消費者はコンセプトの妥協を嫌う。誰かとの共用を嫌い個人最適（超個別化）にこだわる。それにもかかわらず，現代の自動車は前世紀の制約を引きずり，ニーズと欲求の妥協のコンセプトを提案し続け，"My Car" を欲する消費者に "Our Car" を提供しているようにみえる。

ここで，妥協不要な PMV がようやく「三度目の正直」を果たす可能性が出てくる。「パーソナル」という名が重要な意味をもつようになる。**図 4.33** のように，先に述べた移動のニーズが無料のモビリティインフラ（PMV-1 型）で満たされるのならば，あとは純粋に欲求を満たすモビリティ（PMV-2 型）が欲しくなる。

1 型：社会インフラとしての
超小型自律走行モビリティ
→ 無料で提供される社会インフラ
→ いつでも，どこでも，どこへでも
→ プライバシー確保

（a） 一度使ったら戻れない便利さ・魅力

2 型：身体の一部のような取り回し
→ 狭い車幅，旋回時内傾走行
→ 専用レーン（渋滞フリー）
→ 専用駐車，路肩駐車
（駐車フリー）

Toyota Motor Corporation

（b） 妥協なき超個別化

図 4.33 第三世代の PMV が生む妥協なき人車一体感覚がモビリティ文化を再興

〔**2**〕　**超個別化への備えはすでにできている**

　人車一体の運転感覚はモビリティへの純粋な欲求の典型である。旋回時に内傾することは，生物本来の運動感覚を満たす。人工の乗り物もほとんど旋回時に内傾する。むしろ，自動車だけ旋回時に外傾することが不自然だったのだが，自動車の 100 年の技術開発の中で，われわれはその不自然さを何とか抑え込んできた。一方，旋回時に十分に内傾するのは自転車やモータサイクルのみに留まり，交通手段としてはマイナーな存在に甘んじてきた。そんな中，第三世代の PMV で，消費者の欲求を純粋に満たす人車一体の運転感覚がようやく実現されはじめている [17)~19)]。

　人車一体の運転感覚のためには，車両のドライビングポジションもまた超個別化されるべきはずである。ところが，個人用に製造することが大量生産方式に反し高コストを導くという思い込みから，消費者は自動車に対してこれを要求することはなく，メーカから提供された妥協の産物である調整機構の利用に，いまも甘んじている。

　じつは自動車の総組立ラインは，20 世紀半ば，トヨタのいう「かんばん方式」が採られるようになって以来，超個別化の準備はすでに整っていた。組立ラインを流れる一台一台には個別に指定された部品が組み付けられている。異なる車種が流れる混合ラインさえ一般化しているのに，なぜか一つの車種の中での形状違いは採用されず，実質上，色違いや表皮違いの部品ばかりが組み付けられてきたに過ぎない。もちろん，車両の認証に関わる制約があったことは否めないが，日本の自動車産業の 21 世紀の立ち位置を考えると，そろそろ超個別化実現のために，官民揃って努力を始めるときだろう。

〔**3**〕　**さらに安全なモビリティが可能になる**

　人車一体にとって不可欠なドライビングポジションの超個別化にあたって，超個別化されるべき部品は，大きくいって三つある。ハンドルポストやペダル類を支えるペダルブラケット，シートの位置を決めるシートレール，視界要件に欠かせない A ピラーである。

　シートの前後位置調整はすべてのグレードで採用されている。加えて高グレードになるとシートの上下位置，ハンドルの高さや前後位置が調整可能になる。ところが，十分な調整機能があったとしても，そのドライビングポジションはまったくの妥協の産物でしかない。個人最適に設計するのなら，本来すべての人のアイポイント（目の位置）を最適位置に配置したうえで，購入者個人の体型に合わせてハンドル，ペダル，シートを配置する。超個別化されれば調整機能などそもそも不要だったのである。

　ところが，調整機能に頼るがゆえに小柄な女性がハンドルにしがみつくようなポジションを強いられたり，長身の男性が両腕を伸び切らせたポジションを強いられたりしている。エアバッグには，このすべての場合に有効に機能させようと不必要なほど高度な機能要件が求められるが，それでも完璧な機能には程遠く，衝突安全機能のカバー範囲には大きな妥協が強いられてきた。

　人車一体の運転感覚を求めるのは好き嫌いのわがままだけではない。最適なドライビングポ

ジションが安全運転行動を導くと同時に，疲労低減により運転ミスも抑制する。さらに，衝突安全レベルも最適化される。安全確保の面からも，そして調整機能や不必要な高機能のための無駄な質量・コストを省く観点からも，真に個人用のモビリティを提供する時代が来ている。

〔4〕 新たな爆販商品創造の可能性

誰かと共有することが前提の現在の自動車を否定するものではないが，社会の中ではそのほうがむしろ稀（自動車離れ）な時代が来ている。そして，個人のために仕立てられたモビリティを一度経験するともうそこからは戻れない。すなわち，第三世代の PMV（PMV-1 型 ＋ PMV-2 型）は，現代の消費者の心に寄り添ったモビリティ文化を支えに，新たな爆販商品市場を創造していく可能性を示唆しているのではないだろうか。

引用・参考文献

1） 原口哲之理：バイクのようにリーンする PMV は社会に受け入れられるのか？，自動車技術会フォーラムテキスト，No.19FORUM-Y15，pp.10-17（2019）

2） 運輸省自動車交通局・交通安全公害研究所：「次世代都市用超小型自動車研究検討会」報告書，（2000）

3） 平野宏和，増田　泉，毛利忠雄：超小型電気自動車プラットフォームの開発，日本機械学会第 15 回交通・物流部門大会講演論文集，No.06-52，pp.423-424（2006）

4） Haraguchi, T.：Verbrauchsreduktion Durch Verbesserte Fahrzeugeffizienz (German), Automobiltechnisce Zeitschrift (ATZ, Germany), **113**, 4, pp.274-279（2011）

5） 原口哲之理，玄葉　誠，青木宏文，田中貴紘：大型 5 面立体視ドライビングシミュレータによる人間自動車系の研究（第 2 報），自動車技術会論文集，**47**，3，pp.789-794（2016）

6） 海野直弘，栗谷川幸代，景山一郎：次世代のパーソナルモビリティ構築に関する研究，自動車技術会学術講演会前刷集，No.116-12A，pp.1-6（2012）

7） 金子哲也，景山一郎，原口哲之理，栗谷川幸代：リーン機構を持つパーソナルモビリティビークルの道路交通における調和に関する研究（第 1 報），自動車技術会学術講演会予稿集，No.55-16，pp.1350-1354（2016）

8） 原口哲之理，金子哲也，景山一郎，栗谷川幸代，小林祐範：大型 5 面没入型ドライビングシミュレータによる内傾型パーソナルモビリティビークル研究，自動車技術会論文集，**48**，3，pp.693-698（2017）

9） 原口哲之理，景山一郎，金子哲也：内傾型パーソナルモビリティビークルの急操舵時内輪浮き特性，自動車技術会論文集，**50**，1，pp.96-101（2019）

10） 金子哲也，景山一郎，原口哲之理：リーン機構を有するパーソナルモビリティビークルの動的横転限界特性，自動車技術会学術講演会予稿集，No.163-17，pp.1392-1398（2017）

11） 金子哲也，景山一郎，原口哲之理：リーン機構を有するパーソナルモビリティの急操作時の車両応答特性とその性能向上手法に関する一考察，自動車技術会論文集，**50**，3，pp.796-801（2019）

12） 原口哲之理，金子哲也，景山一郎，小林祐範，村山哲也：リーン機構を有するパーソナルモビリティビークルの障害物回避性能 ─前輪操舵と後輪操舵の比較─，自動車技術会学術講演会予稿集，No.18-17，pp.494-499（2017）

13) 原口哲之理，金子哲也，景山一郎：乗用車・二輪車との障害物回避性能比較によるパーソナル
モビリティビークル（PMV）の操舵応答性の検討，自動車技術会学術講演会予稿集，No.113-
18，pp.1-6（2018）

14) 原口哲之理，金子哲也，景山一郎：アクティブな内傾機構を有するパーソナルモビリティビー
クル（PMV）のエネルギー収支の観点からの市場受容性検討，自動車技術会学術講演会予稿集，
No.59-19，pp.1-6（2019）

15) 山本真規，大山鋼造：キャンバ角に起因する旋回抵抗とそれを考慮した車両運動の考察，自動
車技術会論文集，**50**，5，pp.1377-1382（2019）

16) 小林孝雄，勝山悦生，山本真規：タイヤの旋回抵抗とその接地面の散逸エネルギーに関する考
察，自動車技術会論文集，**50**，5，pp.1396-1401（2019）

17) 松田明子，景山一郎，栗谷川幸代，原口哲之理，金子哲也，小林祐範，村山哲也：リーン機構
を有するパーソナルモビリティビークルのドライバ適合性に関する研究，自動車技術会学術講演
会予稿集，No.29-18，pp.1-6（2018）

18) 松田明子，景山一郎，原口哲之理，栗谷川幸代，金子哲也，小林祐範，村山哲也：ドライバモ
デルを用いたリーン機構を有するパーソナルモビリティビークルの評価に関する研究，自動車技
術会学術講演会予稿集，No.113-18，pp.1-4（2018）

19) 松田明子，景山一郎，栗谷川幸代，原口哲之理，金子哲也，小林祐範，村山哲也：リーン機構
を有するパーソナルモビリティビークル用ドライバモデル構築に関する研究，自動車技術会学術
講演会予稿集，No.59-19，pp.1-4（2019）

1
2
3
4
5
6

5 近年のモビリティのサービス化

　自家用車など自動車利用の普及によって人やモノの移動の効率化が進展したが，対するモビリティサービスは，鉄道・地下鉄，バスといった従来の公共交通サービスに加えて，「所有から利用（共有）」といった価値観の変化を背景に，多様なニーズに対応できるシェアリングサービスが提供され始めた。さらに，情報通信技術の発展とデータ蓄積によって，マッチングの最適化，自動運転化，オープンデータ化が進み，個々のモビリティサービスを仮想的に統合する MaaS（Mobility as a Service）の概念が注目され，行政連携を含めたモビリティ革命が進行している。本章では，シェアリングサービスおよび MaaS の概要と近年の動向を説明する。

5.1　シェアリングサービス

5.1.1　は　じ　め　に

　シェアリングエコノミー（sharing economy，共有型経済）は，IoT（internet of things）によるデータ収集効率向上と AI（artificial intelligence）によるデータ利活用によって実現される限界費用ゼロの社会[1]における，新たな経済体系として注目されている。シェアリングエコノミーは，ICT（information and communications technology）の進展によって多様化した関係・取引（ビジネスエコシステム）で注目される消費者間の取引（**図 5.1** 内の C to C）が代表例であり，わが国では「個人等が保有する活用可能な資産等（スキルや時間等の無形のものを含む）を，インターネット上のマッチングプラットフォームを介してほかの個人等も利用可能とする経済活性化活動」と定義される[2]。より大きな枠組みでは，ICT を経由しないが従来からあるような家族や地域住民（コミュニティ）の間で空間やモノなど資産等を共有することもシェアリングエコノミーの一部である。

　モビリティサービスは，鉄道・地下鉄，バス，タクシーといった従来の公共交通サービスに加えて，「自動車の保有から利用」に代表される価値観の変化を背景に，例えば自家用車の相乗りなど ICT を経由して不特定多数間を効率的にマッチングすることや管理ができるようになり，さまざまなシェアリングサービスも展開されている。さらに，利用者（消費者）視点に基づく新たなサービス提供として，異業種を含む連携を促進するプラットフォームである MaaS も注目されている。

　本節では，モビリティサービスの一部に位置付けられるシェアリングサービスの代表的な事例を紹介し，概要を把握することが第一目的である。また，昨今のシェアリングエコノミーの

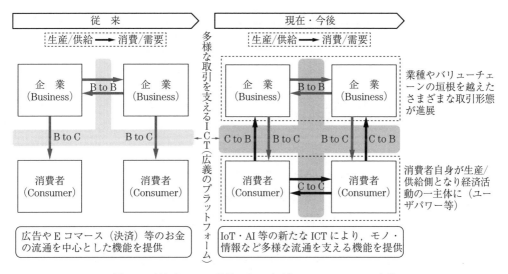

図5.1 新たなICTの進展によるビジネスエコシステムの変化
〔出典，総務省 [3]〕

代表格とされる自家用車の相乗りサービスはその運営自体は赤字であるが，その背景として「市場の失敗」として知られる，モビリティサービスの独特な特徴があることを説明する。最後に，シェアリングサービスの成立要因を整理する。

5.1.2　モビリティサービスの基本的性質

モビリティサービスの大部分は，利用者が仕事や買い物など，何かの活動・目的を行うための移動（派生的需要という）を対象としており，乗車を趣味とするなどその移動自体を楽しむ本源的需要とは区別して考える必要がある。派生的需要である移動に対しては，利用者は時間が短く，必要となる費用が少ないほど基本的には望ましいサービスと考え，このトレードオフの関係性をうまく調整し，利用意向に即したサービスを提供することが重要となる。

多くのサービスは市場を通じて需要と供給が調節され，最適な価格が決定されることを前提とする。しかし，モビリティサービスには混雑など「外部性」があり，一般的な市場を通じた適正な需給調節がなされない [4]，といわれている。外部性（ここでは，供給者による外部不経済）とは，混雑や環境負荷など利用者自らがサービスを利用することで生じる他人や社会への影響を正しく認識できず，また提供者が適正な対処費用の設定ができず，市場メカニズムではより安い価格でより多くのサービスが供給される状況である。さらに，モビリティサービスは，フリーライダー（ただ乗り）問題が生じる「公共財」の特徴をもつことが多い。公共財とは，非競合性と非排除性を備えた財である。非競合性とは「ある一人の消費者の消費が，その財に関する他の消費者の消費を妨げない」という性質であり，非排除性とは「対価を支払わない消費者を，財の消費から排除できない」という性質である [4]。ここで，競合性と排除性の大小によって，一般的な財・サービスは**表5.1**のとおり，私的財（private goods），公共財（pub-

表5.1　財・サービスの分類

	排除可能 (excludable)	排除困難 (non-excludable)
競合あり (rivalrous)	私的財 例：指定席券など	共有資源財 例：一般道路など
同時利用可能 (non-rivalrous)	クラブ財 例：高速道路など	（純粋）公共財 例：国防・外交など

lic goods），共有資源財（common goods），クラブ財（club goods）の四つに区分される。

　完全な非競合性と非排除性を有する（純粋）公共財としては，国防や外交，まったく混雑が発生しない高規格な一般道路などが該当する。完全な競合性と排除性をもつ私的財は民間企業が市場メカニズムによってサービス提供をすることが望ましい財・サービスである。また，非競合性と非排除性の一つの特性を強くもつサービスは準公共財といわれ，共有資源財とクラブ財とに区別される。なお，公共交通サービスは，最低限の移動環境を確保する福祉的サービスの側面もあり，行政が主導的にサービス提供する必要性もある。

　例えば，人々がどこかに自家用車で移動する場合，より走りやすく通行料金が必要でない一般道路の利用に集中しやすく，さらに交通渋滞・混雑や沿道環境汚染の影響を正確に認識できないため，大きな社会的損失が生じる。この状態が継続することは「コモンズの悲劇」であり，適切な交通量を維持するために相乗り促進で車両台数を減らしたり，通行料金を設定して利用者を限定するなど，クラブ財としてサービス提供する対策がある。一方，クラブ財として持続的にサービス提供するには，適正な料金設定や不公平感の解消など，その運営費用が大きくなる可能性もあり，サービス提供が終了することが「アンチコモンズの悲劇」ともいえる。モビリティサービスのシェアリングサービスは，クラブ財としての特性が強く，ICTで個々の移動・利用ニーズをマッチングや共有することは容易になりつつあるが，いかに運営していくかが重要であり，負担が大きくなりサービス提供継続が困難となる可能性がある。

5.1.3　シェアリングサービスの事例
〔1〕　HOVレーン
　自家用車は快適な個人空間を確保しながら，自由に移動できる交通手段である。その魅力の高さから自家用車への利用依存度は高くなり，自動車交通量の増大によって交通渋滞・混雑や沿道環境汚染などの社会問題が各地で発生している。限られた道路建設予算の制約もあり，現在の道路をより効率的に活用する交通規制・制御が注目され，自動車交通量を直接的に減らす交通施策として，相乗り（ライドシェアリング（ride-sharing），またはプーリング（pooling））が注目された。米国では，相乗り促進を目指したHOV（high occupancy vehicle）レーンが高速道路（フリーウェイ）に設置された。

　HOVレーンは一人で運転している車両は通行できず，乗車人員が規定数以上（2＋や3＋な

どと道路標識に表示）の車両のみが通行できる専用車線である。**図 5.2** のとおり，一般的には高速道路の中央側の車線に HOV レーンを設置し，道路標識で区間を確認できる。なお，HOV レーンは 1990 年初めから設置されたため，現在のような効率的なマッチングはできず，通勤時などの相乗りは州の交通局や会社が仲介した。

（a）　交通状況　　　　　　　　　　　　　（b）　道路標識

図 5.2　HOV レーン（中央部の片側一車線ずつ）の交通状況と道路標識
〔出典：NCHRP（National Cooperative Highway Research Program）Research Report 835[5]〕

また，渋滞・混雑がなく環境負荷軽減を目指した最適な道路利用としては HOV レーンの設置だけでは有効ではなく，例えば，一人で運転していても通行料金を支払うことで HOV レーンを通行できる HOT（high occupancy toll）レーンとしても運用し，より交通需要の変動に応じた動的な交通制御がなされた。現在は ICT の進展に応じてより高度なレーン管理（managed lanes）の取組みがなされている（**図 5.3** 参照）。

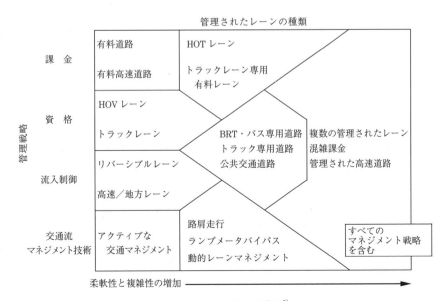

図 5.3　レーン管理の種類[5]

〔2〕　カーシェアリング

　代表的なシェアリングサービスとして，道路交通法の普通自動車（いわゆる乗用車）のカーシェアリング（car-sharing）が挙げられる。カーシェアリングは個人・世帯のみで自動車を保有・利用するのではなく，複数の会員が共同で自動車を保有・利用するサービスであり，昨今は民間ビジネスとして普及している。カーシェアリングを利用する理由としては，個人・世帯よりも会員間で共有したほうが自動車保有費用（車両自体の維持費，保険料金，駐車場料金など）が削減されることが第一であり，また環境意識の高まりもある。日本のカーシェアリング車両台数と会員数（**図 5.4**）をみると，車両台数と会員数ともに 2010 年以降に急激に増加している状況が確認できる。2019 年 3 月時点では，カーシェアリング車両ステーション数は17 245 か所（前年比 15.4 ％ 増），車両台数は 34 984 台（同 19.8 ％ 増），会員数は 1 626 618人（同 23.2 ％ 増）と，会員数が 160 万人を超えたと報告されている[6]。

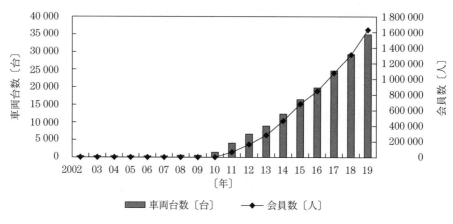

図 5.4　わが国のカーシェアリング車両台数と会員数の推移
〔出典，交通エコロジー・モビリティ財団[6]〕

　カーシェアリングのサービス形態は，「ラウンドトリップ（round trip）方式」と「ワンウェイ（one way）方式」に大別される。日本で普及しているカーシェアリングはラウンドトリップ方式であり，車両の貸出・返却を同一ステーション（駐車場）で行う方式である。この方式は車両管理がしやすいが，利用者にとっては買い物や食事など活動中の駐車時間も車両を借りている必要がある。一方，ワンウェイ方式は，利用者が活動先で車両を乗捨てできる方式であり，返却先がステーションに限定される「ステーション（station）型」と指定区域内の路側に自由に駐車できる「フリーフローティング（free floating）型」に区分される。ワンウェイ方式では利用者は必要なときに車両を借りるだけと理想的であるが，利用ニーズ（需要）は時間帯によって変化して空間的に需給バランスを保つことが難しく，車両の再配置など運営者の管理費用が大きくなる可能性が高い。なお，日本では車両保管場所（車庫法）の対応もあり，実サービスとしてワンウェイ方式は普及しておらず，技術進展に応じた法規制緩和などが期待される。

　海外では，ワンウェイ方式でのサービス展開が拡大している。特に，フリーフローティング型は，ドイツの自動車メーカ Daimler AG と BMW Group がそれぞれ運営する car2go と Drive Now を 2019 年 2 月に統合し，現在，Share Now としてサービス提供している[7]。なお，2016年のパリモーターショーにて Daimler AG から発表された CASE(Connected：情報連携された，Autonomous：自動運転，Shared & Services：シェアリングとサービス化，Electric：電気自動車）戦略に基づき，スマートフォンでさまざまなモビリティサービスを提供すべく Share Now に加えて，車両配車の Free Now，複数交通手段を対象とした旅行計画（いわゆる，MaaS プラットフォーム）の Reach Now，駐車場予約の Park Now，充電施設予約の Charge Now も展開されている[8]。

　カーシェアリングの車両は環境負荷軽減への貢献を目指して電気自動車をサービス提供する企業も多い。オートリブ（Autolib'）は電気自動車をステーション型ワンウェイ方式でパリ都市圏にて 2011 年 12 月から大規模にサービス提供したが，2018 年 7 月末でサービス終了となった。オートリブは官民連携で運営され，行政（オートリブ・メトロポール）が民間（ボロレ・グループ）に 12 年間の契約で事業委託し，一定以上の赤字の場合には行政が補填する契約内容であった[9]。しかし

- 利用需給と経費の調整の失敗：パリ中心部ではなく，相対的に稼働率の低い周辺部に積極的にサービス展開をして登録者数と車両数を増やしたが，利用実態に応じた適正な利用料金に改定できずに総収入が減少傾向にあった。
- 契約に関する相互認識の齟齬：行政はステーションと充電装置の整備と一定額（6 千万ユーロ）以上の超過分の赤字補填と当初は低リスクと判断していたが，民間の楽観的な収益見込みと赤字抑制策の未対応によって，大きな負債を抱える可能性が高まった。
- 新たなモビリティサービスにおけるカーシェアリングの位置付け：パリ市内でのシェアサイクルのヴェリブ（Velib'）に加えて，キックボードなど自動車以外のシェアリングサービスの普及も重なり，さらに利用者目線から利便性が高いサービスが求められる状況下で，車両不整備や不潔さへの対応が改善されなかった。

などを背景に，和解協議が失敗し，契約解除となった[10]。シェアリングサービスの継続的な運営の難しさを認識する事例の一つである。

〔3〕　ライドヘイリング

　ライドシェアリング（一般的な相乗り）は〔1〕の HOV レーン施策で述べたとおり自動車交通量の削減に直結し，またカーシェアリングやタクシーと同様に自分で自動車を保有したり運転しなくても移動できる便利なシェアリングサービスである。ライドヘイリング（ride-hailing）はライドシェアリングとは区別され，一般ドライバが自家用車を用いて有償で乗客を運送するサービスであり，Uber，Lyft，DiDi Chuxing（滴滴出行），Grab といったサービスが有名である。日本ではタクシーのサービスレベルが海外と比較して高く，法規制の関係もあり，個人による自家用車での有償運送はいわゆる白タク行為となり，ライドヘイリングのサー

ビスは展開されていない。一方，海外でもタクシーを含む既存公共交通サービスとの関係や交通問題悪化への懸念，さらにはドライバの雇用環境問題などから，**表5.2**のとおり，ライドヘイリングに対する規制が議論されているところであり，それぞれの国・地域の利用者ニーズと既存交通事業者との調整が大きな問題となる可能性がある。

表5.2　各国におけるライドヘイリングの規制状況[11]

スペイン	スペインの判事は2014年12月，Uberのドライバがサービスを行うための正式な許可を受けておらず，許可を受けているタクシーの運転手と不当に競合しているとして，Uberに同国でのすべての営業停止を指示
フランス	フランスの国民議会は2014年9月，輸送サービスがGPSを使って，近くのハイヤー車両を利用者に知らせることを禁止する法案に署名し，事実上，ライドヘイリングのサービスを提供できないよう対応
	Uberドライバへの暴行事件を契機に「Uber X」は営業停止になったことも
ドイツ	ドイツの裁判所は2015年3月，ライドヘイリングの低価格サービスを全国で禁止との判決
オランダ	オランダの控訴裁判所は2014年12月，無資格の運転手を利用するライドヘイリングのサービスは違法との判決
英　国	ロンドン市運輸局（TfL）は2017年9月，安全上の懸念を理由に，Uberの営業免許更新の申請を拒絶
米　国	ニューヨーク市議会が2018年8月，ライドヘイリングの車両台数を規制する条例案を可決した
韓　国	ソウル市は2014年にライドヘイリングを禁止する方針を打ち出した
インドネシア	インドネシア政府が2017年に最低運賃の導入や事実上の台数制限に乗出し
タイ	アプリ自体は問題ないが，自家用車での輸送は違法として，2017年3月から摘発を強化

　ライドヘイリングの代表的な企業として，Uber Technologies社のサービスを簡単に紹介する。Uber Technologies社は（ライドヘイリングだけではなく）移動に関する取引を仲介するプラットフォームを提供する会社として2009年3月に設立され，2019年5月に株式公開した。一方，2019年4～6月の四半期決済は約52億ドルの純損失[12]であり，ドライバとの雇用問題解決，自動運転技術の導入など経営コスト削減が必要であり，準公共財の特性をもつモビリティサービス以外のサービス連携も期待されている。

　Uber Technologies社が提供する配車アプリのUberでは，乗用車での送迎を依頼するには，スマートフォンを利用して配車依頼ができる（**図5.5**）。基本的には，利用者の現在地から目的地施設や住所，または地図上で指定するなど行き先を入力するのみで，ドライバと現在地で合流し，乗車することができる。日本の従来のタクシーの利用料金は，走行距離と交通渋滞・混雑等による経過時間によって事後的に決定されるが，Uberでは事前に利用料金が決定され，利用者にとって安心できる特長がある（なお，日本のタクシーも2019年10月から事前確定運賃実施が認可された）。さらに，利用者がサービス内容を事後評価するシステムも導入している。なお，ドライバも利用者の利用態度を事後評価するシステムもあり，ドライバと利用者が相互に評価し合うことで，情報の非対称性を解消する試みが行われている。この相互評価シ

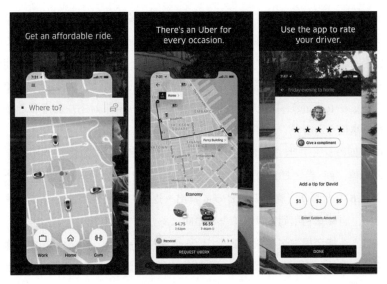

図5.5 Uber のアプリ画面の一例（目的地入力，経路・料金確認，事後評価）
〔出典，Uber Technologies 社の Apple App Store[13]〕

ステムでサービスレベルの向上・維持が期待される一方，一度低い評価を受けたドライバ/利用者はマッチングが成立しづらくなり，サービス自体を提供/利用しづらくなる可能性もあり，公平性の観点から問題視されることもある。

一方，日本ではライドヘイリング自体は違法となるため，Uber はタクシー会社と連携してタクシー車両を配車したり，住民互助のボランティア輸送のマッチングシステムを提供している。京都府京丹後市では，公共交通空白地の自家用有償旅客運送の位置付け[14]で NPO 法人「気張る！ふるさと丹後町」のボランティア輸送のシステム提供を 2016 年 5 月から実施している[15]。現在は，地元住民のボランティアドライバとして 18 名が，年中無休で午前 8 時 〜午後 8 時に即時配車依頼に対応している。運賃は，初乗り運賃（1.5 km まで）480 円，それ以降は 120 円/km の加算（おおむねタクシー運賃の半額）であり，クレジット決済のみであったものから，現金支払いも許可したり，代理の配車依頼の受付もするなどサービス改善がなされており，地域の重要なモビリティサービスとして認識・利用されている事例である。

〔4〕 **シェアサイクル**

自転車のシェアリングサービスは，観光地等で見かけるラウンドトリップ方式の貸出・返却が同一施設であるレンタサイクルなどもあるが，本節では，都市部で展開されるワンウェイ方式をシェアサイクル（cycle sharing，または bike sharing）と呼び，事例等を紹介する。シェアサイクルは，2017 年 5 月に施行された「自転車活用推進法」[16]の基本方針（自転車専用道路等の整備，路外駐車場の整備等，シェアサイクル施設の整備，情報通信技術等の活用による管理の適正化，公共交通機関との連携の促進，など）の一つに挙げられるなど，環境，交通，健康増進等の課題解決として期待されるサービスである。2018 年 3 月時点で 10 ポート（port，駐輪場）以下の小規模サービスも含まれるが，135 都市にて本格導入されている[17]。

　日本のシェアサイクルは基本的にポートに返却する必要があるが，ポート設置が不要なフリーフローティング型（シェアサイクルではドックレス（dockless）型といわれる）も海外では展開されている。ただし，ドックレス型は利用者のマナーによっては，歩行空間確保や都市景観に関する問題が生じ，盗難の可能性も高まるため，適切な区域でないと返却できないジオフェンシング（geo-fencing）の導入，行政が事業者と違法駐車対応や利用者と駐車行動に対する契約を行う事例もある[18]。

　ここで，国内外のシェアサイクルの利用状況として，ポートの設置密度〔箇所/km^2〕と自転車の利用回転率〔回/台・日〕の関係性[17]をみる。最初30分間無料などの料金体系の影響もあるが，図5.6のとおり，利用者にとって貸出・返却の利便性が高くなるポート設置が高密度な都市ほど，自転車利用回数は高くなる傾向にあり，また利用ニーズ（需要）の時間的・空間的な偏在による機会損失が小さくなっている可能性が高い。一方，日本では海外と比較してポート設置密度が低いことも確認でき，道路上や交通結節点付近への積極的なポート設置が期待されている[17]。

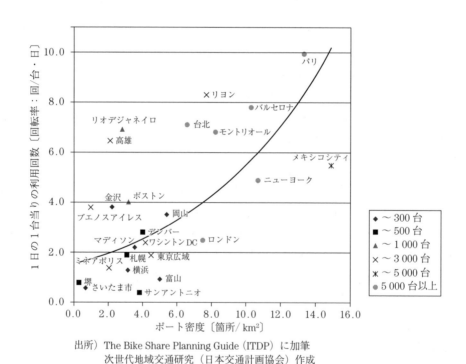

出所）The Bike Share Planning Guide (ITDP) に加筆
　　　次世代地域交通研究（日本交通計画協会）作成

図5.6 ポート密度と回転率の関係
〔出典，三浦清洋：都市交通としてのバイクシェアリングの可能性−大規模システムの特徴と課題−[19]〕

　パリのVélib'，バルセロナのBicingなどは大規模なポート設置数と車両数で成功している事例として有名であるが，基本的にはポートに返却する必要がある。一方，中国ではポートで車

両管理しないドックレス型のシェアサイクルがサービス展開されており，ofo（小黄車）と Mobike（摩拝単車）が有名である。例えば，Mobike の利用方法[20]は非常に簡単であり，専用アプリ上の地図で表示される複数の利用可能な車両から好みの車両を選択し，「予約」をクリックするだけでその車両を 15 分間仮予約でき，車両までの道順も案内される。駐輪箇所に到着すると該当する車両を確認するためにベルを鳴らすこともでき，車体に付けられた QR（quick response）コードで解錠して，実際に自転車を利用することができる。さらに，利用者マナーの向上・維持のため，利用者の細かな行動に対して自動評価を行う「Mobike スコア」も導入されている。具体的には，登録時に 550 ポイントが付与され，危険走行，指定された駐輪区域以外への乗捨て，車両の破壊行為などが他の利用者からの報告等で減点され，100 ポイント以下では強制的に利用不可となる仕組み[20]である。残念ながらスコアリングの導入効果は小さく，中国では放置車両問題が生じ，さらに点検・修理・清掃のメンテナンスが間に合わず，利用者へのサービスレベルが著しく低下している状況との報告[21]がある。

　運営会社は利用者登録時のデポジット，非常に安い使用料，アプリ内広告と利用データを組み合わせて収益を上げるビジネスモデルであったが，過剰な投資でその有効性は検証できない状況である。利用者の利便性が高いドックレス型のシェアサイクルをサービス展開していくには，都市政策と連携したフレームワークが提案されている[22]。

5.1.4　シェアリングサービスの成立要因

　モビリティサービスの一部であるシェアリングサービスが持続的に提供されるためには，準公共財の性質もあるため利便性を向上させる民間企業の努力だけでは難しいことも多く，交通政策の一部として行政連携していくことが望ましい。また，より細かな利用者の好みに対応した差別化された選択肢が求められる一方，オークションによる価格決定など，利用者の好みが正直に表明・収集できるシステム構築が望まれる。最後に，一般的なシェアリングサービスには信頼（trust），特に「分散された信頼」が重要とされる[23]。分散された信頼は，直接的な人々の関係者が把握できる「地域（コミュニティ）内の信頼」から，専門家や規制機関やブランドなど「制度への信頼」を経て，個人間など横関係での構築が期待されるものである。不特定多数の個人間の信頼を構築するには，Uber の利用者とドライバとの相互評価システムや Mobike のスコアリングシステムも有用であるが，個人情報の管理・運用面などでまだ不完全なシステムであり，さらに都市全体としては最低限の移動の保障制度も組み入れることがモビリティサービスとしては重要となる。

　以上のとおり，昨今台頭したシェアリングサービスの提供を持続可能とするには，行政と連携して多様なモビリティサービスの選択肢の一部分となり，利用者の好みに適切に対応できるマッチングシステムが構築され，利用者マナー向上など分散された信頼が醸成されるシステムの構築が望まれ，今後の ICT 進展に応じて改善し続ける必要がある。

5.2 MaaS

5.2.1 MaaS の基礎概念

MaaS は "Mobility as a Service" の略であり，直訳すれば「サービスとしてのモビリティ」となる。ここに「Mobility」とは移動性や流動性の意味であるが，交通分野においては，人の活動やモノの空間的移動，また単に自動車や鉄道などのハードとしての乗り物を表す言葉として用いられてきた。こうした自動車や鉄道を用いた空間的移動をモビリティサービスということになるが，MaaS の概念としてそれでは十分ではない。MaaS について，先行している海外においても定まったものがないのが現状であり，明確に統一された定義はいまだ存在していない。

MaaS Alliance（2015 年に ITS World Congress にて設立）[24]では，「さまざまな種類の交通サービスを，需要に応じて利用できる一つの移動サービスに統合することである」としている。ERTICO（European Road Transport Telematics Implementation Coordination Organization：1991 年に設立された EU（欧州連合）における官民合同の ITS の推進組織で各国と ITS プロジェクトの調整を EC 支援のもとに展開している）[25]では，「多くの種類の交通モードを需要量に対応する形で利用できる一つのサービスへ統合することである」としている。また，国土交通省[26]では，「ICT を活用して交通をクラウド化し，公共交通か否か，またその運営主体にかかわらず，マイカー以外のすべての交通手段によるモビリティ（移動）を一つのサービスとして捉え，シームレスにつなぐ新たな「移動」の概念」としている。『MaaS モビリティ革命』（日経 BP 社）[27]では，「マイカーという魅力的な移動手段と同等か，それ以上に魅力的なモビリティサービスを提供し，持続可能な社会を構築していこうという全く新しい価値観やライフスタイルを創出していく概念」としている。

こうしたおのおのの MaaS の概念を踏まえて，丁寧に説明をすれば，「一つのアプリケーションを通じて，移動対象となる人やモノを中心に据え，ICT（情報通信技術）やディジタル技術によって，交通のインフラとサービス，情報，決済サービスを統合し，それぞれのニーズに最適な手段を複数選択肢として提供する仕組み，またその機会を通じて，人間の多様な価値観を醸成し，よりよい社会システムを構築する」ということになる。なお，この MaaS が生み出された原点，起こりは情報通信技術が集約されたスマートフォンにあることはいうまでもない。自らの位置情報および目的までの経路や運賃の検索，そのアプリケーション化，そして決済処理まで，スマートフォンという端末の存在があるゆえに MaaS が生まれてきたといえる。

Deloitte Review による 2017 年 1 月に出版されたレポート[28]では，MaaS の最終目的は，ユーザに強制することなく，便利な代替手段を提供することで，都市部の移動手段として，個人所有の車を使わなくなることであるとしており，すでに MaaS がパイロットステージを完了し，急速に革新するとしている。その理由として第一に，都市部の行政機関にとってメリットが非

常に大きく，より多くの人がつねに都市部に流入することにより，統一された移動交通のための
ソリューションがなければ問題（道路，鉄道，駐車場等の建設とその財政負担）は悪化する
ばかりであるためとしている。第二に，個人にとっても同様にメリットが非常に大きく，現在
の都市部の住民にとってネットワーク化されていない移動交通手段は，まったくニーズに即し
ていないとしている。第三に，MaaS を実現するためのテクノロジーはすでに存在しており，
スマートフォンや 4G/5G のネットワーク，ディープラーニング，人工知能（AI），自動運転に
ダイナミックルーティング等，すでに需要に対応する形で，新しいサービスを導入するための
準備はほぼ完了しているとしている。

　MaaS を理解するうえで重要な点として，移動におけるインフラと交通サービス，情報決済
等の機能の統合である。その点に関して，スウェーデンのチャルマース工科大学（Chalmers
University of Technology）の研究者である Sochor ら [29]は，統合の程度に応じて，MaaS のレベ
ルを図 5.7 に示すような 5 段階に分類している。

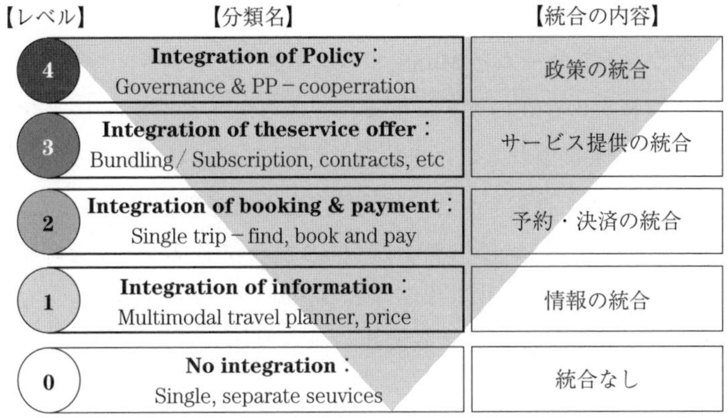

【レベル】	【分類名】	【統合の内容】
4	**Integration of Policy**： Governance & PP – cooperration	政策の統合
3	**Integration of theservice offer**： Bundling / Subscription, contracts, etc	サービス提供の統合
2	**Integration of booking & payment**： Single trip – find, book and pay	予約・決済の統合
1	**Integration of information**： Multimodal travel planner, price	情報の統合
0	**No integration**： Single, separate seuvices	統合なし

図 5.7　MaaS のレベル分類 [29]

　レベル 0 は，統合なしのサービス形態である。レベル 1 は複数の交通モードを一元化し，マ
ルチモードでの運賃・料金や経路情報が統合されている形態であり，日本でも多くの人が利用
している Google Map を用いた検索やジョルダン，NAVITIME などのサービスがこれに該当す
る。レベル 2 は検索・予約・決済（支払い）の統合である。レベル 1 の一元化された情報をも
とにユーザが予約から決済までを行うことができる段階である。トヨタ自動車株式会社（以
下，トヨタ）と西日本鉄道株式会社（以下，西日本鉄道）などによる my route[30]やドイツの
Daimler 社による Moovel[31]などのサービスが該当する。

　レベル 3 は，予約や決済のみならず，事業者の壁を越えて，モビリティが一元化されたシー
ムレスかつ月額制のサブスクリプションによるサービスとして，アプリケーションが実社会に
導入されたモビリティサービスの形態であり，MaaS Global 社における Whim[32]のサービスが
該当する。

　レベル4は，政策としてインフラ整備や都市計画等が統合して展開されている形態であり，現在世界中の多くの都市で進められるスマートシティの実現もこの上位の政策目標として統合されていることが多い。しかしながら，このレベル4はまだ世界で実現した事例はない。

　ここまではサービス統合するということを重要な点と捉え，MaaSを述べてきた。一方で，サービスの「統合」を前提としていないものの，既存の交通手段を高度化し，利用者の利便性を高めるための技術も広くMaaSとして捉えられているといえる。この中に含まれるのが，カーシェアリングやライドシェアリング，デマンド型サービスや自動運転等である。こうしたサービスは既存の交通モードにどのように付加価値を生み出すのかという側面で語られることが多く，例えば，2018年1月に米国ネバダ州ラスベガスで開催された2018 International CESにおいて，トヨタの豊田章男代表取締役社長は移動・物流・物販など多目的に活用できるモビリティサービス（MaaS）専用次世代電気自動車（EV）のe-Palette Concept[33]を発表し，新たなモビリティサービスの創出を目指すとしている。この文脈では，サービスの統合よりも，モビリティサービスとして新たな付加価値の創出に軸足が置かれていることが理解できる。

5.2.2　MaaSプラットフォームとMaaSオペレータ

　MaaSはスマートフォンの存在のうえに生まれてきたサービスであり，すべてのサービスはスマートフォンを介して展開されることを前提とされている。利用者がスマートフォン上でアプリケーションを起動させ，検索・予約・決済等の各種機能を達成させるためのデータが連動したシステムが必要となる。このシステムがMaaSプラットフォームと呼ばれる（図5.8）。MaaSオペレータとは，MaaSプラットフォームを運営し，プラットフォームに蓄積された交通データ，地図データ，検索機能，予約機能，決済機能やユーザ認証を含む個人情報等を

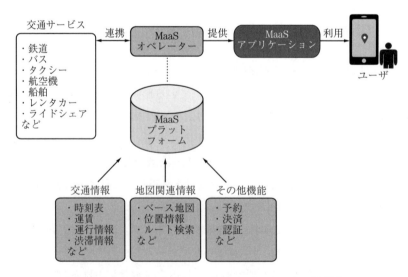

図5.8　MaaSプラットフォームとMaaSオペレータの概略図
（文献34）をもとに作成）

MaaS アプリケーションとして個人ユーザに提供する役割を担う。その模式的なイメージが図 5.8 となる。MaaS オペレータはそのデータを提供する交通事業者や地図事業者，インフラ事業者と連携し，MaaS プラットフォームに搭載する種々のデータを一元的に処理する必要が生じる。

5.2.3　MaaS による社会インパクト

　MaaS による社会インパクトとしては，経済効果として民間シンクタンクの試算では数十兆から数百兆円のマーケット規模になるとされている。主体別にみていくと，個人の MaaS アプリの利用者は，自らの移動時に最も適した交通モードの組合せを選択し，目的地までシームレスに，かつ低コストで移動が可能となるメリットを享受することとなる。また，移動の効率化を図ることが可能な地域に居住する場合には，カーシェアリング等を積極的に利用することで，結果として自動車を手放せば，高額の自家用車の維持費の負担がなくなることで家計に余裕が生まれ，その他の支出に充当する余裕が生まれることとなる。地域への影響として，移動の最適化により都市部では道路渋滞および公共交通の混雑の緩和，地方部ではより安い費用での移動が可能となり，新たな移動需要の創出，生活の質の向上につながり得る。MaaS は交通事業者にもメリットをもたらす。MaaS はアプリケーションを介して予約から決済までが行われることにより，行動履歴に資するビッグデータが蓄積される。そうしたデータを分析することにより，利用者行動に即した移動の提案を行うことが可能となり，そうしたデータ解析を通じた行動の最適化により，運営効率の向上を通じた運賃収入の増加につながることが期待できる。収集した交通データの活用の領域は広く，都市計画・まちづくりや不動産，金融，保険，飲食，広告等をはじめとする産業とも関連し，地域の資金流動性を高め，スマートシティの実現というインパクトをもたらすといわれている。

5.2.4　フィンランドの MaaS Global 社 Whim における MaaS

　MaaS を理解するうえで最も有名かつ先進的な取組みとして語られるのが，フィンランドの MaaS オペレータである MaaS Global 社の MaaS アプリケーション "Whim" である。ここでは，その事例を取り上げる。

〔1〕　フィンランドでの MaaS の起こり

　じつは，2012 年ころから MaaS に先立ち，広域エリアを対象とした次世代モビリティサービスとして，オンデマンドなミニバスサービスの実証実験が行われていた。交通渋滞問題への対応，ラストワンマイルへの取組みとして，このモビリティサービスは "Kutsuplus"（**図 5.9**）と呼ばれ，非公開にて 2012 年から実施し，2013 年から 2015 年まで行われていた。9 人乗りで，ベビーカーの乗車も可能で，無料の車内 Wi-Fi 利用が可能な仕様であった。なお，Kutsu とはフィンランド語では "電話で呼ぶ" という意味である。

予約時にこの車両番号が通知される

図 5.9　Kutsuplus で利用された車両と車内の様子

　自動車と競争できる新たな交通サービスの提供が目的であり，バス停での乗降が基本であるが，運行形態は起終点非固定，路線経路非固定で時刻表も非固定の完全なダイナミックな他の利用者との相乗りによるサービスであった。アプリケーションの開発・運営は Aalto 大学のコンピュータサイエンスから 2012 年 10 月に独立したソフトウェアを Ajejo（アイロ）社が開発し，ヘルシンキ地域交通局（HSL）と日本の国土交通省にあたる輸送インフラ庁とのコンソーシアム契約による試験運用を行い，運行は事業者への委託であった。

　Kutsuplus のサービスは予約の際に，二つの経路および価格（図 5.10 では 3 名合計で 20 分程の移動の価格）を提供し，利用者の選好に合わせて選択する仕組みで公共交通での経路や，徒歩距離も提示し，Kustuplus の選択を促す工夫がされていた。

図 5.10　Kutsuplus における利用者の予約画面（パソコン）

　このサービスは 2012 年から 2015 年までの期間において，赤字での運営となり，自治体負担も大きく，HSL の運営するバス事業者との関係悪化から，2015 年をもって終了となった。収支の面やアプリケーションのサービスがあくまでも Kutsuplus 単独での予約しかできないなど，この実証について失敗であったと考えることもできる。一方で，タクシー会社との事前調整協議にも相当配慮し進め，競争相手ではなく，自動車利用からの転換を意図した同じ目標を

掲げ，協調するパートナーと捉え，バス停間での乗降とし，タクシー会社に配慮してきた。また，携帯基地局による人の動線情報やWi-Fiネットワークの人の動線情報をタクシー会社に提供し，タクシーの利用状況との情報共有によるgive & take関係も構築するなど，複数の交通事業者と連携が必要なMaaSオペレータを考える礎を築いた点やスマートフォンを最大限活用し，乗車チケット，利用経路，バス停までの経路，降車バス停からの経路の提供などアプリケーションに必要なサービス要件の設計を行っている点，経路や価格に対する利用者の感度を捉える実証実験となった点など，高く評価できるといえる。

　そうした経緯と並行して，2014年10月ころ，フィンランド技術庁（Takes）と運輸通信省（The Ministry of Transport and Communication）が助成し，モビリティサービスのオープンプラットフォーム開発のプロジェクトを開始したとされる。特定のユーザグループのニーズを理解し，適切なDoor to Doorサービスを展開し，シームレスでスムーズなモビリティサービスの実現のために，時刻表，リアルタイムの位置情報，既存の輸送事業者（鉄道，タクシー，カーシェアリングなど）の支払いシステム等のデジタルソリューションへのオープンアクセスが必要となり官民で実施している。

　2014年ITS European Congressにて，MaaSのコンセプトが打ち出され，2015年10月にボルドーで開催されたITS World Congressにて，フィンランドの中心メンバーに加えて英国やデンマークなどの国境を越えた産官学の組織で結成されている。MaaSへの共通アプローチのよりどころとなるものを作り，成功裏に実際されるために必要となる規模の経済を生み，欧州さらにはその外に発展させるパートナーシップとなる組織体である。この組織体におけるおもな目的は単一の開かれたマーケットとMaaSサービスの完全な導入促進であった。

　2016年2月には"MaaS Finland"が始動し，プライベート投資機関やフィンランド技術庁から220万ユーロの資金調達に成功している。2016年6月に"MaaS Finland"から"MaaS Global"に社名変更し，ヘルシンキでサービスを展開する"Whim"のサービス開始された。

〔2〕　MaaS アプリケーション「Whim」

　目的地検索するだけで公共交通機関（地下鉄，バス，トラム）とレンタカー，タクシー，レンタサイクル，カーシェアリングの組合せから最適移動手段を提案，その中から選択することで自動的に支払いまで完了，運賃を月額制で支払うことができるMaaSのアプリケーション（**図5.11**はそのイメージ）である。その設計思想は，マイカー所有からの脱却にある。

　2019年7月末現在のMaaSアプリケーションで予約・利用が可能な交通手段と運営事業者を**表5.3**に示す。

　つぎに料金を確認する。まず，ヘルシンキの公共交通は，ヘルシンキ区間内の14本の電車，11本のトラム，2本の地下鉄，約290路線のバスが，HSL（ヘルシンキ交通局）により運営されている。公共交通サービスが30日間利用できるトラベルカードの運賃は54.7ユーロ，シティバイクの4月から10月の利用料金は30ユーロである。Whimの試験サービス開始時の月額の支払い（**表5.4**）は89ユーロ，249ユーロ，317ユーロ（約1万700円，約3万円，約4

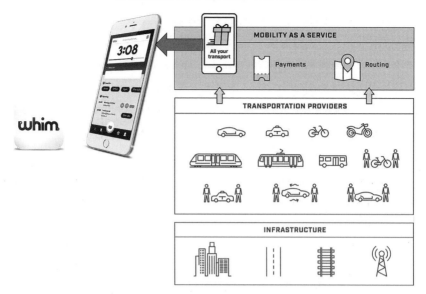

図 5.11 MaaS アプリケーション「Whim」のサービス
〔出典，MaaS Global 社 Whim[32]〕

表 5.3 Whim を構成する交通手段と運営事業者

交通手段	公共交通	タクシー	レンタカー	カーシェアリング	サイクルシェアリング
事業者	HSL/HRL	Taksi Helsinki Lähitaksi	シクスト（Sixt）ハーツ（Hertz）トヨタレンタカー	ALD Sharing Veho GO	HSL/HRL

表 5.4 MaaS アプリケーション "Whim" の試験サービス開始時のプラン

料金プラン	Whim Light	Whim Medium	Whim Premium
料　金	89 ユーロ/月	249 ユーロ/月	317 ユーロ/月
タクシー	10 km 範囲 2 回（1 000 ポイント）	10 km 範囲 8 回（5 500 ポイント）	10 m 範囲 8 回（8 000 ポイント）
公共交通	上限なし利用可能	上限なし利用可能	上限なし利用可能
レンタカー	―	レンタカー 2 日	レンタカー 5 日
カーシェア	サービス提供なし		
バイクシェア	サービス提供なし		

万 6 千円）の 3 種類で，交通モードも地下鉄・バス・トラムの公共交通とレンタカー，タクシーが利用可能で，利用ごとにポイントが引かれる課金の仕組みであった。

　現在の料金体系を示したものが**表 5.5** である。2019 年 7 月末時点で四つのプランが存在する。都度利用にあたる Whim to Go，30 日間有効の Whim Urban 30 と同様に 30 日間利用であるが金曜日 15 時から月曜日 14 時までレンタカーの利用が可能で，タクシー（5 km まで）は

表 5.5 MaaS アプリケーション "Whim" の現在（2019 年 7 末時点）のプラン

料金プラン	Whim Urban30	Whim Weekend	Whim Unlimited
料 金	59.7 ユーロ/月 ※ HSL AB エリアの料金であり，エリアによる異なる	249 ユーロ/月 ※ HSL AB エリアの料金であり，エリアによる異なる	499 ユーロ/月
タクシー	5 km 10 ユーロ	運賃 15 % 割引き	5 km 指定なし利用可能
公共交通	30 日チケット	30 日チケット	指定なし利用可能
レンタカー カーシェア	49 ユーロ/日	週末のみ利用可能	指定なし利用可能 ※ 2 時間までがプランに含まれており，2 時間以上は 5 ユーロ/30 分
バイクシェア	30 分以内無料 30 分以上 1 ユーロ/30 分 （最大 5 時間まで）	30 分以内無料 30 分以上 1 ユーロ/30 分 （最大 5 時間まで）	30 分以内無料 30 分以上 1 ユーロ/30 分 （最大 5 時間まで）

15 % 割引きされる Whim Weekend や月額制の Whim Unlimited がある。Whim Unlimited は，フィンランドでマイカーを所有すると 1 か月当り，約 600 ユーロ弱の支出となる点を加味して設定している。

　MaaS Global 社は，各交通事業者をとりまとめる役割を担う。消費者（利用者）にはポイントを販売し，そこから手数料と利益分を除き，交通費の実費を各交通事業者に支払う。MaaS Global 社では自らは資産をもたず，人の移動（モビリティ）を円滑にする立場に徹し，拠点を広げる計画（英国バーミンガムでもサービス開始）である。MaaS Global 社には日本からもトヨタファイナンシャルサービス株式会社，あいおいニッセイ同和損害保険株式会社も共同で出資している。

　この Whim に関して，Rambol 社は MaaS Global 社より提供された 2018 年の 1 年間のデータを分析した報告書 "WHIMPACT"[35] を発表した。その内容を簡単に示すと，公共交通を利用して移動する割合として，ヘルシンキの居住者で 48 %，Whim 利用者は 73 % であり，公共交通とタクシーを組み合わせた交通手段をマルチモーダルに利用する割合は，Whim 利用者がヘルシンキ居住者の 3 倍であることが記載されている。加えて，Whim 利用者は，ヘルシンキ居住者よりも，日常的に公共交通機関の利用の前後でシティバイクを，公共交通機関の後でタクシーを利用する傾向にあるとしている。1 日の平均移動距離は，いずれも変化はなく，Whim を利用した移動の 95 % は，公共交通であるとしている。この結果はあくまでも相対量としての比較を示しているに過ぎない。すなわち，日本でもよくいわれるように高齢者パスを購入することで，電車・バスでの移動が増えるのか，移動が多い人が高齢パスを購入するのかという相関関係の把握が難しいことと同様に，公共交通を多く利用する人が Whim を利用している可能性を否定することはできない点に注意が必要であるといえる。

5.2.5　わが国における MaaS

5.2.4 項にてヘルシンキにおける MaaS の起こりと MaaS Global 社におけるアプリケーション Whim での展開を説明したが，本項ではわが国における MaaS について述べる。MaaS に関して，2019 年 8 月現在では交通事業者や自治体が中心になって，多くの地域で実証実験を行い，社会実装に向けた取組みが進められている。鉄道やバス，タクシーを運行・管理する交通事業者に加えて，都市課題の解消を目指して行政が主導して進めるケースも存在する。

　鉄道事業者として MaaS に積極的な取組みを見せているのは東日本旅客鉄道株式会社（以下，JR 東日本）である。JR 東日本[36]では，グループ経営ビジョン「変革 2027」の実現に向けて，移動のための情報・購入・決済をオールインワンで行うことができる「モビリティ・リンケージ・プラットフォーム」を構築することにより，「シームレスな移動の実現（＝MaaS)」を目指した取組みを行っている。MaaS 事業を取りまく現状を踏まえて，技術イノベーション推進本部の中に，MaaS を専門に取り組む「MaaS 事業推進部門」を設置し，スピーディな事業展開を目指している。また，小田急電鉄株式会社（以下，小田急)[37]でも中期経営計画において，「次世代モビリティを活用したネットワークの構築」を掲げ，自動運転バスの実用化に向けた取組み，マルチモードでの移動や目的地における活動までを含めて，検索から予約・決済まで，一つのサービスのようにシームレスに利用者に提供するサービスの実現に向けた取組みを推進している。具体的に，"MaaS Japan"（**図 5.12**）では，小田急が株式会社ヴァル研究所（以下，ヴァル研究所）と手を組み，開発している鉄道やバス，タクシーなどの交通データや各種フリーパス，商業施設での割引優待をはじめとした電子チケットの検索・予約・決済などの機能を提供している。このアプリケーションに基づくデータ基盤は，MaaS アプリへの提供を前提とした日本初のオープンな共通データ基盤として位置付けられ，他の交通事業者や自治体等が開発する MaaS アプリケーションにも活用が可能であるとしている。

　鉄道事業者と自治体が手を組み進めている事例としても存在し，例えば静岡鉄道株式会社

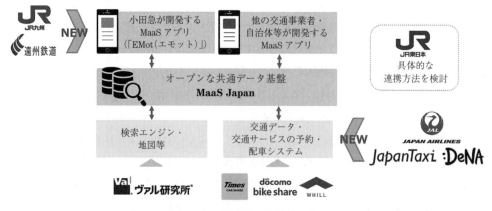

図 5.12　オープンな共通データ基盤：MaaS Japan
〔出典：小田急電鉄株式会社[37]〕

（以下，静岡鉄道）では 2019 年 6 月 18 日，国土交通省と経済産業省が新たなモビリティサービスの実用化を目指すモデル事業の認定を受け，新たな実証を加速させている。鉄道事業以外に，バス事業，タクシー事業，不動産事業，小売業として地域のスーパーマーケットを展開する静岡鉄道は，静岡市，株式会社静岡銀行などと組み，静岡市内における次世代移動サービス MaaS を進めている。その取組みの一つとして，タクシー相乗りサービスの実証実験を実施している。ここでは，スマートフォンアプリケーションを使ってタクシーを呼び，AI（人工知能）が自動でルートを決めて利用者を拾う仕組みを検証している。11 月からはタクシーに加えて鉄道，路線バスとの連携や予約から決済までの一括サービスとして実験している。スマートフォンアプリケーションはヴァル研究所[34)]の「複合経路検索サービス『mixway』」と未来シェアの「SAVS（AI 相乗りタクシー）」が連携したシステムとして提供し，出発地から目的地まで既存公共交通（鉄道や路線バス）の経路検索サービスに加えて，特定地区内ではラストマイル交通として SAVS の経路案内と予約が可能である（**図 5.13**）

（a）　トップ　　　　　　**（b）　検索結果一覧**　　　　　　**（c）　検索結果詳細**

図 5.13　静岡市における居住者向け MaaS 実証実験におけるアプリケーションイメージ
〔出典：株式会社ヴァル研究所[34)]〕

　各省庁においても MaaS の実装に向けて，積極的な支援を展開している。国土交通省は，MaaS 等の新たなモビリティサービスの推進を支援する「新モビリティサービス推進事業」と

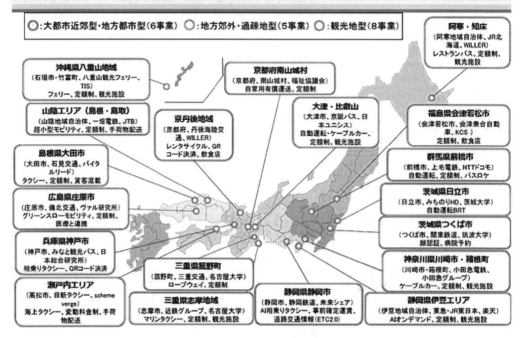

図 5.14　国土交通省における新モビリティサービス推進事業 先行モデル事業
〔出典，国土交通省 ³⁸⁾〕

して，先駆的な取組みを実施する「先行モデル事業」を 19 事業選定した（**図 5.14**）。さらに，国土交通省と経済産業省では，日本版 MaaS の実現に向けて，官民連携で活動を推進する意欲がある団体を「パートナー」として，2019 年 6 月には新しいモビリティサービスの社会実装を通じた移動課題の解決および地域活性化に挑戦する地域や企業を応援する新プロジェクト「スマートモビリティチャレンジ」として 28 の支援対象地域・事業を選定し，MaaS の推進加速を目指している。

　交通事業者，自治体以外に，自動車 OEM においても，5.2.1 項にも記載したとおり，2018年 1 月に米国のネバダ州ラスベガスでの 2018 International CES において，トヨタの豊田章男代表取締役社長が MaaS に言及したことで，自動車 OEM でも全方位的な取組みが進められている。自動車 OEM の事業はこれまで自動車を生産・販売することであったが，シェアリングの台頭による自動車の「所有」から「利用」へのシフト等，さまざまな環境変化により，自動車を販売するのではなく，自動車による移動サービスを提供する環境を整えなければ長期的に収益を高められないという問題意識が根底にある。そして，トヨタのモビリティサービスの根幹を担うものが MSPF（Mobility Service Platform）（**図 5.15**）である。MSPF サービス事業者や自動運転技術パートナーに必要な API をオープン化，OTA（over the air：無線ネットワークを利用・経由した通信）環境などを構築するものであり，データコミュニケーションを可能と

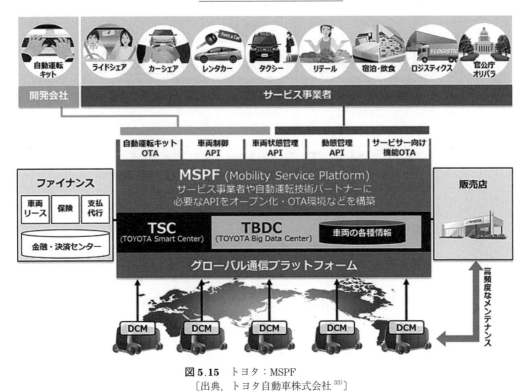

図 5.15 トヨタ：MSPF
〔出典，トヨタ自動車株式会社 [33]〕

する車載用通信モジュールにより自動車がコネクテッド化することが可能となる。さらに，2018 年 10 月には新しいモビリティサービスの構築に向けて，ソフトバンク株式会社（以下，ソフトバンク）と連携しモネ テクノロジーズ（MONET Technologies）（**図 5.16**）を設立した。CES で発表した e-Pallete を実社会に展開し，物流，医療，移動中のオフィスやショップ，時間帯においては少人数の輸送の自動運転車両として展開し，MSPF からの車両データと IoT プラットフォームからの人流データ等を統合した需給最適化システムの開発を進めている。

トヨタでは，ほかにも交通事業者である西日本鉄道とも連携し，スマートフォンを活用したマルチモーダルなモビリティサービスである "my route"[30] を開発し，福岡にて実証実験を進めている。my route のホームページでは，「人がもっと楽しく移動できると，まちはきっと魅力的になる，まちにあるすべての移動手段，たくさんの見どころやイベント。まちと人がもっと繋がることができたなら。もっと自由に，もっと楽しく移動することができるはず」としており，モビリティだけに留まらず，街を対象に中心地への集客，賑わいの創出も目指した取組みである，構築された MaaS アプリケーションでは，街のすべての移動手段を組み合わせて検索が可能であり，自動車，バス，電車，タクシー，サイクルシェア，レンタカーなどを組み合わせた移動ルートの選択肢を提供し，予約・支払いもアプリで完結する。なお，タクシーの予約・支払い，バスのフリー乗車券の購入・利用が可能である。まちをもっと楽しむためのイベントやグルメ，観光情報も含まれている。このアプリケーションの特徴として，自動車も選択

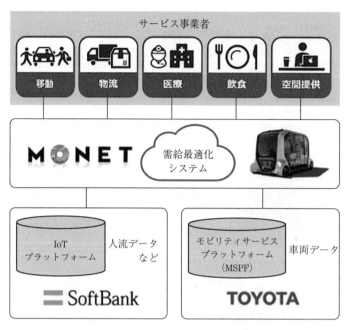

図5.16 モネ テクノロジーズの概要
〔出典，ソフトバンク株式会社[39)]〕

可能となっている点である。

5.2.6　MaaS の普及への期待と課題

　MaaS の成立ちの背景とフィンランドにおける事例，わが国における MaaS の現状を鑑み，普及への課題と期待を述べる。

　MaaS がもたらす社会インパクトについては，すでに 5.2.3 項で述べたとおりである。わが国における MaaS は，鉄道やバスの交通事業者が参画する形で，地方都市型，過疎地型，観光地型，また自動車関連の製造業が主導する MaaS などが先行的に進められているが，成功事例が必要不可欠である。2019 年 8 月時点で，実証実験という位置付けで進められ，その実証の成功が今後の普及への鍵を握っており，他地域での推進の原動力となることはいうまでもない。それは，コミュニティバスの事例をみれば，1990 年代に東京多摩地区において走行した武蔵野市ムーバスの成功が，その後わが国に各地に広がっていった事例からも想像ができる。

　しかしながら，行政，自治体がバス，鉄道といった公共交通に強いイニシアティブを握っているフィンランドの事例とは異なり，わが国では多くの鉄道事業者，バス事業者，タクシー事業者が存在しており，大都市，大都市近郊，地方都市，過疎地域等で抱える問題はそれぞれ異なる。例えば，過疎地では高齢化による医療や買い物難民の存在が顕著であり，その地域が抱える問題点が存在する。こうした問題に関しては，交通事業者だけでの解決は難しいことから，利用者の移動ニーズを把握し，行政，自治体が中心となり，交通施策の中に，MaaS を位

置付け，展開することが何より求められる。また，地方，過疎地域での MaaS では採算性の側面から適切なビジネスモデルの構築ができるのかという課題もある。その意味からも行政，自治体サービスの一環として，移動，モビリティを見直す必要があるといえる。

　また，わが国の都市部においては，複数の鉄道，バス，タクシーといった交通事業者が存在しており，MaaS アプリケーションにおいて重要な役割を果たす決済に関する課題も生じる。これも決済といういい方よりも，運賃の一元化といういい方のほうが適切かもしれない。MaaS では異なる交通事業者間の運賃についても一元化した運賃として決済できる仕組みが求められる。しかしながら，わが国においてはバス，鉄道，タクシーにおいて運賃を規定する法律が異なっており，交通事業者で自由に運賃を決定することができない。それは，MaaS オペレータでも同様である。しかしながら，運賃の精算という意味では 2013 年 3 月に，現在では多くの人が所持，利用している交通系 IC カードに関して，全国相互利用サービスが実現した事例もある。今回のケースでは，異なる交通事業者間での運賃ということで同様とはいえず，政府主導による国を挙げての取組みにより法律の改正が期待される。

　MaaS ではプラットフォームに多くのデータが連携・蓄積されることになる。このデータを共有できるのかという課題もある。交通事業者や地図事業者などは大義名分として，データ共有すべきということは理解しているものの，自らのデータを共有することへの抵抗が存在している。例えば，自動車メーカが所持している個々の車両に関するプローブデータに関してもこれまでも協調領域，競争領域を分け，データ共有に関する議論がなされてきた。現在では，有事におけるデータ共有については各社協力体制が整う一方で，通常時におけるデータ共有については依然として達成されていない。複数の事業者，複数のデータが存在し，事業者の大小，データ量の大小も異なる中で，一定の価値を見い出し，利用者の利便性のためにという目的に向けて，データ共有を達成することが求められる。

　交通革命，移動革命と称される中核を担う MaaS は 5.2.1 項の冒頭にも述べたとおり，単にビジネスモデル重視で展開されるのではなく，個々人のニーズ，需要に即した移動の最適化が達成され，都市や地域全体が最適化することで，個人はもちろん，交通事業者のみならず，さまざまな事業者，さまざまな地域において，交通，移動を巡る課題，問題解決へとつながることが期待される。

引用・参考文献

1） ジェレミー・リフキン 著，柴田裕之 訳：限界費用ゼロ社会 ー〈モノのインターネット〉と共有型経済の台頭ー，NHK 出版（2015）
2） 政府 CIO ポータルのウェブページ：シェアリングエコノミー促進室，
　　https://cio.go.jp/share-eco-center/
3） 総務省：平成 30 年版 情報通信白書（2018）

4 ） 中川雅之：公共経済学と都市政策，日本評論社（2008）

5 ） NCHRP（National Cooperative Highway Research Program）Research Report 835：Guidelines for Implementing Managed Lanes, The National Academies Press（2016）： https://doi.org/10.17226/23660

6 ） 交通エコロジー・モビリティ財団のウェブページ：わが国のカーシェアリング車両台数と会員数の推移，http://www.ecomo.or.jp/environment/carshare/carshare_graph2019.3.html

7 ） car2go 記者発表資料（2019 年 2 月 28 日）： https://www.car2go.com/media/data/na/press/releases/share-now-n.a.-announcement_022819.pdf

8 ） BMW Group と Daimler AG の joint venture のウェブページ： https://www.your-now.com/our-solutions

9 ） 溝上章志，森 俊勝：Autolib' 事業から見た我が国へのカーシェアリングの導入可能性，交通工学，**53**，4，pp.54-60（2018）

10） 溝上章志，森 俊勝：Autolib' 事業の契約解除とカーシェアリングサービスの行方，交通工学，**54**，1，pp.43-51（2019）

11） 経済産業省：「IoT や AI が可能とする新しいモビリティサービスに関する研究会」中間整理，2018 年 10 月：https://www.meti.go.jp/press/2018/10/20181017005/20181017005-2.pdf

12） Uber Technologies 社記者発表資料（2019 年 8 月 8 日）： https://investor.uber.com/news-events/news/press-release-details/2019/Uber-Reports-Second-Quarter-2019-Results/default.aspx

13） Uber Technologies 社の Apple App Store

14） 国土交通省自動車局旅客課：自家用有償旅客運送ハンドブック，2018年4月（2019年12月改定），https://www.mlit.go.jp/jidosha/content/001321704.pdf

15） NPO 法人 気張る！ふるさと丹後町のウェブページ： http://kibaru-furusato-tango.org/about-sasaeai/

16） 国土交通省道路局自転車活用推進本部のウェブページ： http://www.mlit.go.jp/road/bicycleuse/new.html

17） 国土交通省都市局街路交通施設課：シェアサイクルの取組等について，第 9 回全国シェアサイクル会議，2018 年 11 月，http://www.mlit.go.jp/common/001267508.pdf

18） 日本交通計画協会：都市交通としてみたシェアサイクルの動向〜社会的課題の解決のために〜，第 9 回全国シェアサイクル会議，2018 年 11 月 30 日，http://www.mlit.go.jp/common/001267511.pdf

19） 三浦清洋：都市交通としてのバイクシェアリングの可能性 ―大規模システムの特徴と課題―，国際交通安全学会誌，**42**，1，pp.64-70（2017）

20） Mobike のウェブページ：よくある質問，https://mobike.com/jp/faq

21） 日本電気株式会社が運営する wisdom のウェブサイト，田中信彦：中国のシェア自転車はなぜ失速したのか 〜投資偏重「中国的経営」の限界，2018 年 8 月 30 日，https://wisdom.nec.com/ja/business/2018083001/index.html

22） Institute for Transportation and Development Policy（ITDP）：Optimizing Dockless Bikeshare for Cities，2018 年 4 月

23)　レイチェル・ボッツマン 著，関 美和 訳：TRUST 世界最先端の企業はいかに〈信頼〉を攻略した
　　　か，日経 BP 社（2018）

24)　MaaS Alliance：White Paper（2017 年 9 月 4 日），
　　　https://maas-alliance.eu/wp-content/uploads/sites/7/2017/09/MaaS-WhitePaper_final_
　　　040917-2.pdf

25)　ERTICO（European Road Transport Telematics Implementation Coordination Organization）のウェ
　　　ブページ：https://ertico.com/

26)　国土交通省：国土交通政策研究所報第 69 号（2018 年夏季）

27)　日高洋祐，牧村和彦，井上岳一，井上佳三：MaaS モビリティ革命の先にある全産業のゲーム
　　　チェンジ，日経 BP 社（2018）

28)　Goodall, W., Dovey Fishman, T., Bornstein, J., and Bonthron, B.：The rise of mobility as a service.
　　　Reshaping how urbanites get around, Deloitte Review, Issue 20（2017）

29)　Sochor, J., Arby, H., Karlsson, M., and Sarasini, S.：A topological approach to Mobility as a service：
　　　A proposed tool for understanding requirements and effects, and for aiding the inter gration of soci-
　　　etal goals, IcoMaaS 2017 Proceedings（2017）

30)　トヨタ自動車株式会社のウェブページ：ニュースルーム，西鉄とトヨタ，福岡市でマルチモー
　　　ダルモビリティサービス「my route」の実証実験を開始（2018 年 10 月 31 日），
　　　https://global.toyota/jp/newsroom/corporate/25094536.html

31)　moovel Group GmbH のウェブページ：https://www.moovel.com/ja

32)　MaaS Global 社のウェブページ：Whim，https://whimapp.com/

33)　トヨタ自動車株式会社のウェブページ：トヨタ自動車，モビリティサービス専用 EV "e-Palette
　　　Concept" を CES で発表（2018 年 1 月 9 日），
　　　https://global.toyota/jp/newsroom/corporate/20508200.html

34)　株式会社ヴァル研究所のウェブページ：ニュースリリース，静岡市内居住者を対象とした MaaS
　　　実証実験を 2/15 開始，https://www.val.co.jp/topics/2019/020701.html

35)　Ramboll 社のウェブページ：WHIMPACT，
　　　https://ramboll.com/-/media/files/rfi/publications/Ramboll_whimpact-2019.pdf

36)　東日本旅客鉄道株式会社のウェブページ：JR 東日本ニュース（2019 年 3 月 20 日），MaaS 事業
　　　推進のための専門組織の設置について，https://www.jreast.co.jp/press/2018/20190314.pdf

37)　小田急電鉄株式会社のウェブページ：NEWS RELEASE，オープンな共通基盤「MaaS Japan」に
　　　関する連携拡大について，第 19-20 号（2019 年 5 月 27 日），
　　　https://www.odakyu.jp/news/o5oaa1000001jpt4-att/o5oaa1000001jptb.pdf

38)　国土交通省：報道発表資料，日本版 MaaS の展開に向けて地域モデル構築を推進！〜 MaaS 元
　　　年！先行モデル事業を 19 事業選定〜（令和元年 6 月 18 日），添付資料別紙 1，
　　　https://www.mlit.go.jp/report/press/sogo12_hh_000150.html

39)　ソフトバンク株式会社のウェブページ：プレスリリース 2018 年，ソフトバンクとトヨタ自動車，
　　　新しいモビリティサービスの構築に向けて戦略的提携に合意し，共同出資会社を設立（2018 年
　　　10 月 4 日），事業イメージ，https://www.softbank.jp/corp/news/press/sbkk/2018/20181004_01/

1 2 3 4 5 6

6 物流サービス

本章では，モビリティサービスのうち物流を取り上げ，まず，ロジスティックス，サプライチェーン等の概要について説明し，物流サービスの効率化手法として配車配送計画と施設立地計画を紹介する。そのうえで，近年の電子商取引と宅配便の増加の現状を紹介し，サプライチェーンの効率化に向けた取組みとして，物流情報の電子データ化や物流拠点の省力化・省人化，物流道路ネットワークの整備，トラック輸送の省力化，ドローンによる宅配輸送の効率化等の近年の物流サービスの進展，および災害時の物流について紹介する。

6.1 ロジスティクス

6.1.1 サプライチェーン

物流（物的流通，physical distribution）は，流通の過程において商取引に伴い生じる，商品や物資の輸送，保管，流通加工，包装，荷役，情報の機能をもつ。物流においては，受発注や在庫・配送などの情報を活用しつつ，物流施設に保管しておいた商品や物資を輸送や保管時の品質維持のために包装し，輸送手段に積み込み（荷役），目的地まで輸送する。物流施設においてほかの商品や物資と組み合わせて加工（流通加工）することもある。また，これらの一連の流れを俯瞰的に把握し，効率的かつ効果的に計画，実施，統制することをロジスティクス（logistics）という[1),2)]。さらに，物資の流れをより俯瞰した視点から見れば，原材料の調達と商品の生産から，最終消費に至るまでの一連の流れがある。そこには同一企業内か別企業間かを問わず，発注，受注，出荷，入荷の物流のサイクルが複数の鎖のようにつながっており，サプライチェーン（supply chain）と呼ばれる。**図 6.1** にサプライチェーンと物流の関係を示す。最近では，最終消費の後の廃棄やリサイクルまでサプライチェーンに含めて考慮される場

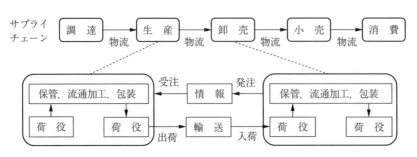

図 6.1 サプライチェーンと物流の関係

合もある。

　サプライチェーン全体の中で商品や物資の最適な供給を管理することをサプライチェーンマネジメント（supply chain management）という。サプライチェーンマネジメントの一環として，企業が物流業務を外部委託する場合がある。外部委託には，物流作業の外部委託，物流部門の子会社化，サードパーティ・ロジスティクス（third party logistics, 3PL）の三つの形態が存在する。従来は物流作業を外部の物流事業者に委託する形が一般的であったが，物流業務の採算性向上を目的として物流部門を子会社化して物流管理と物流作業の両方を委託する形がとられた。さらに，物流合理化の必要性の向上や物流業務そのものが複雑になってより専門的な知識が必要となり，荷主企業でも物流事業者でもない第三者に荷主が物流業務を包括的に委託する 3PL が増えてきた。3PL 事業者は効率的なロジスティクスの提案，輸送管理システムの構築，物流作業等を荷主企業に代わって行う[3]。

6.1.2　ロジスティクスモデル

　物流を効率化するために，さまざまな数理最適化問題（mathematical optimization problem）が構築されている。ここでは，代表的なロジスティクスモデルである施設配置計画（facility location problem）と配車配送問題（vehicle routing problem）の基本的な構造を紹介する。

〔1〕　施設配置問題

　施設配置問題は，与えられた空間内において施設を最適な位置に配置する問題である。物流においては，物流拠点を設置するための費用と物流拠点から出荷先（物資の需要点）に輸送する際の費用の両者を考慮して総費用が最小となる配置を決定する問題となる。

　物流拠点の候補地集合を I，出荷先の集合を J とし，物流拠点 $i \in I$ を設置するための費用を f_i，物流拠点 $i \in I$ から出荷先 $j \in J$ への 1 単位の物資を輸送するのに要する費用を c_{ij}，出荷先 $j \in J$ の需要量を D_j とする。ここで，物流拠点 i から出荷先 j への輸送量を x_{ij}，物流拠点 i に拠点を設置するか否かを y_i（設置する場合 1，設置しない場合 0）で表すと，施設配置問題は以下で定式化される[4]。

$$\min \sum_{i \in I} \sum_{j \in J} c_{ij} x_{ij} + \sum_{i \in I} f_i y_i \tag{6.1}$$

$$\text{subject to} \sum_{i \in I} x_{ij} = D_j, \quad \forall j \in J \tag{6.2}$$

$$\sum_{j \in J} x_{ij} \leq M_i y_i, \quad \forall i \in I \tag{6.3}$$

$$x_{ij} \geq 0, \quad \forall i \in I, \quad \forall j \in J \tag{6.4}$$

$$y_i \in \{0, 1\}, \quad \forall i \in I \tag{6.5}$$

　ここで，式 (6.1) は第 1 項が輸送費用，第 2 項が物流拠点の設置費用であり，輸送量 x_{ij} と拠点設置 y_i を最適化することによって，総費用を最小化することを示している。制約条件のうち，式 (6.2) は出荷先の需要がすべて満たされることを示しており，式 (6.3) は設置

された拠点からのみ輸送が可能であることを示している。なお，拠点の容量制約を考慮しない場合には M_i は定数として非常に大きな値を用いる。一方，拠点の容量制約を考慮する場合には，拠点 i の容量を M_i とする。式（6.4）は輸送量 x_{ij} の非負条件であり，式（6.5）は拠点設置 y_i が 0 か 1 のいずれかであることを示している。

　上記の施設配置問題は，決定変数が輸送量 x_{ij} の連続変数と拠点設置 y_i の離散変数の組合せであり，混合整数計画問題（mixed integer programming）に属する。混合整数計画問題は規模が大きくなると現実的な計算時間内で厳密な最適解を求めることが困難となる。そのため，大規模な問題では，近似解法やメタヒューリスティック等を用いて現実的な解を求めることとなる。

〔2〕　配車配送問題

　配車配送問題は，一つの物流拠点に複数の輸送車両が存在し，各車両が複数の出荷先を巡回して物資を輸送して再び物流拠点に戻ってくるときに，輸送費用が最小となる各車両への出荷先の割当てと出荷先への訪問順序を決定する問題となる。このように複数の出荷先を巡回するような輸送は物流拠点が宅配デポ，出荷先が顧客である宅配サービス等において顕著である。

　配車配送問題は，物流拠点と出荷先をノード，物流拠点と各出荷先の間および出荷先間の経路をリンクとしたグラフによって表現されることが多い。輸送車両の集合を K，物流拠点と出荷先のノード集合を V，出荷先のノード集合を C，拠点と出荷先間および各出荷先間のリンク集合を A とし，リンク $(i, j) \in A$ の輸送に要する費用を c_{ij}，出荷先 $i \in C$ へ配送する輸送量を d_i，車両 $k \in K$ の容量制約を q_k とする。ここで，リンク (i, j) の輸送に車両 k が割り当てられるか否かを x_{ijk}（割り当てられる場合 1，割り当てられない場合 0）で表すと，配車配送問題は以下で定式化される[1]。ただし，リンク $(0, j)$ は出発地が物流拠点であるリンク，リンク $(i, 0)$ は到着地が物流拠点であるリンクを表す。

$$\min \sum_{k \in K} \sum_{(i,j) \in A} c_{ij} x_{ijk} \tag{6.6}$$

$$\text{subject to } \sum_{k \in K} \sum_{j \in V} x_{ijk} = 1, \quad \forall i \in C \tag{6.7}$$

$$\sum_{i \in C} d_i \sum_{j \in V} x_{ijk} \leqq q_k, \quad \forall k \in K \tag{6.8}$$

$$\sum_{j \in V} x_{0jk} = 1, \quad \forall k \in K \tag{6.9}$$

$$\sum_{i \in V} x_{ihk} - \sum_{j \in V} x_{hjk} = 0, \quad \forall h \in C, \ \forall k \in K \tag{6.10}$$

$$\sum_{i \in V} x_{i0k} = 1, \quad \forall k \in K \tag{6.11}$$

$$x_{ijk} \in \{0, 1\}, \quad \forall (i, j) \in A, \ \forall k \in K \tag{6.12}$$

　ここで，式（6.6）はリンク (i, j) への車両の割当てを最適化することによって，総費用を最小化することを示している。制約条件のうち，式（6.7）は出荷先への来訪が 1 回である

ことを示しており，式（6.8）は輸送車両に積載される輸送量が容量制約以下であることを示している。また，式（6.9）〜（6.11）は物流車両の巡回に関する制約式であり，式（6.9）はいずれの車両も物流拠点からの出発が1回，式（6.10）はある出荷先に来訪した車両はそこから出発すること，式（6.11）は物流拠点への到着が1回であることを示している。式（6.12）はリンク (i, j) への車両 k の割当てが0か1かのいずれかであることを示している。

なお，宅配サービス等においては顧客への到着時刻が制約される場合も多い。出荷先 i に最早到着可能時刻 a_i と最遅到着可能時刻 b_i の制約がある場合には，リンク (i, j) の所要時間と出荷先 i での荷捌き等に要する時間の合計を t_{ij}，車両 k の出荷先 i への到着時刻を s_{ik} とし，以下の条件式を追加することとなる。

$$s_{ik} + t_{ij} - s_{jk} \leqq (1 - x_{ijk})M, \quad \forall (i, j) \in A, \ \forall k \in K \tag{6.13}$$

$$a_i \leqq s_{ik} \leqq b_i, \quad \forall i \in C, \ \forall k \in K \tag{6.14}$$

ここで，式（6.13）は車両が出荷先 i に到着した時刻に，出荷先での荷捌き等に要する時間とリンク (i, j) の所要時間を加えた時刻がつぎの出荷先 j への到着時刻となることを示している。なお，施設配置問題と同様に M_i は定数として非常に大きな値を用い，車両 k がリンク (i, j) に割り当てられる場合のみに制約条件が有効になることを示している。また，式（6.14）は出荷先 i の到着制約時間内に車両が到着することを示している。

配車配送問題は，決定変数がリンク (i, j) の輸送への車両 k の割当て x_{ijk} の離散変数であり組合せ最適化問題（combinatorial optimization problem）となる。また，到着時刻制約を考慮する場合には，出荷先への到着時刻 s_{ik} の連続変数が決定変数に加わるため，施設立地問題と同様に混合整数計画問題となる。いずれの場合も規模が大きくなると現実的な計算時間内で厳密な最適解を求めることが困難となるため，近似解法やメタヒューリスティック等を用いて現実的な解を求めることとなる。近年では，量子コンピュータ等により組み合わせ最適化問題の計算高速化に関する研究開発が進められており，現実的な計算時間内での大規模な問題に対する解の精度向上が期待される。

6.2 物流サービスの進展

通信販売の急速な利用拡大やインターネットを利用した個人間売買が増加し，宅配便の取扱いが増加している（**図 6.2**）。2017 年には電子商取引（E コマース，electronic commerce）の増加に伴う宅配便の急増が生産年齢人口の減少と相まって運送会社における業務過多や労働者不足などの宅配クライシスと呼ばれる問題が顕著となった[7]。国土交通省の 2014 年の調査[8]では，全訪問回数に対する不在訪問回数は約 20 % であり，宅配便の走行距離のうち，25 %が再配達によるものとなっている。その結果，再配達に年間 1.8 億時間が費やされており，再配達による大きな社会的損失が発生している。このような状況において，宅配輸送だけでなくサプライチェーン全体を効率化するさまざまな取組みが進められている。

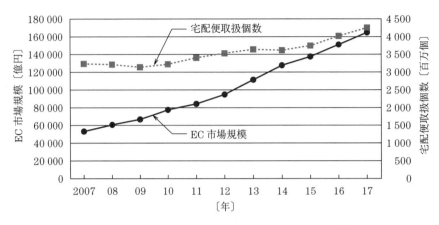

図 6.2　Eコマース市場規模と宅配便取扱個数の推移 [5), 6)]

6.2.1　物流情報の電子データ化とその活用

　サプライチェーン全体の効率化を図るうえで，荷主企業や物流事業者などのサプライチェーンに係わるさまざまな関係者間の情報連携と統合的なデータの活用が重要である。物流はトラックや船などさまざまな輸送手段により物資が輸送される。物資の動きを把握するためには，各物流拠点で個々の物資がどのトラックに積まれ，どこに位置するのか等，輸送に関する情報の共有化が必要である。トラックや船の位置情報や空き情報などをテレマティクス技術で取得・管理している企業もあるが，これらの情報を共有する仕組みが必要となっている。これを実現するため，戦略的イノベーション創造プログラム（SIP）「スマート物流サービス」では，物流・商流データプラットフォームの構築が進められている [7)]。また，物資そのものに関する情報については，これまでバーコード等により商品情報が識別されてきた。ただし，バーコードでは，同種の商品の区別が不可能であり，一つひとつの物資の読取り作業が必要である。物資を個品単位で効率的に管理するために安価な電子タグ（RFIDタグ，radio frequency identifier tag）の開発が進められている [7)]。電子タグでは，バーコードと異なり同種の商品についても商品を1単位ずつ識別する個品管理が可能であり，離れた位置からでも複数の電子タグの一括読取りが可能となる。そのため，物資の管理が格段に効率化されることが期待される（**図 6.3**）。経済産業省では，2017年にコンビニ各社と「コンビニ電子タグ1 000億枚宣言」を策定し，2025年までに全取扱商品に電子タグを貼り付け，商品の個品管理を実現することを目標としている。

　物資に関する情報と輸送に関する情報が電子データ化され，物流・商流データプラットフォームによって共有されることで，サプライチェーンのさまざまな効率化が可能となる。その一つは図6.1に示したサプライチェーン全体で情報が共有されることによるものである。サプライチェーン内で情報が共有されれば，どの施設にどの程度の在庫が保管されているのかをリアルタイムに把握することが可能となる。それにより，過剰な在庫を減らして保管費用を削減したり，在庫が足りなくなった時点で自動的に発注することで欠品を回避することが可能

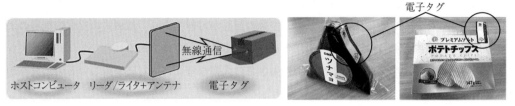

図 6.3 電 子 タ グ [9), 10)]

となる。これらは，必要な製品（部品）を必要な量だけ，必要な場所に，必要なタイミングで供給することを表すジャスト・イン・タイム（just in time）にほかならない。1960 年代にトヨタ自動車株式会社（以下，トヨタ）で考案された「かんばん」方式は，後工程において作業を開始する際に，部品箱に取り付けられている部品納入の時間や数量が書かれた作業指示書（かんばん）を外し，前工程や部品メーカに戻すことで，その分だけ部品を補給する仕組みであった。すなわち，作業指示書が情報伝達の道具として用いられていたのである。これらの情報が電子データ化されることでジャスト・イン・タイムの実現が格段に容易になる。さらに，直接の発注，受注関係にある二者間の情報伝達だけではなく，サプライチェーン内の離れた二者間でも情報が共有されることにより，例えば，特定の商品の売行きを企画・生産部門がリアルタイムで把握することで，迅速な追加生産や新たな商品の開発にも活用することが可能である。

　サプライチェーン内での情報共有に加えて，他の企業や業界と情報を共有することによる効率化も可能である。物流効率化の方法の一つは，トラックの積載効率を向上させることであるが，近年のトラック積載効率は約 40 ％ と低い水準となっている。トラックの積載効率は輸送トンキロを能力トンキロで除することで計算されるため，仮に生産拠点から物流拠点までトラックの積載能力限度まで物資を積んで輸送しても，配送先の物流拠点から生産拠点に戻る際に何も積まないと積載効率は 50 ％ となる。よって，積載効率を向上させるためには，往路において積載率を向上させることと，復路において空荷となることを回避することの両面のアプローチが存在する。前者については，荷主企業間において同方向の物流需要を集約することで積載率を向上させることが可能であり，企業間において物流需要に関する情報を共有することで，複数の企業の物資を載せた共同物流が可能となる。一方，後者については帰り荷を求める運送会社と物流需要をもつ荷主を結び付けることで積載効率を向上させることが可能である。いずれの場合にも物流需要に関する情報と輸送に関する情報が電子データ化されて共有されることで，それらのマッチングが格段に容易になり，積載効率の向上が可能となる [11)]。

6.2.2 物流拠点の省力化・省人化

　物流拠点においては，図 6.1 に示したように荷役，保管，流通加工，包装等の作業が行われているが，これらの作業の省力化・省人化による効率化が図られている。1960 年ころから

実用化されている自動倉庫は入荷から出荷までの作業を自動化することが可能である。入出庫管理がコンピュータで自動化されるため人件費の節約が可能であり，機械式の立体駐車場のような立体型の倉庫の場合には空間利用効率も高くすることが可能である。ただし，初期導入費用が高く，取扱量の季節的な変動や物資の大きさの大幅な変化にも対応が難しいという欠点がある。

　さまざまな物資を取り扱う物流拠点においては，棚搬送型ロボット（**図 6.4**）の導入も進められている。荷役作業の一つは保管位置から必要な商品や物資を注文に合わせて取り出すピッキング作業である。従来は，担当者が指示に従って倉庫内の棚を回り発送予定の在庫商品をピッキングしていたが，その歩行距離は 1 日当り 10 km を超えるケースもあるといわれており，ピッキングに費やされる時間や労力の削減が求められていた。棚搬送型ロボットが出荷する商品が置かれた棚を担当者の居る梱包場所まで移動させることで，担当者が移動することなくピッキング作業が可能となりピッキングに要する時間と労力を削減することが可能となる。

図 6.4　棚搬送型ロボットの例 [12]

図 6.5　協調型ロボットの例 [13]

　初期費用を抑えた形でのピッキング作業の効率化の方法として，人と協調型のロボット（**図 6.5**）も開発されている。協調型ロボットは，棚搬送型ロボットとは異なり，担当者が棚まで移動する必要があるが，つぎにピッキングする荷物を担当者に指示して，荷物の保管してある棚まで移動したり，ピッキングした荷物を棚から梱包場所まで運搬したりすることで，担当者の負担を軽減することが可能となる。棚搬送型ロボットとの大きな違いは，荷物棚等の設備を従来のままで使用可能であり，ロボットの導入に際して 1 台から順次導入することも可能であるという点である。そのため，効率性は棚搬送型ロボットに比べて低いかも知れないが，導入に際して非常に柔軟性が高い。

6.2.3　物流道路ネットワークの機能強化

　国土交通省は，2018 年 3 月の道路法改正において物流上重要な道路輸送網延長約 35 000 km を重要物流道路として指定し，機能強化や重点支援を実施することとした。約 35 000 km のうち約 30 500 km は高規格幹線道路や直轄国道，都市高速道路の供用中区間，残りの約 4 500 km は空港や港湾等の主要拠点，備蓄基地や総合病院等の災害時拠点といった拠点へのラストマイ

ルとなる地方管理道路の供用中区間となっている。重要物流道路のうち道路構造上支障のない約8割の区間において，構造基準を高さ4.5mから4.8mに引き上げることによって高さ4.1mの車両に対応させ，それまで通行許可が必要であった国際海上コンテナ車（40 ft背高）について特車通行許可を不要とする措置が導入されている。また，重要物流道路については地方管理道路であっても災害時の道路啓開や災害復旧を国が代行することとなった。

6.2.4　トラック輸送の省人化

生産年齢人口の減少や労働環境，労働時間，賃金水準等の要因によりトラック輸送においては深刻なドライバ不足が進行している。トラック輸送の省人化の一つとして，より貨物積載量の大きな車両による輸送があげられる。従来は特車許可基準では最大車両長は21mとなっていたが，2019年にこれを25mに緩和してダブル連結トラック（**図6.6**）による輸送を可能としている。ダブル連結トラックの導入によってドライバ数は約5割削減し，空気抵抗の減少等により二酸化炭素排出量は約4割削減される[14]。

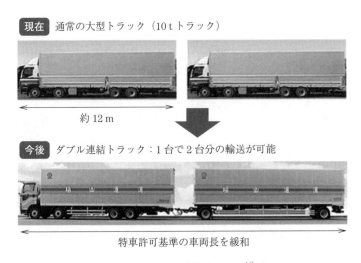

図6.6　ダブル連結トラック[14]

ダブル連結トラックでは車両が物理的に連結されているが，物理的に連結することなく，電子的に複数の車両を連結して走行させるトラック隊列走行（**図6.7**）についても検討が進められている。トラック隊列走行の実現にあたっては自動運転に関する技術が適用されており，後続車両は無線通信によって先行車の制御情報を受信し，加減速を自動で行い一定の車間距離を保つ協調型車間距離維持支援システム（cooperative adaptive cruise control，CACC）や，白線を検知して車線内での走行を維持できるようステアリングを調整する車線維持支援システム（lane keeping assist，LKA），RTK–GPS や LiDAR により先行車と自車の横偏差を検出し先頭車への追従走行や車線維持，車線変更を行う機能等を備えている必要がある。2019年には高速道路上で約10mの車両間隔で3，4台の車両が隊列を組む実証実験が実施されており，2021

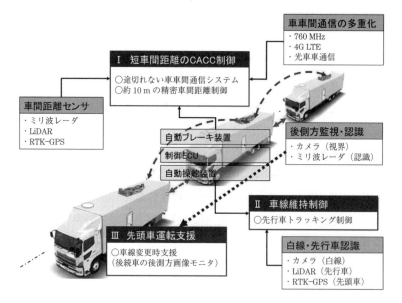

図 6.7　トラック隊列走行 [15)]

年には後続車両に運転者が乗車した状態での商業化を，2022 年には後続車両に運転者が乗車しない状態での商業化が目標とされている。なお，後続車両に運転者が乗車した状態では，直接的な省人化は図られないものの，後続車両の運転者は上述の走行支援システムにより一定の負担軽減が期待される。また，隊列走行による空気抵抗の減少により燃費削減，二酸化炭素排出量の削減が図られる。ダブル連結トラックや電子的連結によるトラック隊列走行の適用範囲拡大にあたっては，他の走行車両への影響を軽減するために高速道路網の 3 車線化を推進する必要がある。

　一方，人口減少に伴う需要減少が深刻な課題となっている過疎地域においては，従来の物流サービスを維持することが困難となってきている。さらに，過疎地域においては物流サービスだけでなく公共交通機関の経営悪化も深刻となっており，人流サービスの維持も困難となってきている。こうした地域での物流と人流のサービスを維持するために，旅客自動車運送事業者は人流サービス，貨物自動車運送事業者は物流サービスに特化してきた従来の仕組みから，縦割りにとらわれない仕組み，すなわち同一の車両・運転者・運行管理者による人流サービスと物流サービスを統合した貨客混載が可能となる措置が 2017 年に講じられている。これにより，乗合バスにおいてこれまで 350 kg 未満に限定されていた貨物運送が 350 kg 以上についても可能となり，過疎地域では，貸切バスやタクシーでの貨物運送とトラックでの旅客運送が可能となっている。

6.2.5　宅配輸送の効率化
　人流サービスにおけるウーバー（Uber），リフト（Lyft）等のモビリティサービスと同様に，

シェアリングエコノミーの仕組みを物流サービスに対して適用した配送サービスが生まれている。シェアリングエコノミーは個人保有の休眠資産の有効活用であり，企業や政府ではなく個人が労働力を提供することで請負仕事がフルタイムの仕事を代替する形である。ウーバー，リフト等では（後述するように，わが国では事情が異なるものの）一般人ドライバが乗客を自家用車に乗せて目的地まで運んでいるが，アマゾンフレックス（Amazon flex），ウーバーイーツ（Uber Eats）等のシェアリングエコノミー型物流サービスでは，一般人が宅配荷物を顧客まで配送する形となる。これらのサービスによって，荷主は宅配に係る費用の低減や配達時間を短縮することが可能となる。わが国では，ウーバーイーツによってウーバーに登録した一般人が飲食店の出前サービスを代行する配送サービスが始まっている（**図 6.8**）。2019 年時点では，対象地域は大都市中心で対象店舗の 1.5 km 程度の範囲に自転車や原付きバイクで配送しているが，地方都市へも順次拡大していくものと思われる。自転車や原付きバイクによる配送は，従来の軽貨物車や普通貨物車による配送に比べて環境負荷の削減も可能となる。一方，アマゾンフレックスは 2019 年時点ではわが国では事業用軽貨物車として届け出がされた（黒ナンバーの）軽貨物車を保有する個人事業主が配達業務を行うサービスであり，人流サービスにおいてウーバーが事業用自動車として届け出がされた車両で第二種免許をもつドライバによるタクシー配車サービスとなっている状況に近い。

　宅配輸送への自動運転の活用も進められている。ドローン（**図 6.9**）による荷物の配送は省人化だけでなく，道路交通渋滞の回避や道路網の整備されていない地域への配送等も容易になる可能性がある。国土交通省は，これまでドローンの飛行に関して目視できる範囲での利用に限定していたが，2018 年に目視外の場所でもドローンが飛行できるように基準を改めている。ただし，適用範囲は高度 150 メートル未満の山や川，海などの人が立ち入る可能性が低い場所に限定されており，離着陸場所に人が近付かないようにすることも必要となっている。その

図 6.8　シェアリングエコノミー型
　　　　　物流サービスの例

図 6.9　物流サービスに用いられるドローンの例
　　　　　〔出典，楽天株式会社 [16]〕

ため，当面は過疎地域での実用化から進むものと思われる。

　一方，都心部でも適用可能なサービスとして，自動運転技術を活用した宅配ロボット（**図6.10**）の開発が進められている。宅配ロボットは，従来のトラック輸送とは異なり運転者を必要としないためサイズを小さくすることで，屋外だけでなく屋内でも走行可能となる。ビルやマンション等のロビーを通り抜け，エレベータを利用して高層階の配送先まで荷物を届けることが期待される。

図6.10　宅配ロボットの例〔出典，株式会社 ZMP[17]〕

　ただし，配達先が不在の場合は再配達となってしまう。再配達を削減するために，受取時間帯指定やコミュニケーションツールの提供，対面受取以外での受取り方法の提供等が行われている。このうち，受取時間帯の指定は6.1.2〔2〕で説明した配車配送計画において到着時間制約を考慮することとなるため，再配達を回避できるものの配車配送計画の効率性を低下させる危険性もある。コミュニケーションツールの提供では，電子メールや携帯電話アプリ，ウェブサイトを活用して配達予定日時の通知や受取日時の事前変更などに対応している。また，対面受取り以外での受取り方法としては，自宅やコンビニ，駅等に宅配ボックス（**図6.11**）を設置し，不在時にも宅配便が受け取れる仕組みを提供している。

図6.11　宅配ボックス設置例

6.2.6　災害時の物流

2011 年には東日本大震災が発生し甚大な被害が生じた。大規模災害時には被災地域外から緊急支援物資が供給されるが，東日本大震災時には被災地の一部で生活物資が不足する状況が生じた。この理由として以下の点が挙げられている[3]。まず，津波によって，被災地内の備蓄が著しく不足した。つぎに，支援物資は県が運営する被災地周辺の一次集積所，市町村が運営する被災地内の二次集積所を通じて避難所に供給される形となっていたが，地方自治体の職員は物流施設の運営に不慣れであるため，一次集積所，二次集積所で物資が停滞した。また，被災地内の卸売業者が被災したことにより物資に関するデータが紛失し，どこに何の物資を送る必要があるのか把握に時間がかかった。震度が小さかった関東地方の工場や倉庫においても製造機械や搬送機器等が壊れたため，物資不足が生じた。さらに，貨物自動車の被災や燃料，運転者不足により輸送手段も不足した。

　これらの状況を回避し迅速に支援物資を被災者へ届けるために，緊急支援物資の補給対策として以下の点が挙げられている[3]。まず，通常のサプライチェーンでは図 6.1 に示したようにチェーンの下流側の発注に応じて上流から物資を供給（プル型供給）するが，被災直後には，情報伝達手段の断絶等により被災者が何を必要としているか把握することが困難であるため，必要な物資を想定して被災者からの要求を待たずに供給するプッシュ型の供給を行う。さらに，一次集積所や二次集積所の物流拠点における作業を最小化するために，飲み物，非常用ご飯，おかず缶詰，箸・スプーン等の食料品セット，毛布，使い捨てカイロ，タオル，歯磨き粉，歯ブラシ，ティッシュペーパー，石鹸，バケツ等の生活用品セットのように被災者が必要な物資をあらかじめ想定し，それらを被災地外の物流拠点でまとめてから供給するのである。これらの対策は，被災者の物資需要に対する支援物資の適切性を多少犠牲にしても，迅速に支援物資を被災者に届けることに焦点がある。2019 年には，より迅速に支援物資を被災者に届けるために，災害救助法に基づき救助実施市が指定され，都道府県と救助実施市が共同して災害の態様に応じた資源配分を実施することとなった。ただし，これらの対策を実施したとしても被災者へ支援物資が届くまでに時間のかかることも想定されるため，自治体や各家庭においてさまざまな形で必要な物資を備蓄しておくことも重要である。

引用・参考文献

1）　土木学会土木計画学ハンドブック編集委員会 編：土木計画学ハンドブック，コロナ社（2017）
2）　苦瀬博仁 編著：ロジスティックス概論 －基礎から学ぶシステムと経営－，白桃書房（2014）
3）　苦瀬博仁 編著：サプライチェーン・マネジメント概論 －基礎から学ぶ SCM と経営戦略－，白桃書房（2017）
4）　久保幹雄：ロジスティクスの数理，共立出版（2007）
5）　経済産業省：平成 29 年度わが国におけるデータ駆動型社会に係る基盤整備（電子商取引に関する市場調査）（2018）

6） 国土交通省のウェブページ：平成 29 年度 宅配便取り扱い実績について（2018）
　　 https://www.mlit.go.jp/report/press/jidosha04_hh_000157.html

7） 内閣府：戦略的イノベーション創造プログラム（SIP）スマート物流サービス研究開発計画
　　（2018）

8） 国土交通省のウェブページ：宅配の再配達の発生による社会的損失の試算について（2017），
　　 http://www.mlit.go.jp/common/001102289.pdf

9） 流通システム開発センターのウェブページ：電子タグとは，www.dsri.jp/standard/epc/

10） 新エネルギー・産業技術総合開発機構のウェブページ：電子タグを用いた情報共有システムの
　　 実証実験を実施へ，https://www.nedo.go.jp/news/press/AA5_101070.html

11） 小野塚征志：ロジスティクス 4.0 －物流の創造的革新，日本経済新聞出版社（2019）

12） GreyOrange 社のウェブページ：自律型移動式ロボット，https://www.greyorange.com

13） Locus Robotics 社のウェブページ：協調型ロボット，https://locusrobotics.com/features/

14） 国土交通省のウェブページ：ダブル連結トラック，
　　 https://www.cbr.mlit.go.jp/road/double_renketsu_truck/index.html

15） 国土交通省のウェブページ：今年度の公道実証で使用する実証実験車両システムの説明，
　　 https://www.mlit.go.jp/common/001268095.pdf

16） 楽天株式会社のウェブページ：Rakuten Drone，https://drone.rakuten.co.jp/

17） 株式会社 ZMP のウェブページ：宅配ロボット CarriRo Deli（キャリロ デリ），
　　 https://www.zmp.co.jp/products/carriro-delivery

索　　　引

【あ】

アイポイント　　　　58, 121
アウトリガー　　　　106
赤旗法　　　　　　　42
アクチュエータ　　　106
アクティブ　　　　　106
アクティブサスペンション　106
アスファルト　　　　70
安定化制御　　　　　105

【い】

インフォテイメント　　62
インフラ利用率　　　118
インホイールモータ　98, 105

【う】

ヴィッテル　　　　　21
ヴォワチュレット　　46

【え】

エアコン　　　　　　54
エアバッグ　　　　　121
駅伝制度　　　　　　22
エネルギー体積密度　102
エネルギー変換効率　100
エビアン　　　　　　21
遠心力　　　105, 106, 110
圓タク　　　　　　　86
圓太郎馬車　　　　　26
圓太郎バス　　　　　88

【お】

横　力　　　　112, 114
オムニバス　　　　　36

【か】

海水浴　　　　　　　39
外部性　　　　　　　125
カーシェアリング　　128
貸馬車　　　　　　　25
荷重移動　　　　　　104
カーステレオ　　　　62
ガソリン自動車　　　7
ガソリンスタンド　　67

価値観　　　　　　　134
カートリッジ式バッテリー
　　　　　　　　98, 102
カーナビ　　　　　　64
カブリオレ　　　　　24
観光ガイド　　　　　79
完全自律走行　　　　100
かんばん方式　　　　121

【き】

騎　馬　　　　　　　23
気晴し　　　　　　　42
逆操舵　　　　　　　108
キャンバ角　　　114, 116
キャンバスラスト　　113
休　暇　　　　　　　38
急カーブ　　　　　　75
急速充電　　　102, 103
キュニョー　　　　　30
協調型車間距離維持支援
　　システム　　　　157
馭　者　　　　　　　24
キロポスト　　　　　73

【く】

空気入りタイヤ　　　51
駆動輪　　　　　　　105
組合せ最適化問題　　153
クラクション　　　　61
グランドツアー　　　37
クルーズコントロール　66
クレスト　　　　　　75

【け】

警戒標識　　　　　　73
経路案内　　　　　　65
経路案内サービス　　78

【こ】

公共財　　　　　　　125
航続距離　　　　　　102
交通情報　　　　　　62
高度運転支援システム　97
後輪操舵　　　　　　105
小型ハイブリッド乗用車　100

ゴーグル　　　　　　52
コーチ　　　　　　　23
コーナリング抵抗　113, 115
コーナリングフォース　113
転がり抵抗係数　　　116
コンクールデレガンス　46
混合整数計画問題　　152

【さ】

サイクリング　　　　42
サイクルカー　　　　46
サ　グ　　　　　　　75
サードパーティ・ロジス
　　ティクス　　　　151
サービスステーション　69
サプライチェーン　　150
左右荷重移動　　　　104
左右トルク差　　　　105

【し】

シェアサイクル　　　131
シェアリングエコノミー　124
市街地地図　　　　　76
自家用有償旅客運送　131
時間遅れ　　　　　　108
市場の失敗　　　　　125
施設配置計画　　　　151
自転車　　　　　　　12
自動運転　　　　67, 117
自動車　　　　　　　11
シートレール　　　　121
ジャイロ効果　　　　98
社会インパクト　　　137
車室内寸法　　　　　55
車線維持支援システム　157
修理工場　　　　　　68
宿　駅　　　　　　　29
ジュネーブ条約　　　72
シュリー　　　　　　26
巡礼者　　　　　　　20
障害物回避能力　　　108
蒸気機関　　　　　5, 92
衝突安全　　　　　　98
ショートホイールベース　97
ショーファー　　　　69

自立航法　　　　　　　　　64
自律走行　　　　　　　　　117
シールドビーム　　　　　　60
シングルレーンチェンジ　　109
人体測定学　　　　　　　　56
信　頼　　　　　　　　　　133

【す】

スイングアーム　　　　　　105
数理最適化問題　　　　　　151
ステアバイワイヤシステム　105
ステアリングギヤ比　　　　108
ステージコーチ　　　　　　24
ス　パ　　　　　　　　　　21
スラローム　　　　　　　　114
スラローム走行　　　　　　108
スリップ角　　　　　　　　112
スロットル　　　　　　　　50

【せ】

戦　車　　　　　　　　　　22
前方視界　　　　　　　　　58
前輪操舵　　　　　　　　　105

【そ】

相互評価システム　　　　　130
操舵輪　　　　　　　　　　104

【た】

対地キャンバ角　　　　　　113
タイミングレバー　　　　　50
タイヤ接地性　　　　　　　105
タクシー　　　　　　　　　83
タクシー乗り場　　　　　　84
タクシーメータ　　　　　　35
ダブルレーンチェンジ　　　108
ターマック　　　　　　　　70
タンデム　　　　　　　　　104
ダンパ　　　　　　　52, 105
ターンパイク　　　　　　　27
暖　房　　　　　　　　　　54

【ち】

超個別化　　　　　　　　　120

【つ】

追従制御定数　　　　　　　109
辻馬車　　　　　　　　　　34

【て】

定常円旋回　　　　　　　　114
ティラー　　　　　　　　　48
ティルトロック　　　　　　106
鉄　道　　　　　　　　12, 30
鉄道文庫　　　　　　　　　32

テルフォード　　　　　　　28
テレスコピックサスペンション
　　　　　　　　　　　　　105
電気自動車　　　　　　　　8
電子商取引　　　　　　　　153
電子タグ　　　　　　　　　154
電動化　　　　　　　　　　100

【と】

東海道　　　　　　　　　　26
湯治場　　　　　　　　　　21
道　標　　　　　　　　　　72
道路地図　　　　　　　　　74
道路幅　　　　　　　　　　76
道路標識　　　　　　　　　71
特性判別図　　　　　　　　107
登　山　　　　　　　　　　40
トーマス・クック　　　　　38
ドライバ・ディストラクション
　　　　　　　　　　　　　65
ドライバモデル　　　　　　109
ドライビングポジション
　　　　　　　　　　105, 121
トレサゲ　　　　　　　　　27
トレッド　　　　　　　　　104
トレーリングアーム　　　　105

【な】

内燃機関　　　　　　　92, 100
内輪浮き現象　　　　　　　107
鉛バッテリー　　　　　　　102

【に】

二酸化炭素排出量規制　　　100
ニッケル水素バッテリー　　102
日本自動車倶楽部　　　　　76

【の】

乗合自動車　　　　　　　　88
乗合馬車　　　　　　　　　26
乗り心地　　　　　　　　　30
乗継ぎ　　　　　　　　　　36

【は】

配車配送問題　　　　　　　151
バイパス　　　　　　　　　81
ハイブリッド車　　　　97, 100
馬　車　　　　　　　　　　22
バース　　　　　　　　　　21
派生的需要　　　　　　　　125
ハックニー　　　　　　　　34
パッシブ　　　　　　　　　106
発電効率　　　　　　　　　100
バーデンバーデン　　　　　21
ば　ね　　　　　　　　　　105

ばね下慣性　　　　　　　　105
バブルカー　　　　　　　　95
パラレルリンク　　　　　　105

【ふ】

ファーストフード　　　　　82
フィアクル　　　　　　　　34
フェートン　　　　　　　　24
福祉的サービス　　　　　　126
物的流通　　　　　　　　　150
物　流　　　　　　　　　　150
プラグインハイブリッド車　102
フリーライダー（ただ乗り）
　問題　　　　　　　　　　125
フルリーディング式　　　　105
ブレーキペダル　　　　　　50
フロントウィンドウ　　　　53

【へ】

ペダルブラケット　　　　　121
ベンチレーション　　　　　54
遍歴商人　　　　　　　　　20

【ほ】

方向指示器　　　　　　　　61
ホスピタリティ　　　　　　21
舗　装　　　　　　　　　　27
ホーン　　　　　　　　　　60
本源的需要　　　　　　　　125

【ま】

マカダム　　　　　　　　　28
まちづくり　　　　　　　　16
マップマッチング　　　　　65
マネキン　　　　　　　　　56
マルチボディシミュレーション
　　　　　　　　　　　　　114
マルチボディシミュレーション
　モデル　　　　　　　　　107
丸ハンドル　　　　　　　　49

【み】

ミシュラン　　　　　　　　75

【も】

モーテル　　　　　　　　　81
モード走行航続距離　　　　102
モビリティサービス　　　　124
モビリティ・リンケージ・
　プラットフォーム　　　　142

【ゆ】

誘導ケーブル　　　　　　　67
郵便馬車　　　　　　　　　22
行き先案内板　　　　　　　73

【よ】

ヨー応答　　　　　　　109
余　暇　　　　　　　　41
横加速度　　　　　105, 110

【ら】

ライト　　　　　　　　59
ライドヘイリング　　129
ライフスタイル　　　134

ラジオタクシーセンタ　　84
ランチェスター　　　　51

【り】

リチウムイオンバッテリー　102
理論効率　　　　　　100

【れ】

レストラン　　　　　81
レストランガイド　　77

レーンキープサポート　　67

【ろ】

ロジスティクス　　　150
ロードサイドレストラン　82
ロールモーメント　105, 106, 114

【わ】

ワイパ　　　　　　　59
ワゴン　　　　　　　22

【A】

ACC　　　　　　　　66
AMS コース　　　　115
Automobile　　　　43
A ピラー　　　　　121

【C】

CACC　　　　　　157
CASE　　　　　ii, 129

【E】

e-Pallete　　　　145
EV　　　　　　　　8
E コマース　　　15, 153

【G】

Guide Michelin　　77

【H】

Highways Act　　27

HOV レーン　　　126

【I】

ICT　　　　　　　134
ITS　　　　　　　134
IT 技術　　　　　118

【K】

Kutsuplus　　　137

【L】

LKA　　　　　　157
Lucas　　　　　　59

【M】

MaaS　　　　　　134
　　——のレベル分類　135
MaaS アプリケーション　137
MaaS オペレータ　　136
MaaS プラットフォーム　136
Mobility as a Service　134

MSPF　　　　　　144

【P】

personal mobility vehicle　92
Plaque Michelin　　72
PMV　　　　　　　92

【R】

RFID タグ　　　154
Road House　　　81

【V】

VICS　　　　　　65

【W】

Whim　　　　　　139

【数字】

2 階建てバス　　　86
5 スーの馬車　　　35

── 編著者略歴 ──

森川　高行（もりかわ　たかゆき）

1981 年	京都大学工学部交通土木工学科卒業
1983 年	京都大学大学院工学研究科修士課程修了（交通土木工学専攻）
1983 年	京都大学助手
1987 年	マサチューセッツ工科大学大学院修士課程修了
1989 年	マサチューセッツ工科大学大学院博士課程修了，Ph.D.
1991 年	名古屋大学助教授
1996 年	マサチューセッツ工科大学客員
～97 年	准教授
2000 年	名古屋大学教授
	現在に至る

山本　俊行（やまもと　としゆき）

1992 年	京都大学工学部交通土木工学科卒業
1994 年	京都大学大学院工学研究科修士課程修了（応用システム科学専攻）
1995 年	京都大学大学院工学研究科博士後期課程退学（応用システム科学専攻）
1995 年	京都大学助手
2000 年	博士（工学）（京都大学）
2000 年	フランス国立交通・安全研究所（INRETS）客員研究員
2000 年	
～01 年	ワシントン大学客員研究員
2001 年	名古屋大学助教授
2007 年	名古屋大学准教授
2010 年	名古屋大学教授
	現在に至る

モビリティサービス
Mobility Service　　　　　　　　　ⓒ Takayuki Morikawa, Toshiyuki Yamamoto et al.　2020

2020 年 5 月15日　初版第 1 刷発行　　　　　　　　　　　　　　　　　　　★

検印省略

編 著 者	森　川　高　行
	山　本　俊　行
発 行 者	株式会社　コロナ社
	代 表 者　牛 来 真 也
印 刷 所	壮光舎印刷株式会社
製 本 所	株式会社　グリーン

112-0011　東京都文京区千石 4-46-10
発行所　株式会社　コロナ社
CORONA PUBLISHING CO., LTD.
Tokyo Japan
振替00140-8-14844・電話(03)3941-3131(代)
ホームページ　https://www.coronasha.co.jp

ISBN 978-4-339-02771-6　C3365　Printed in Japan　　　　　　　　（中原）